Wissenschaftsfreiheit im Konflikt

Elif Özmen
Hrsg.

Wissenschaftsfreiheit im Konflikt

Grundlagen, Herausforderungen und Grenzen

Hrsg.
Elif Özmen
Institut für Philosophie
Justus-Liebig-Universität Gießen
Gießen, Hessen, Deutschland

ISBN 978-3-662-62891-1   ISBN 978-3-662-62892-8 (eBook)
https://doi.org/10.1007/978-3-662-62892-8

Die Deutsche Nationalbibliothek verzeichnet diese Publikation in der Deutschen Nationalbibliografie; detaillierte bibliografische Daten sind im Internet über http://dnb.d-nb.de abrufbar.

© Der/die Herausgeber bzw. der/die Autor(en), exklusiv lizenziert durch Springer-Verlag GmbH, DE, ein Teil von Springer Nature 2021
Das Werk einschließlich aller seiner Teile ist urheberrechtlich geschützt. Jede Verwertung, die nicht ausdrücklich vom Urheberrechtsgesetz zugelassen ist, bedarf der vorherigen Zustimmung der Verlage. Das gilt insbesondere für Vervielfältigungen, Bearbeitungen, Übersetzungen, Mikroverfilmungen und die Einspeicherung und Verarbeitung in elektronischen Systemen.
Die Wiedergabe von allgemein beschreibenden Bezeichnungen, Marken, Unternehmensnamen etc. in diesem Werk bedeutet nicht, dass diese frei durch jedermann benutzt werden dürfen. Die Berechtigung zur Benutzung unterliegt, auch ohne gesonderten Hinweis hierzu, den Regeln des Markenrechts. Die Rechte des jeweiligen Zeicheninhabers sind zu beachten.
Der Verlag, die Autoren und die Herausgeber gehen davon aus, dass die Angaben und Informationen in diesem Werk zum Zeitpunkt der Veröffentlichung vollständig und korrekt sind. Weder der Verlag, noch die Autoren oder die Herausgeber übernehmen, ausdrücklich oder implizit, Gewähr für den Inhalt des Werkes, etwaige Fehler oder Äußerungen. Der Verlag bleibt im Hinblick auf geografische Zuordnungen und Gebietsbezeichnungen in veröffentlichten Karten und Institutionsadressen neutral.

Umschlagabbildung: © Ausschnitt aus Olga Wladimirowna Rosanowa, "Das Büro (Das Arbeitszimmer)", 1916 (c) picture alliance/akg-images|akg-images

Planung/Lektorat: Franziska Remeika
J.B. Metzler ist ein Imprint der eingetragenen Gesellschaft Springer-Verlag GmbH, DE und ist ein Teil von Springer Nature.
Die Anschrift der Gesellschaft ist: Heidelberger Platz 3, 14197 Berlin, Germany

Einleitung: Wissenschaftsfreiheit im Konflikt

Die Freiheit von Forschung und Lehre ist schlechthin konstituierend für die Wissenschaft. Gesellschaftliche Debatten um die Grundlagen, Herausforderungen und Verletzungen bzw. Grenzen der Wissenschaftsfreiheit sind daher auch als Auseinandersetzungen über die Gelingensbedingungen und Geltungsansprüche der Wissenschaft im Ganzen zu verstehen. Das belegt das große öffentliche Interesse an der Frage, ob die wissenschaftliche Debatten- und Streitkultur aktuell gefährdet sei, welche sich doch eigentlich in den Frei- und Denkräumen der Hochschulen ungehindert entfalten sollte. Jede überregionale Tageszeitung, jedes große Wochenmagazin, viele Radiosender haben sich dieses Themas in den letzten Jahren angenommen. Vom Bundespräsidenten, der Ministerin für Bildung und Forschung, dem Deutschen Bundestag über die großen Wissenschaftsorganisationen, dem Deutschen Hochschulverband, einzelnen Fachgesellschaften bis hin zu Hochschulleitungen haben sich zentrale (hochschul-)politische Akteure zu Wort gemeldet. Dabei zeigen diese Warnungen vor der Einschränkung der akademischen Freiheit der Meinung und Rede, der Debatte und der Kontroverse, der Forschung und der Lehre, nicht selten auffällige Parallelen zu einem anderen gesellschaftlichen Konfliktthema: den Gegenständen und Grenzen der Meinungsfreiheit. Zwar ist es kein Zufall, dass diese beiden Grundrechte in ein und demselben Artikel 5 des Grundgesetzes behandelt werden. Aber es gibt eben auch wichtige Unterschiede, die durch die Gleichsetzung des allgemeinen Rechts auf freie Meinungsäußerung mit dem spezifischen Recht auf Wissenschaftsfreiheit verwischt oder aufgehoben werden. Zur Befriedung der Wissenschaftsfreiheit im Konflikt trägt diese Undifferenziertheit jedenfalls nicht bei.

Eine solche Tendenz zur Verallgemeinerung prägt auch viele Berichte über die sich mehrenden Fälle von Protest gegen die Präsenz von bestimmten Personen oder Positionen an den Hochschulen. Betroffen von solchen Forderungen nach Ausladung, Absage, Boykott, Disziplinierung und Bestrafung sind sowohl Wissenschaftler*innen wie auch nichtwissenschaftliche Akteure aus Politik, Wirtschaft, Kultur, Kunst, den Parteien und zivilgesellschaftlichen Organisationen, welche im Rahmen von internen Lehrveranstaltungen, Konferenzen, universitätsöffentlichen Vorträgen oder Podiumsdiskussionen eingeladen werden. Ihnen ist gemeinsam, dass ihre fachlichen, beruflichen oder auch privaten Äußerungen und Engagements von den Protestierenden als grenzüberschreitend betrachtet werden. Dabei werden diese Grenzen, jedenfalls auf den ersten Blick, gerade nicht mit Bezug auf wissenschaftliche oder universitäre, sondern durch politische, moralische, weltanschauliche oder andere „außerwissenschaftliche" Kriterien bestimmt.

Diese Spannung zwischen Freiheit und Begrenzung der Wissenschaft führt dazu, dass alle paar Wochen ein neuer „Fall" veröffentlicht und als Beleg für einen Konflikt registriert wird. Dabei gehen die Details und Unterschiede der Ereignisse an den Universitäten in Köln, Frankfurt, Siegen, Klagenfurt, Berlin oder Hamburg, die auch in diesem Buch eine wichtige Rolle spielen, in dem allgemeinen, medial verstärkten Getöse zumeist unter. Es bleibt, nicht nur in der Öffentlichkeit, der Eindruck, dass die Hochschulleitungen ad hoc (und das bedeutet häufig: plan- und hilflos) agieren und die Betroffenen die Angriffe auf ihre Person und Reputation im Zweifel alleine abzuwehren, und wo das nicht gelingt, eben auszuhalten haben. Hinzu kommt, nicht nur in der Wissenschaft, der Eindruck, dass das vielbeschworene Ideal der Wissenschaftsfreiheit, hier durchaus vergleichbar der Meinungsfreiheit, zu einem umkämpften Begriff geworden ist, der von verschiedenen Seiten mit durchaus unterschiedlichen Intentionen wie selbstverständlich gebraucht wird. So stehen die Relevanz und Funktion der Wissenschaft in und für die Demokratie im Zentrum einer öffentlichen Debatte, die zum Teil populistische und polarisierende Züge aufweist. Die *Deutsche Gesellschaft für Philosophie* hat sich dieser Debatte, auch aus Anlass der Vorgänge an der Universität Siegen, im Frühjahr 2019 im Rahmen einer Arbeitstagung angenommen.[1] Die zweitägigen intensiven, hoch-

---

[1] Die Tagung *wissen.schaft.freiheit? Meinung, Rede und Kritik im universitären Raum* fand am 24./25. April 2019 am Zentrum für interdisziplinäre Forschung in Bielefeld statt. Sie wurde organisiert von Prof. Michaela Rehm (Universität Bielefeld) und Prof. Elif Özmen (Universität Gießen), beide sind Mitglieder des Erweiterten Vorstands der *Deutschen Gesellschaft für Philosophie*. Ein ausführlicher Tagungsbericht ist von Christoph Henning unter dem Titel „Meinungsfreiheit als Politikum" veröffentlicht worden, *information philosophie* 2019/2, 113-120. Differenzierte Stellungnahmen der betroffenen universitären Akteure finden sich unter https://www.uni-siegen.de/start/news/oeffentlichkeit/842943.html.

dynamischen, durchaus auch harten Diskussionen machten deutlich, dass eine weitere Erkundung der Anlässe, Auseinandersetzungen und möglichen Auswege aus den Konflikten der Wissenschaftsfreiheit lohnt. Meine Hoffnung ist, dass der nunmehr vorliegende philosophische Essayband einen argumentativen Beitrag zu dieser Debatte leisten kann. Mit der Vielfalt an Perspektiven und Standpunkten, die die Autor*innen entwickelt haben, werden verschiedene, auch kontroverse Wege der Orientierung hinsichtlich der Grundlagen, Herausforderungen und Grenzen der Wissenschaftsfreiheit skizziert. Nicht nur die vernünftige Vielfalt möglicher Positionen zur Wissenschaftsfreiheit, sondern auch der Pluralismus der zeitgenössischen Philosophie werden hier augenfällig. Einige dieser Reflexionen, Argumentationslinien und Fragestellungen möchte ich im Folgenden, im Sinne einer kurzen Einleitung, herausstellen.

Die Freiheit der Wissenschaft hat historische und soziopolitische Voraussetzungen; schließlich beruht sie auf der gemeinschaftlichen Anerkennung eines inhärenten Werts der Wahrheit. Dabei wird Wahrheit nicht als etwas betrachtet, das sich einfach offenbart oder einigen Auserwählten zugänglich ist, sondern sie gilt als das Ergebnis einer systematisch strukturierten, methodologisch kontrollierten und durch epistemische Normen und Werte angeleiteten Erkenntnistätigkeit. Der Wert der Wahrheit ist der Grund für die Wertschätzung wissenschaftlichen Wissens und damit auch der Ausgangspunkt für die Wertschätzung der Wissenschaftsfreiheit. Zwar hat es nur wenige Gesellschaften gegeben, die die Suche nach Erkenntnis um ihrer selbst willen respektiert und ohne Behinderungen gefördert haben. Zudem ist die Geschichte der Wissenschaft (und der Wissenschaftsfreiheit) verzweigt, wendungsreich und eng verwoben mit der Geschichte der geistigen, materialen und sozialen Voraussetzungen der Wissensproduktion und ihren gesellschaftlichen Funktionen und Auswirkungen. Und leider gehören erhebliche Einschränkungen der Wissenschaftsfreiheit nicht der Vergangenheit an, im Gegenteil. Das weltweite Erstarken von Autokratien wird begleitet von Sanktionen gegen die öffentliche Gesprächs-, Debatten- und Streitkultur, die auch die akademischen Freiheiten der Forschung, Lehre und Publizität betreffen. Aber dennoch besteht große Einigkeit darüber, dass die Autonomie der Wissenschaft eine Bedingung ihrer Möglichkeit darstellt. Ohne die Freiheit von wissenschaftsfremden Einflussnahmen kann Wissenschaft ihre ureigenen Ziele – die Ermittlung signifikanter Wahrheiten, das Verstehen und Erklären natürlicher und lebensweltlicher Phänomene, die Entwicklung von adäquaten Theorien – nicht gut realisieren.

Folglich verweisen die Idee der Wissenschaft und die Idee der freien Wissenschaft aufeinander. Wer die Freiheit der Wissenschaft einschränkt, missachtet oder verletzt, der gefährdet die Wissenschaft als erkenntnisbezogene Praxis, aber auch als Institution von Forschung, Lehre und Bildung, und nicht zuletzt als gesellschaftlich anerkanntes und gefördertes Subsystem. Einfacher gesagt: der beschneidet das Bemühen um Wahrheit, das konstitutiv ist für die Wissenschaft als solche. Daher spielen weder gesellschaftliche Nützlichkeit, noch andere soziale, politische, ökonomische, ethische oder weltanschauliche Normen eine tragende Rolle bei diesem „Bemühen um Wahrheit als ‚etwas noch nicht ganz Gefundenes und nie ganz Aufzufindendes (Wilhelm von Humboldt)". Und eben deswegen „ist die Wissenschaft zu einem von staatlicher Fremdbestimmung freien Bereich persönlicher und autonomer Verantwortung des einzelnen Wissenschaftlers erklärt worden" (BVerfGE 35, 79 (113)). Aber nicht nur das, denn die Abwehr von wissenschaftsfremder Einflussnahme wird ergänzt durch den Anspruch, dass der Staat sich nicht nur enthält, sondern „sein Handeln positiv an der Idee einer freien Wissenschaft aus[richtet], das heißt schützend und fördernd einer Aushöhlung dieser Freiheitsgarantie" vorbeugt (BVerfGE 35, 79 (112 f.)).

Wissenschaftsfreiheit ist, jedenfalls in der deutschen Verfassungstradition, ein Rechtsbegriff. Sie wird auch in vielen anderen Staaten postuliert (wie z. B. Italien, Schweiz, Österreich, Griechenland, Portugal), darunter auch solche, die in den letzten Jahren massive Einschnitte in die universitäre Selbstverwaltung und wissenschaftliche Selbstbestimmung vorgenommen haben (z. B. Ungarn, Türkei). Demgegenüber wirkt der Imperativ der freien Wissenschaft auch in Ländern, in denen sie keinen besonderen Rechtsschutz genießt (z. B. Großbritannien, Frankreich, USA). Das ist ein erster Hinweis darauf, dass sich das Gut der Wissenschaftsfreiheit nicht erschöpft in seiner positiv-rechtlichen Satzung und juristischen Auslegung. Es gilt daher, auch den wissenschaftsnahen (etwa funktionalen, erkenntnisbezogenen, institutionellen) und wissenschaftsferneren (etwa ethischen, gesellschaftlichen, politischen, vor allem demokratiebezogenen) Begründungen der akademischen Freiheiten nachzugehen.

Einen zweiten Hinweis gibt die Frage, vor welcher Einflussnahme Wissenschaftsfreiheit eigentlich schützt. Die Antwort des Bundesverfassungsgerichts fokussiert auf die historisch und auch gegenwärtig größte Bedrohung durch „staatliche Fremdbestimmung". Diese reicht von Politiken der Gängelung, Kontrolle und Überwachung von einzelnen Wissenschaftler*innen, ihren Methoden, Positionen und Ergebnissen über die Zensur und Verbote von bestimmten Forschungen, Lehrinhalten, Reden und Publikationen bis hin zu Verfolgung und Inhaftierung. Dass der Schutz der Wissenschaftsfreiheit im Grundgesetz nicht nur eine Abwehr-, sondern auch eine Gewährleistungsdimension umfasst, macht aber deutlich, dass neben dem Staat auch andere gesellschaftliche Akteure als potentielle (und potente) Quellen der wissenschaftsfremden Einflussnahme betrachtet werden müssen. Das ist zuvorderst die Ökonomie, aber auch die historisch hinlänglich bekannten Versuche religiöser und weltanschaulicher Institutionen, die Grenzen der Wissenschaft durch Dogmen zu bestimmen. Als eine weitere Bedrohung können Versuche der Politisierung und Moralisierung der Wissenschaft betrachtet werden, jedenfalls wenn man den aktuellen und öffentlichkeitswirksamen Debatten um die mutmaßliche Macht von *political correctness*, *cancel culture* oder *chilling effect* folgt. Diese Schlagworte bezeichnen Kritiken, die von Mitgliedern der Wissenschaftsgemeinschaft (wie Forscher*innen, Dozenten, Studierende und ihre Vertretungen, Hochschulleitungen) ebenso wie von Externen (sozialen Bewegungen, politischen oder weltanschaulichen Parteiungen, sozialmedialen Aktivisten) gegen bestimmte wissenschaftliche Inhalte, Texte, Fragestellungen, Denkfiguren oder Sprachverwendungen vorgebracht werden. Und zwar nicht, weil diese wissenschaftlich falsch, unredlich oder betrügerisch, sondern weil sie im Widerspruch zu bestimmten „richtigen" politischen und moralischen Normen stünden.

Die Häufung englischer Begrifflichkeiten in dieser Debatte ist augenfällig. In vielen US-amerikanischen Hochschulen bestimmen seit den späten 1980er Jahren progressive Reformen und emanzipative Normsetzungen im Zeichen von Gleichberechtigung, Diversität und Gerechtigkeit den akademischen Alltag. Zu diesem Alltag gehören auch konkrete Forderungen nach *speech codes*, *trigger-warnings*, *safe spaces*, *no-platforming* ebenso wie die Bereitschaft, denjenigen, die diesen Forderungen nicht nachkommen – etwa, weil sie nicht einverstanden sind, weil sie verständnislos bleiben oder es ihnen an Zeit, Lust und Interesse fehlt – mit großer Härte zu begegnen. Dem Ideal der Wissenschaftsfreiheit werden also weitere Ideale – wie Gerechtigkeit, Gleichheit, Nicht-Diskriminierung, aber auch Anerkennung, Affirmation und *Empowerment* – zur Seite und fallweise auch vorangestellt. Das führt nicht nur regelmäßig zu den geschilderten Interventionen und Protesten, sondern schränkt die Denk- und Debattierräume der Hochschulen und der Wissenschaftspraxis zweifellos ein, wenngleich mit einer mutmaßlich guten Absicht. Mit Blick auf das Gut der freien Wissenschaft und der kritischen Universität scheint es allerdings geradezu zwingend, ein solches vermeintes Recht, akademische Freiheiten aus Gerechtigkeitsliebe zu opfern, zurückzuweisen. Immerhin gehören neue Perspektiven, unkonventionelle Thesen, kontrafaktische Annahmen, konfrontative Meinungen, zivilisierter Streit und unversöhnliche Dissense zur Essenz der Wissenschaft. Die Räume der Wissenschaft – das schließt die Hochschulen ausdrücklich mit ein – sind Räume der Gründe. Die rationalen Gütekriterien sind hoch; der wissenschaftlichen Rede folgt gemeinhin Kritik und Gegenrede; die Vorwegnahme der Gegenposition zur eigenen und deren ernsthafte Reflexion sind der wissenschaftliche Idealfall; die sachbezogene Beharrlichkeit (statt Ablenkung, Themenwechsel, Bullshitting) der diskursive Standard.

Ein gemeinsames wissenschaftliches Ethos und eine geteilte akademische Kultur bilden den Rahmen für die Möglichkeit und den Bestand solcher epistemischer Frei-Räume. Daher sollte man nicht bloß von den Rechten sprechen, die mit der Freiheit der Wissenschaft verbunden sind, sondern auch die Haltungen, Tugenden und Pflichten in den Blick nehmen, die sie flankieren und stützen. Welche Rolle spielen etwa intellektuelle Redlichkeit, Wohlwollen, Gelassenheit, Tapferkeit und Toleranz für die Praxis der freien Wissenschaft? Und wie ist demgegenüber ein Bedürfnis (oder auch die Forderung) nach epistemischer Gerechtigkeit, normativer Richtigkeit und politischer Verantwortbarkeit der eigenen wissenschaftlichen Beiträge bzw. ihrer wohlmöglich verstörenden, verletzenden oder politisch-ethisch problematischen Wirkungen einzuordnen? Geraten hier zwei Dimensionen der Wissenschaftsfreiheit in einen Konflikt, nämlich die *epistemische* Freiheit der Wissenschaftler*in, zu forschen, lehren, äußern und zu publizieren, was, wann und wo sie will, und die *gerechte* Freiheit aller, an der Wissenschaft zu partizipieren, ohne benachteiligt, beschämt und verachtet zu werden? Lassen sich solche Konflikte moderieren, indem die Akteure der Wissenschaft Handreichungen und Empfehlungen entwickeln? Oder stellen solche Selbstregulierungsversuche bereits Einschränkungen der Wissenschaftsfreiheit dar?

Dieses Bündel von Fragen macht noch einmal deutlich, dass Wissenschaftsfreiheit ein Ideal darstellt, dessen Voraussetzungen, Probleme und Grenzen erst dann deutlich und diskutierbar werden, wenn es sich in einer institutionellen Praxis (der Forschung, Lehre, Hochschule) und in einem gesellschaftlichen Kontext (der freiheitlichen, pluralistischen Demokratie) konkretisieren und bewähren muss. Mithin ist das Ideal der Wissenschaftsfreiheit ein Wagnis, welches um der epistemischen Freiheit willen eingegangen wurde, und das auf einer Reihe von Voraussetzungen beruht, die nicht garantiert werden können, auf die man aber angewiesen bleibt.

Diesem Wagnis stellen sich die in diesem Essayband versammelten philosophischen Beiträge aus tages- und wissenschaftspolitischem Anlass. Ich danke den Autor*innen für ihre engagierten, originellen und aufregenden (in beiderlei Sinn des Wortes!) Überlegungen, denen eine breite Rezeption und gründliche Diskussion beschieden sei. Desweiterem danke ich meinem Mitarbeiter, Daniel Füger, M.A., für die sorgfältige redaktionelle Arbeit. Franziska Remeika vom Metzler-Verlag hat die Entstehung dieses Bandes mit großem Wohlwollen begleitet, ja eigentlich erst möglich gemacht – auch ihr sei an dieser Stelle ausdrücklich gedankt.

im Dezember 2020 Elif Özmen

Inhaltsverzeichnis

Freiheit der Wissenschaft, Freiheit der Meinung   1
Thomas Gutmann

Akademische Freiheit und die Verantwortung des Wissenschaftlers für epistemische Produktivität   11
Franz Himpsl

Epistemische Offenheit als Wagnis. Über Wissenschaftsfreiheit und Wissenschaftsethos in der Demokratie   29
Elif Özmen

Epistemische Gerechtigkeit und epistemische Offenheit – eine Versöhnung   49
Sabine Döring

Wissenschaft als imaginäres Wiedergutmachungsprojekt   69
Maria-Sibylla Lotter

Meinungsfreiheit und ihre Grenzen: Eine Auseinandersetzung in Zeiten des Rechtspopulismus   91
Christoph Horn

Cordon Sanitaire: Epistemische Geschlossenheit als Wagnis   105
Julian F. Müller

Singer und Sarrazin. Eine vergleichende Studie zur Wissenschaftsfreiheit   123
Dieter Schönecker

Wen sollte man nicht an die Universität einladen?   141
Romy Jaster und Geert Keil

Autorenverzeichnis

Sabine Döring, Professorin für Philosophie (Schwerpunkt Praktische Philosophie) an der Eberhard Karls Universität Tübingen. *Forschungsinteressen:* Ethik und die Theorie der praktischen Rationalität mit einem Schwerpunkt auf der Rolle der Emotionen; politische Philosophie. *Ausgewählte Publikationen:*

- Seeing What to Do: Affective Perception and Rational Motivation. Dialectica 61/2007, 363–394.
- *Philosophie der Gefühle.* Frankfurt: Suhrkamp, 2009.
- National Pride in a Global World. *Yearbook Practical Philosophy in a Global Perspective* 4/2020, 27–51.

Thomas Gutmann, Professor für Bürgerliches Recht, Rechtsphilosophie und Medizinrecht an der Westfälischen Wilhelms-Universität Münster. *Forschungsinteressen:* Recht und Gesellschaftstheorie; Theorie des Privatrechts; Biopolitik. *Ausgewählte Publikationen:*

- (mit Bijan Fateh-Moghadam, Michael Neumann und Thomas Weitin) *Säkulare Tabus. Die Begründung von Unverfügbarkeit.* Berlin: Matthes & Seitz, 2015.
- (Hrsg. mit Sebastian Laukötter, Arnd Pollmann und Ludwig Siep) *Genesis und Geltung. Historische Erfahrung und Normenbegründung in Moral und Recht.* Tübingen: Mohr Siebeck, 2018.
- (Hrsg. mit Christel Gärtner, Thomas Meyer und Walter Mesch) *Normative Krisen. Verflüssigung und Verfestigung von Normen und normativen Diskursen.* Tübingen: Mohr Siebeck, 2019.

Franz Himpsl, Senior-Editor bei *Blinkist* in Berlin und Autor bei *Psychologie Heute. Interessen:* Wissenschaftspolitik; Ethik der Digitalisierung; Utilitarismus; Psychologie der Alltagsbeziehungen. *Ausgewählte Publikationen:*

- *Die Freiheit der Wissenschaft: Eine Theorie für das 21. Jahrhundert.* Wiesbaden: J.B. Metzler Verlag, 2017.
- Forschung, Lehre – und was noch? *DUZ Magazin* 05/2017, 28–34.
- Bildung ist kein Fetisch mehr – und das ist gut so. Medium.com, 2019. https://link.medium.com/16kZ7CFNYab.

Christoph Horn, Professor für Praktische Philosophie und Philosophie der Antike an der Rheinischen Friedrich-Wilhelms-Universität Bonn. *Forschungsinteressen:* Moralphilosophie und politische Philosophie der Antike, der Neuzeit und Gegenwart. *Ausgewählte Publikationen:*

- *Philosophie der Antike. Von den Vorsokratikern bis Augustinus.* München: C.H. Beck, 2013.
- *Nichtideale Normativität. Ein neuer Blick auf Kants politische Philosophie.* Berlin: Suhrkamp, 2014.
- *Einführung in die Moralphilosophie.* Freiburg & München: Herder, 2018.

Romy Jaster, Wissenschaftliche Mitarbeiterin für Theoretische Philosophie an der Humboldt-Universität zu Berlin. *Forschungsinteressen:* Fähigkeiten und Willensfreiheit; Fake News und andere Brüche mit Wahrheits- und Erkenntnisnormen; Philosophie und Öffentlichkeit. *Ausgewählte Publikationen:*

- *Agents' Abilities.* Berlin & Boston: De Gruyter 2020.
- *Die Wahrheit schafft sich ab: Wie Fake News Politik machen.* Stuttgart: Reclam 2019.
- Mehr Öffentlichkeit wagen! Wie(so) über Wahrheit reden? In C. Beisbart & G. Brun (Hrsg.), *Mit Philosophie die Welt verändern.* Basel: Schwabe, 2020.

Geert Keil, Professor für Philosophie an der Humboldt-Universität Berlin. *Forschungsinteressen:* Erkenntnistheorie; Handlungstheorie; Metaphysik; Anthropologie; Philosophie und Öffentlichkeit. *Ausgewählte Publikationen:*

- *Wenn ich mich nicht irre. Ein Versuch über die menschliche Fehlbarkeit.* Stuttgart: Reclam, 2019.
- *Willensfreiheit.* Berlin & New York: De Gruyter, 2017.
- Handeln und Verursachen. Frankfurt a M.: Klostermann, 2015.

Maria-Sibylla Lotter, Professorin für Ethik und Ästhetik mit Schwerpunkt auf der Philosophie der Neuzeit am Institut für Philosophie I der Ruhruniversität Bochum. *Forschungsinteressen:* Schuld und Verantwortung; Lüge und Selbstbetrug; Verhältnis von künstlerischen und theoretischen Weisen der Welterschließung; das Komische. *Ausgewählte Publikationen:*

- *Scham, Schuld, Verantwortung. Über die kulturellen Grundlagen der Moral.* Berlin: Suhrkamp, 2019.
- *Die Lüge.* Stuttgart: Reclam, 2017.
- (mit Saskia Fischer): *Guilt, Forgiveness and Moral Repair.* London: Palgrave Macmillan, 2021.

Julian F. Müller, Wissenschaftlicher Mitarbeiter am Philosophischen Seminar der Universität Hamburg. *Forschungsinteressen:* Umgang mit vernünftigen Meinungsverschiedenheiten; Grundlagen der (Angewandten) Ethik; Epistemische Demokratietheorie; Klassischer Liberalismus. *Ausgewählte Publikationen:*

- *Political Pluralism, Justice and Disagreement: The Case for Polycentric Democracy.* New York: Routledge, 2019.
- Epistemic Democracy: Beyond Knowledge Exploitation. *Philosophical Studies* 5/2018 (75): 1267–1288.

Elif Özmen, Professorin für Praktische Philosophie an der Justus-Liebig-Universität Gießen. *Forschungsinteressen:* Liberalismus; Wahrheit und Lüge in der Politik; normative Konstituentien der Demokratie; Evidenz und Ethos der Wissenschaften; anthropologische Topoi. *Ausgewählte Publikationen:*

- *Was ist Liberalismus (nicht)?* i.E. 2021.
- *Politische Philosophie zur Einführung.* Hamburg: Junius, 2013.
- *Über Menschliches. Anthropologie zwischen Natur und Utopie.* Münster: mentis, 2016.

Dieter Schönecker, Professor für Praktische Philosophie an der Universität Siegen. *Forschungsinteressen:* Kant; Metaethik; Religionsphilosophie; Wissenschaftsfreiheit. *Ausgewählte Publikationen:*

- (mit Allen W. Wood): *Immanuel Kant's Groundwork for the Metaphysics of Morals. A Commentary.* Cambridge: Harvard University Press 2015.
- The Deliverances of Warranted Christian Belief. In D. Schönecker (Hrsg.), *Essays on „Warranted Christian Belief". With Replies by Alvin Plantinga.* Boston & Berlin: De Gruyter 2015, 1–40.
- Rassismus, Rasse und Wissenschaftsfreiheit. Eine Fallstudie. *Philosophisches Jahrbuch* 2/2020, 248–273.

Freiheit der Wissenschaft, Freiheit der Meinung

Thomas Gutmann

> *Bill: I changed my mind. Tira: Does it work any better?*
>
> Mae West

Nicht alles, was der deutsche Professor den lieben langen Tag so tut und sagt, fällt in den Schutzbereich des Grundrechts auf Wissenschaftsfreiheit. Die Organisation von Vortragsreihen für politische Agitatoren wird von ihr ebenso wenig erfasst wie die Zubereitung des morgendlichen Müslis.

1   Freiheit

Artikel 5 Absatz 3 Satz 1 des Grundgesetzes („Kunst und Wissenschaft, Forschung und Lehre sind frei") ist ein robustes Grundrecht, das als Forschungs- und Lehrfreiheit zunächst auf den Schutz individueller Freiheit zielt (Britz 2013, Rn. 11 ff.). Als Abwehrrecht sichert es jedem, der sich wissenschaftlich betätigt – auch im öffentlichen Wissenschaftsbetrieb in den Universitäten – Freiheit von staatlicher Beschränkung und vermittelt Schutz vor staatlichen Einwirkungen auf den Prozess der Gewinnung und Vermittlung wissenschaftlicher Erkenntnisse (BVerfG 1973, S. 113;

T. Gutmann (✉)
Rechtswissenschaftliche Fakultät, Westfälische Wilhelms-Universität Münster, Münster, Deutschland
E-Mail: t.gutmann@uni-muenster.de

BVerfG 1994, S. 12). Geschützt sind die Bestimmung eigener Forschungsschwerpunkte, die Wahl der Fragestellung und Methode, die Durchführung des Forschungsvorhabens, die Aus- und Bewertung der Ergebnisse und schließlich auch ihre Verbreitung (Britz 2013, Rn. 11 ff.). Kurz: Wissenschaft soll ein grundsätzlich von Fremdbestimmung freier Bereich autonomer Verantwortung sein (BVerfG 2010, S. 115; BVerfG 2015, S. 182). Dies ist, auf der Ebene des Verfassungsrechts, nicht in allen westlichen Staaten so (Barendt 2010).

2 Wissenschaft

Dabei spielt die Verfassung bei der Frage, was unter den Begriff der „Wissenschaft" fällt, gerade um der Bedeutung des Grundrechts willen den Ball an die Eigenrationalität des Wissenschaftssystems und damit an die *scientific community* zurück. Es wäre mit der prinzipiellen Unvollständigkeit, Unabgeschlossenheit und Revisionsoffenheit der wissenschaftlichen Praxis nicht vereinbar, nur eine bestimmte Auffassung von Wissenschaft oder eine bestimmte Wissenschaftstheorie zu schützen; das Unorthodoxe und die Mindermeinung sind nicht weniger garantiert. Der Wissenschaftsbegriff des Grundgesetzes ist deshalb notwendigerweise weit und offen (Schulze-Fielitz 1994, Rn. 3). Auch an den Rändern unserer pluralistischen Epistemologie wird sich nur Weniges finden, das von Artikel 5 Absatz 3 Satz 1 des Grundgesetzes nicht in die Arme geschlossen würde. Auch das Urteil über gute und schlechte Wissenschaft, über die Qualität des Vorgehens, über die Richtigkeit der Methoden und Ergebnisse, die Vollständigkeit, Plausibilität und intersubjektive Nachvollziehbarkeit der Argumentation kann deshalb nur im Wissenschaftssystem selbst fallen (Britz 2013, Rn. 18; Morlok 1993, 92 ff., 393 ff.) – in einem Wissenschaftssystem, das sich in der Verwaltung der Einheit der Differenz von *wahr* und *unwahr* ohnehin nur noch weltgesellschaftlich denken lässt (Luhmann 1992, S. 212, 818 f.; Schulte 2006, S. 111). Das Gegenteil von Wissenschaft ist schlechte Wissenschaft, aber das weiß nur die Wissenschaft selbst. Obgleich das Recht der Wissenschaftsfreiheit auch insoweit reflexives Recht ist, als die Gesellschaft darauf angewiesen ist, sich auf die funktionierende Selbstkontrolle des Wissenschaftssystems verlassen zu können, ist der verfassungsrechtliche Begriff „Wissenschaft" kein Gegenstand subjektiver Beliebigkeit: Die Einordnung einer Tätigkeit unter die Wissenschaftsfreiheit kann nicht allein von der Beurteilung desjenigen abhängen, der das Grundrecht für sich in Anspruch nimmt (BVerfG 1994, S. 12; Britz 2013, Rn. 18). „Wissenschaft" kann nur sein, was einen „konstitutiven Wahrheitsbezug" aufweist und „nach Inhalt und Form als ernsthafter Versuch zur Ermittlung von Wahrheit anzusehen ist" (BVerfG 1994, S. 12; vgl. BVerfG 1973, S. 113; BVerfG 1978, S. 367; Schulze-Fielitz 1994, Rn. 2), zumindest aber als eine „geistige Tätigkeit mit dem Ziele, in methodischer, systematischer und nachprüfbarer Weise neue Erkenntnisse zu gewinnen" (BVerfG 1973, S. 113; Britz 2013 Rn. 11 ff.). Wissenschaft ist reflexiv und legt sich deshalb die Frage der Angemessenheit ihres theoretischen und methodischen Zugangs einschließlich des Verdachts wissenschaftsfremder Interessen immer selbst als wissenschaftlichen Untersuchungsgegenstand vor (Luhmann 1992, S. 333 ff.). Im Kernbereich der Wissenschaftsfreiheit stehen die auf wissenschaftlicher Eigengesetzlichkeit beruhenden Prozesse, Verhaltensweisen und Entscheidungen bei der Suche nach Erkenntnissen, ihrer Deutung und Weitergabe (BVerfG 2010, S. 115). Die Lehre, von deren Freiheit in der Grundrechtsbestimmung die Rede ist, meint deshalb nur die „wissenschaftlich fundierte Übermittlung der durch die Forschung gewonnenen Erkenntnisse" (BVerfG 1973, S. 113; Britz 2013, Rn. 29; Paulus 2018, Rn. 480) und deckt nicht alle Äußerungen professoralen Ressentiments.

3 Meinung

Nicht alles, was sich unter dem Dach einer deutschen Universität ereignet, gehört in den Schutzbereich des Grundrechts der Freiheit von Forschung und Lehre. Nicht das Allzumenschliche der Fachgelehrten, dieser „unbändigste[n] und am schwersten zu befriedigende(n) Menschenklasse – mit ihren sich ewig durchkreuzenden Interessen, ihrer Eifersucht, ihrem Neid, ihrer Lust zu regieren, ihren einseitigen Ansichten" (von Humboldt 1906, S. 399; zitiert nach Geier 2009, S. 267), nicht die *doxai*, die – nicht selten trivialen – Meinungen, die der deutsche Professor gerne von seinem Katheder aus in den Feuilletons verbreitet, nicht die *tribal rules* der akademischen Sozialisation (Campbell 1969), nicht die Kämpfe um die Verteilung und Akkumulation symbolischen Kapitals im wissenschaftlichen Feld (Bourdieu 1998) und noch weniger die zunehmende Produktion von *fake science* im Dienst politischer und wirtschaftlicher Dunkelmänner (Dunlap & McCright 2011; McKinnon 2016). Aber auch Vorträge Dritter, bei denen die politische Aktivität im Vordergrund steht, fallen nicht unter den Schutz der Lehr- oder Forschungsfreiheit, sondern allenfalls unter den der Freiheit der Meinung (Artikel 5 Absatz 1 Satz 1 Variante 1 des Grundgesetzes) oder den des Artikel 21 Absatz 1 des Grundgesetzes, der die Rolle der Parteien sichert (Paulus 2018, Rn. 480) – jedenfalls solange sie nicht primär als kontrollierter Gegenstand forschender Beobachtung und Analyse dienen. „Das wird man ja wohl noch sagen dürfen" ist keine wissenschaftliche Kommunikation; ein paar Fragen aus dem Publikum, und sei es auch ein akademisches, erheben den politischen Sprechakt nicht zur wissenschaftlichen Debatte. Keine Universität, keine Fakultät muss ihre Räume und Mittel dafür zur Verfügung stellen. Tut sie es nicht, hat keine wissenschaftliche Fachgesellschaft Anlass, sich zu empören oder die Ressourcen der Kollegialität zu bemühen. Für die Meinungsfreiheit braucht man keine Hörsäle. Als „Meinung" geschützt ist alles, jedes „Stellung beziehende Dafürhalten, [...] jede Ansicht, Auffassung, Anschauung, Überzeugung, Einschätzung, Stellungnahme und jedes (Wert-)Urteil", gleich ob es (nach anderer Leute Meinung) richtig oder falsch, begründet oder unbegründet, rational oder emotional, sachlich oder unsachlich, gefährlich oder harmlos, freundlich oder polemisch, treffend oder abwegig ist (Schulze-Fielitz 2013, Rn. 62 f.). Auch Professor/innen haben Meinungen, die der akademische Titel allein nicht zur Wissenschaft adelt. Natürlich lohnt es sich immer, darüber zu diskutieren, inwieweit die Universität ein Ort politischer Debatten sein sollte und wie in diesem Fall die Freiheit der Rede und Gegenrede gesichert werden kann. Wir sprechen dabei aber nicht über die Freiheit der Wissenschaft.

4 Politik

Der hier vorgestellte Begriff von Wissenschaft ist nicht apolitisch, im Gegenteil. Er lässt den im Betrieb Tätigen jede Möglichkeit, ihre Erkenntnisinteressen und die Wahl ihrer Forschungsgegenstände an dem auszurichten, was sie für (im weitesten Sinn) politisch wichtig halten. Artikel 5 Absatz 3 Satz 1 des Grundgesetzes beschränkt das mögliche Selbstverständnis der Wissenschaftler/innen nicht auf das, was Stanley Fish (2014, S. 20 ff.) die „It's just a job' school of academic freedom" nennt. Nach der Verfassung kann jede Wissenschaftlerin ihre eigene Forschung danach bestimmen, was sie für „gesellschaftlich" („politisch" oder „moralisch") generierten Forschungsbedarf hält und die wissenschaftliche Wahrheit mit Max Horkheimer (1935, S. 345) als ein „Moment der richtigen Praxis" verstehen. Immer steht auch die *third mission* des Wissenschaftstransfers und der partizipativen Öffnung des Wissenschaftsbetriebs zu Gebote. Zugleich spricht wenig dagegen, dass die demokratisch (also im Streit) gesteuerte Wissenschaftspolitik Anreize dafür bietet, dort zu forschen, wo Bedarf besteht, und dergestalt von disziplinärer Selbstreferentialität auf extern angestoßene Wissensgenerierung umzustellen (Weingart 2014, S. 320) – es wäre überhaupt an der Zeit, darüber nachzudenken, was aus den in den 1970er Jahren geführten Diskussionen um die Finalisierung der Wissenschaft (Böhme & van den Daele 1973) noch oder wieder aktuell ist. Wer als Forscher andere Wege gehen möchte, ist hierzu frei: Limitiert wird die Wissenschaftsfreiheit allein durch entgegenstehende grundgesetzliche Rechte Dritter und andere Rechtsgüter von Verfassungsrang (Mager 2009, Rn. 31 ff.), über deren Gewicht im Einzelfall, auf gesetzlicher Grundlage, in Verfahren vor Kommissionen und Gerichten gestritten werden muss. Politische Grenzen sind der Wissenschaftsfreiheit nur sehr weit außen gesetzt. Auch Artikel 5 Absatz 3 Satz 2 des Grundgesetzes, der klarstellt, dass die Freiheit der Lehre nicht von der Treue zur Verfassung entbindet, lässt einseitig polarisierende Kritik am Staat und seinen Institutionen zu, solange sie sich sachlich begründen lässt und sich nicht in perlokutionären Effekten erschöpft.

5 Geld

Wissenschaftsfreiheit ist nicht nur ein Abwehrrecht, sie hat in Deutschland auch eine gewährleistungsrechtliche Dimension. Der Staat hat die Aufgabe, freie Wissenschaft und ihre Vermittlung an die nachfolgende Generation durch Bereitstellung von personellen, finanziellen und organisatorischen Mitteln zu ermöglichen und zu fördern. Das bedeutet, dass er „funktionsfähige Institutionen für einen freien Wissenschaftsbetrieb" zur Verfügung stellen muss (BVerfG 1973, S. 113; BVerfG 2004, S. 353). Zur Sicherung dieses Bereichs gewährt Artikel 5 Absatz 3 Satz 1 des Grundgesetzes den in der Wissenschaft Tätigen Mitwirkungsrechte in der Organisation des Wissenschaftsbetriebs, namentlich in der Hochschulselbstverwaltung (BVerfG 1997, S. 209 f.) – die freilich kein Selbstzweck sind, sondern dem „Schutz vor wissenschaftsinadäquaten Entscheidungen" dienen (BVerfG 2004, S. 354) –, sowie Teilhabe an öffentlichen Ressourcen (BVerfG 2010, S. 115; BVerfG 1973, S. 115; Schulze-Fielitz 1994, Rn. 8). Hochschullehrer/innen können über einen Anspruch auf angemessene Mindestausstattung (Mager 2009, Rn. 42) hinaus jedoch keinen originären Leistungsanspruch auf einen von ihnen selbst bestimmten Bedarf erheben (Kempen 2020, Rn. 197; Kirchhof 1998, S. 277) – schon gar nicht für Zwecke, die außerhalb von Forschung und Lehre liegen. Keine Universität muss politische Veranstaltungen beherbergen oder finanzieren, nur weil sich ein Professor öffentlich profilieren will.

6 Das Ganze

Wissenschaftsfreiheit hat eine institutionelle und funktionelle Dimension. Artikel 5 Absatz 3 des Grundgesetzes schützt als überindividuelle Institutsgarantie freie Wissenschaft als solche (Britz 2013, Rn. 17; BVerfG 2004, S. 353 f.). Das Gewicht des Artikel 5 Absatz 3 des Grundgesetzes beruht auf der Schlüsselfunktion, die einer freien Wissenschaft nicht nur für die Selbstverwirklichung des Einzelnen, sondern gerade auch für die gesamtgesellschaftliche Entwicklung zukommt. Das Grundrecht fordert ein Einstehen des Staates für die Idee einer freien Wissenschaft und seine Mitwirkung an ihrer Realisierung. Mit dem Gedanken, „dass eine von gesellschaftlichen Nützlichkeits- und politischen Zweckmäßigkeitsvorstellungen freie Wissenschaft Staat und Gesellschaft im Ergebnis am besten dient" (BVerfG 2010, S. 125 f.; BVerfG 1978, S. 370), sind die wechselseitige Abhängigkeit von deliberativer Demokratie und selbstregulierter Wissenschaft und ihre wertbezogene Isomorphie (Weingart 2014, S. 306; Kalleberg 2010) angesprochen (hierzu Özmen 2012). Das Wissenschaftssystem setzt politische, gesellschaftliche und rechtliche Leistungen und insbesondere institutionelle Strukturen voraus, die sein Funktionieren nach wissenschaftsinternen – also demokratischen Mehrheitsentscheidungen unzugänglichen (BVerfGE 1973, S. 185; Ruffert 2006, 160) – Kriterien ermöglichen (Schulze-Fielitz 2010). Umgekehrt ist die demokratische Willens- und Entscheidungsbildung darauf angewiesen, dass sie Zugang zu Fakten, Argumenten und wissenschaftlich begründeten Erkenntnissen hat, weil sie sonst in bloß subjektiven Meinungen, Vorurteilen, Gefühlen und Irrationalität ertrinkt. Wissen ist eine Grundbedingung freier demokratischer Gesellschaften – dies ist der Zusammenhang von Wissenschaftsfreiheit und politischer Freiheit (Özmen 2012; Kitcher 2001). Geschützt ist deshalb auch „die Funktion, welche die Wissenschaft für die Gesellschaft insgesamt hat und die sie nur selbstbestimmt erfüllen kann" (Grimm 2007, S. 26). Es ist nicht nur die Klimakrise, die uns daran erinnert, dass wir uns politische Entscheidungen, die sich allzu weit von dem entfernen, was wir wissen, in vielen Feldern nicht mehr leisten können. Die Wissenschaft hat daher auch die gesamtgesellschaftliche Aufgabe, den Unterschied zwischen wissenschaftlich überprüfbaren Erkenntnissen und bloßen Meinungen zu verdeutlichen (Allianz der Wissenschafts-Organisationen 2019, These 2).

7 Verantwortung

Wir sind aus guten Gründen sehr zurückhaltend, wenn es darum geht, Grundrechte in Pflichten des Einzelnen umzudeuten. Als individuelle Pflicht lässt sich die Verantwortung des einzelnen Wissenschaftlers für die Institution der freien Wissenschaft – als Selbstzweck und in ihrer Bedeutung für die deliberative Demokratie – deshalb nur als moralische Pflicht und soziale Rollenerwartung ausbuchstabieren. Diese sind Teil jenes fragilen *scientific ethos,* jener normativen Binnenstruktur funktionierender Wissenschaft, die seit Merton (1942; hierzu Özmen 2012) thematisiert wird. Auch das ist gemeint, wenn Susanne Baer von der „Verantwortung für die Wissenschaftsfreiheit" spricht (Baer 2015). Weil es keine mindere Aufgabe der Wissenschaft ist, populistisch motivierter Faktenverzerrung den Boden zu entziehen (Allianz der Wissenschafts-Organisationen 2019, These 2), sollten die Institutionen des Wissenschaftssystems den Agitatoren eines Populismus, der die Idee einer wissenschaftlich aufgeklärten Deliberation systematisch untergräbt (Mede und Schäfer 2020; Collins et al. 2020; Waisbord 2018), keine Bühne bieten. Zumindest gilt, dass diejenigen, die sich hier dümmer stellen wollen, als sie sind, sich nicht gerade auf die Freiheit der Wissenschaft berufen sollten.

Literatur

Allianz der Wissenschafts-Organisationen. (2019). *Zehn Thesen zur Wissenschaftsfreiheit* [2019]. https://wissenschaftsfreiheit.de/abschlussmemorandum-der-kampagne/. Zugegriffen: 1. Nov. 2020.

Baer, S. (2015). Verantwortung für die Wissenschaftsfreiheit. *Wissenschaftsrecht, 48,* 3–13.

Barendt, E. (2010). *Academic freedom and the law: A comparative study*. Oxford: Hart.

Böhme, G., & van den Daele, W. (1973). Die Finalisierung der Wissenschaft. *Zeitschrift für Soziologie, 2,* 128–144.

Bourdieu, P. (1998). *Vom Gebrauch der Wissenschaft. Für eine klinische Soziologie des wissenschaftlichen Feldes*. Konstanz: UVK.

Britz, G. (2013). Kommentierung zu Art. 5 Abs. 3 GG (Wissenschaft). In H. Dreier (Hrsg.), *Grundgesetz-Kommentar* (3. Aufl.). Tübingen: Mohr Siebeck.
BVerfG. (1973). Urteil vom 29.5.1973 – 1 BvR 424/71, BVerfGE 35, 79.
BVerfG. (1978). Beschluss vom 1.3.1978 – 1 BvR 333/75, BVerfGE 47, 327.
BVerfG. (1994). Beschluss vom 11.1.1994 – 1 BvR 434/87, BVerfGE 90, 1.
BVerfG. (1997). Beschluss vom 26.2.1997 – 1 BvR 1864/94, BVerfGE 95, 193.
BVerfG. (2004). Beschluss vom 26.10.2004 – 1 BvR 911/00, BVerfGE 111, 333.
BVerfG. (2010). Beschluss vom 20.7.2010 – 1 BvR 748/06, BVerfGE 127, 87.
BVerfG. (2015). Beschluss vom 12.5.2015 – 1 BvR 1501/13, BVerfGE 139, 148.
Campbell, D. T. (1969). Ethnocentrism of disciplines and the fish scale model of omniscience. In M. Sherif & C. W. Sherif (Hrsg.), *Interdisciplinary relationships in the social sciences* (S. 328–348). Chicago: Aldine Publishing Company.
Collins, H., Evans, R., Durant, D., & Weinel, M. (2020). *Experts and the will of the people. Society, populism and science*. Cham: Palgrave Macmillan/Springer.
Dunlap, R., & McCright, A., et al. (2011). Organized climate change denial. In J. S. Dryzek (Hrsg.), *The oxford handbook of climate change and society* (S. 144–160). Oxford: Oxford University Press.
Fish, S. (2014). *Versions of academic freedom: From professionalism to revolution*. Chicago: University of Chicago Press.
Geier, M. (2009). *Die Brüder Humboldt*. Reinbek: Rowohlt Verlag.
Grimm, D. (2007). *Wissenschaftsfreiheit vor neuen Grenzen?* Göttingen: Wallstein.
Horkheimer, M. (1935). Zum Problem der Wahrheit. *Zeitschrift für Sozialforschung, 4*, 321–364.
Kalleberg, R. (2010). The ethos of science and the ethos of democracy. In J. C. Calhoun (Hrsg.), *Robert K. Merton. Sociology of science and sociology as science* (S. 182–213). New York: Columbia University Press.
Kempen, B. (2020). Kommentar zu Art. 5 GG. In V. Epping & C. Hillgruber (Hrsg.), *Beckscher Online-Kommentar zum Grundgesetz* (44. Aufl.). München: Beck.
Kitcher, P. (2001). *Science, truth, and democracy*. Oxford: Oxford University Press.
Kirchhof, F. (1998). Rechtliche Grundsätze der Universitätsfinanzierung. *Juristenzeitung, 53*, 275–282.
Luhmann, N. (1992). *Die Wissenschaft der Gesellschaft*. Frankfurt a. M.: Suhrkamp.
Mager, U: (2009). Freiheit von Forschung und Lehre. In J. Isensee, & P. Kirchhof (Hrsg.), *Handbuch des Staatsrechts*. (Bd. VII, 3. Aufl., S. 166, 1075–1111). Heidelberg: C.F. Müller.
McKinnon, C. (2016). Should we tolerate climate change Denial? *Midwest Studies In Philosophy, 40*, 205–216.
Merton, R. K. (1942). Science and technology in a democratic order. *Journal of Legal and Political Sociology, 1*, 115–126.
Morlok, M. (1993). *Selbstverständnis als Rechtskriterium*. Tübingen: Mohr Siebeck.

Özmen, E. (2012). Die normativen Grundlagen der Wissenschaftsfreiheit. In F. Voigt (Hrsg.), *Freiheit der Wissenschaft: Beiträge zu ihrer Bedeutung, Normativität und Funktion* (S. 111–132). Berlin & Boston: De Gruyter.

Paulus, A. (2018). Kommentierung zu Art. 5 Abs. 3 GG. In H.v. Mangoldt, F. Klein, & C. Starck (Hrsg.), *Kommentar zum Grundgesetz.* (7. Aufl.). München: Beck.

Ruffert, M. (2006). Grund und Grenzen der Wissenschaftsfreiheit. *Veröffentlichungen der Vereinigung der Deutschen Staatsrechtslehrer, 65,* 146–216.

Schulte, M. (2006). Grund und Grenzen der Wissenschaftsfreiheit. *Veröffentlichungen der Vereinigung der Deutschen Staatsrechtslehrer, 65,* 110–145.

Schulze-Fielitz, H, (1994). Freiheit der Wissenschaft. In E. Benda et al. (Hrsg.), *Handbuch des Verfassungsrechts der Bundesrepublik Deutschland* (2. Aufl., S. 27, 1339–1362). Berlin: De Gruyter.

Schulze-Fielitz, H. (2010). Politische Voraussetzungen wissenschaftlicher Forschung. In H. Dreier & D. Willoweit (Hrsg.), *Wissenschaft und Politik* (S. 71–106). Stuttgart: Steiner.

von Humboldt, W. (1906). In A. von Sydow (Hrsg.), *Wilhelm und Caroline von Humboldt in ihren Briefen 1787–1835 (Bd. III.).* Berlin: Verlag Ernst Siegfried Mittler und Sohn.

Waisbord, S. (2018). The elective affinity between post-truth communication and populist politics. *Communication Research and Practice, 4*(1), 17–34.

Weingart, P., et al. (2014). Die Stellung der Wissenschaft im demokratischen Staat – Freiheit der Wissenschaft und Recht auf Forschung im Verfassungsrecht. In M. Franzen (Hrsg.), *Autonomie revisited: Beiträge zu einem umstrittenen Grundbegriff in Wissenschaft, Kunst und Politik* (S. 305–329). Weinheim und Basel: Beltz Juventa.

Akademische Freiheit und die Verantwortung des Wissenschaftlers für epistemische Produktivität

Franz Himpsl

In vielen Ländern wird der Wissenschaftsfreiheit eine hohe Bedeutung beigemessen. Deutschland ist hier keine Ausnahme, im Gegenteil: Die Verankerung dieses Prinzips in Artikel 5 Grundgesetz beruht auf einer ideengeschichtlichen Tradition, die die Überzeugung beinhaltet, zwischen den Konzepten der Wissenschaft und der Wissenschaftsfreiheit bestehe eine Art unverbrüchlichen Konnexes. Doch ist es gerade die weithin unhinterfragte Selbstverständlichkeit, die eine Feinjustierung des Prinzips in der Praxis, mithin ein fundiertes Nachdenken über ihre Begründungen und Grenzen eher erschwert als erleichtert. Ebendies zu tun erscheint indes als geboten, weil der Gegenstand des Freiheitspostulats im Wandel begriffen ist. Die Frage nach Begründung und Anwendung des Postulats stellt sich aufs Neue, zumal in Zeiten, in denen die Wissenschaft zu einem zunehmend personen- und finanzintensiven, von äußeren Interessen durchdrungenen, weltumspannenden Unterfangen wird. Ersichtlich wird das an vielen Debatten, wie sie in der tagesaktuellen Presse geführt werden, in den Denkschriften der Forschungsorganisationen, in den Publikationen der Wissenschaftssoziologie und -philosophie, auf Blogs, in wissenschaftspolitischen Diskussionsrunden, beim formellen und informellen Austausch zwischen Wissenschaftlern.

F. Himpsl (✉)
Blinkist, Berlin, Deutschland
E-Mail: franz.himpsl@me.com

Manche dieser Kontroversen werden explizit und mit großer politisch-missionarischer Verve in der Öffentlichkeit ausgefochten – zum Beispiel die Frage, ob sich Universitäten dazu verpflichten sollten, keine Militärforschung zu betreiben. Andere sind dagegen reine Spezialistendebatten – etwa, ob die kollegiale Selbstkontrolle, wie sie im Peer-Review-Verfahren ihren Niederschlag findet – auch heute noch eine angemessene Methode der Qualitätssicherung ist. Auffällig ist bei alledem, dass Beiträge zu Wissenschaftsfreiheitsdebatten häufig nicht der polemischen Zuspitzung entbehren. Da finden sich die Philosophen, die in Abhandlungen zur Wissenschaftsethik pauschal darauf drängen, die Wissenschaftler möchten sich ihrer gesellschaftlichen Verantwortung stellen. Die universitären Festredner, die fordern, die Wissenschaftsfreiheit möge mit aller Konsequenz verteidigt werden – gerade so, als handele es sich dabei um eine monolithische Entität und nicht um ein Prinzip mit positiven und negativen Implikationen, das in der Praxis einer Feinausrichtung bedarf. Die Wissenschaftstheoretiker, die behaupten, eine Maximierung der Freiheiten führe die Wissenschaft immer auf den direktesten Weg zur Erkenntnis. Und die Politiker, deren Verständnis des Hochschulwesens sich oft ausschließlich auf die Vorstellung beschränkt, diese seien Problemlösungsagenturen im unmittelbaren Dienst von Gesellschaft oder Wirtschaft.

Wenn es um die Wissenschaftsfreiheit geht, bedarf es der Vermittlung und der Differenzierung. Blicken wir also im Folgenden einmal ganz systematisch auf ihre Chancen und Risiken (ausführlicher dazu Himpsl 2017).

1 Begründungen der Wissenschaftsfreiheit

Zunächst sollen drei philosophische Argumente vorgestellt werden, die die Position jener unterstreichen, die die Vorteile der Wissenschaftsfreiheit betonen. Das erste Argument ist gewissermaßen ein wissenschaftsinternes, nämlich ein auf die erkenntnistheoretischen Vorteile freier Wissenschaft zielendes. Die beiden anderen Argumente beleuchten die Vorteile von Gesellschaften, in denen das Prinzip der Wissenschaftsfreiheit kultiviert wird: das zweite Argument mit einem Akzent auf die demokratische Willensbildung, das dritte unter einem stärker auf das einzelne Individuum ausgerichteten Blickwinkel.

1.1 Das Erkenntnisargument

Angenommen, eine politische Gemeinschaft einigt sich darauf, Ressourcen für systematische, professionell betriebene Erkenntnisgewinnung bereitzustellen – so, wie es in Deutschland und vielen anderen Ländern der Fall ist. Einer häufig ins Feld geführten Argumentationslinie zufolge gibt es nun mindestens einen guten Grund, weshalb es für eine solche Gemeinschaft empfehlenswert ist, dafür Sorge zu tragen, dass sich dieses Unterfangen unter freiheitlichen Bedingungen vollziehen kann: Mangelnde Freiheit ist demnach ein Hemmschuh für effektive Prozesse der Annäherung an wahre Aussagen – und damit im Hinblick auf das Ziel der Erkenntnisgewinnung kontraproduktiv. Dieses Argument, das unter anderem von Torsten Wilholt ausgearbeitet worden ist, ist in seiner einfachsten Form nichts weiter als ein Wenn-dann-Rezept: Wenn du wissenschaftliches Wissen erzeugen willst, dann solltest du der Wissenschaft Freiheiten gewähren (Wilholt 2012).

In einer ersten Lesart dieses Erkenntnisarguments ist die Wissenschaftsfreiheit der Erkenntnisproduktion dahingehend dienlich, dass sie den Wissenschaftlern bei der Art und Weise, wie sie ein gegebenes Problem angehen, freie Hand lässt – sie gewährt ihnen *methodologische Freiheit*. Eine Begründung, weshalb dies erstrebenswert sein könnte, lautet: Es gibt *per definitionem* niemanden, der besser beurteilen kann, welche Wege einzuschlagen sind, wenn es darum geht, wissenschaftliche Fragestellungen anzugehen, als eben die ausführenden Wissenschaftler selbst. Keiner vermag die komplexen und häufig hoch spezialisierten Sachverhalte, die im Rahmen wissenschaftlicher Forschung zur Disposition stehen, besser zu überblicken und zu durchdringen. Der sich daraus ergebende Imperativ ließe sich dann so formulieren: Lasse diejenigen, die dafür ausgebildet sind, ihre Arbeit verrichten und vertraue auf ihre Kenntnisse, Erfahrungen und ihre sie in besonderer Weise qualifizierenden Fähigkeiten. Eine gewisse Mindestqualität der Wissenschaftlerausbildung einschließlich funktionierender Mechanismen der Bestenauswahl vorausgesetzt, erscheint diese Begründung als stichhaltig, aber auch als recht allgemein und unspezifisch. Man könnte mit ihr auch eine ‚Freiheit des Schmiedehandwerks' oder die ‚Freiheit der Dachdeckerei' rechtfertigen. Überall dort, wo es Expertise gibt, für die hinreichend zuverlässige professionelle Qualitätssicherungsinstrumentarien bürgen, ist der außenstehende Laie erst einmal gut beraten, dem Experten Vertrauen zu schenken.

Freiheit im methodologischen Sinne scheint in Bezug auf die Wissenschaft noch eine weitergehende, besondere Bedeutung zu haben, zumal auch das Geschäft der Wissenschaft ein besonderes ist. Hier geht es, im Gegensatz zu den Handwerkerbeispielen, ja nicht um ein bloß technisches Know-how, sondern auch um ein bestimmtes Verhältnis zu Wissen als solchem. Von Wissenschaftlern wird mehr als von Vertretern anderer Berufe neben Fachkenntnissen auch die Bereitschaft zur Revision, zur Kritik, zur Weiterentwicklung der theoretischen Basis dieser Kenntnisse erwartet. Es gehört zum Wesen der Wissenschaft, dass Wettbewerb vorherrscht, kein Wettbewerb auf Gedeih und Verderb freilich, aber doch ein kollegiales, intellektuelles Kräftemessen, das der Erweiterung von *Wissen* dient.

Gerade weil es um Wissen geht, sollte die Wissenschaft frei sein: In dieses Bild fügt sich ein Argument, als dessen wohl prominentester Verfechter John Stuart Mill gilt. Es besagt, dass eine hohe Diversität unterschiedlicher Anschauungen zu einer bestimmten Frage die effektivste Möglichkeit sei, uns einer wahrheitsgemäßen Antwort auf diese Frage anzunähern: „[O]n every subject on which difference of opinion is possible, the truth depends on a balance to be struck between two sets of conflicting reasons." (Mill: On Liberty 1998, S. 24) Das gilt freilich für alle gesellschaftlichen Diskurse; aber, so könnte man ergänzen, um wie viel mehr muss es doch für die Wissenschaft gelten, die Königsdisziplin des erkenntnisorientierten Meinungsaustausches!

Doch die methodologische Freiheit ist nicht nur eine rein intellektuelle, sie erstreckt sich nicht nur auf die Freiheit des Denkens und Theorienschmiedens. Eine Wissenschaftlerin, auf die das Attribut ‚methodologisch frei' zutrifft, sollte auch materiale Freiheiten genießen, etwa die Freiheit, darüber entscheiden zu können, welche Experimente angestellt werden sollen, um theoretische Annahmen zu prüfen. Insbesondere solche Freiheiten aber sind durch den Faktor der Kosten von vornherein beschränkt. Der Large Hadron Collider (LHC) am Europäischen Kernforschungszentrum CERN, gemeinhin als größte Maschine der Welt bezeichnet, führt uns vor Augen, mit welchen immensen Ausgaben Wissenschaft heute verbunden sein kann: Die Baukosten für die Anlage allein belaufen sich auf etwa 5 Mrd. Schweizer Franken. Und das Jahresbudget belief sich im Jahr 2019 laut Jahresbericht auf 1,26 Mrd. Franken (CERN 2020, S. 53). Das CERN ist ein Extrembeispiel, aber es macht deutlich, dass die methodologische Freiheit durch ein unveränderliches Faktum eingeschränkt wird: Die Möglichkeiten, Mittel bereitzustellen, sind begrenzt.

Eine zweite Lesart des Erkenntnisarguments bezieht sich auf die Freiheit der Ziele oder *programmatische Freiheit,* und damit im Gegensatz zur methodologischen Freiheit nicht auf Problemlösungswege, sondern auf die Frage, welche Probleme überhaupt erst angegangen werden sollen. Wäre die Gesellschaft eine Person und die Wissenschaft eine andere, klänge ihr Gespräch so: ‚Hier habt ihr Wissenschaftler ein gewisses Quantum an Ressourcen. Das ist die Summe, die wir als angemessene Investition in die Erzeugung neuer Erkenntnisse empfinden. Teilt euch diese Mittel auf, wie ihr es für sinnvoll haltet, erforscht, was ihr für erforschenswert haltet. Ihr als Wissenschaftsgemeinschaft könnt – in den einzelnen Disziplinen – autonom darüber entscheiden.'

Warum sollte die Wissenschaft die Freiheit über die Wahl der Ziele innehaben? Aus Sicht der Erkenntnistheorie gibt es eine Begründung hierfür, die sich nahtlos an die Grundidee anfügt, die hinter dem Postulat der methodologischen Freiheit steht. Die unter methodologischen Gesichtspunkten geforderte Diversität von Lösungsansätzen (die gewissermaßen die Mikroebene darstellt) wird (sozusagen auf der Makroebene) ergänzt um ein Postulat möglichst hoher Diversität der Forschungs*fragen*. Diese lässt sich, so das Argument, besser dezentral als durch eine zentralisiert-autoritative Steuerung organisieren.

In der Tat besteht kein Zweifel, dass die Wissenschaftslandschaft heute zu unübersichtlich und feingliedrig ist, als dass eine solche zentralisierte, gleichsam aus dem Panopticon vorgenommene Wissenschaftssteuerung ohne Weiteres umsetzbar wäre. Ein Argument dafür, der Wissenschaft bei der Planung von Forschungsprojekten freie Hand zu lassen, ist dies jedoch nur dann, wenn man bereit ist, die dahinterstehende Verallgemeinerung zu akzeptieren, die besagt: Die die Wissenschaft finanzierende Gesellschaft ist daran interessiert, dass schlicht und einfach möglichst viele Erkenntnisse mit den bestehenden Ressourcen generiert werden – und das ganz gewichtungsfrei. Wäre das Modell der Erkenntnisgewinnung, das der institutionalisierten Wissenschaft zugrunde liegt, ein rein quantitatives, nach dem jeder neuen Erkenntnis, jeder konsistenten Theorie zu beliebigen Fragen dieselbe Relevanz und Priorität zukommt, dann müssten wir wohl in der Tat den Wissenschaften Freiheiten in Bezug auf die Forschungsagenden gewähren.

In unserer unvollkommenen Welt mit ihren historisch gewachsenen Wissenschaftssystemen aber impliziert das Faktum begrenzter Mittel ja, dass nicht jede denkbare wissenschaftliche Frage aufs Tapet gebracht werden kann. Dies gilt im Übrigen nicht nur heute, in Zeiten der *Big Science,* sondern trifft ebenso auf Zeiten zu, in denen Wissenschaft eine deutlich weniger ressourcenintensive Angelegenheit war. Auch seinerzeit gab es beispielsweise nur eine begrenzte Menge an zur Verfügung stehendem Personal. Eine sinnvolle Konzeption der Freiheit der Ziele kann nicht gleichzusetzen sein mit der Möglichkeit, alles zu erforschen. Vielmehr könnte sich eine unter den Bedingungen der Freiheit der Ziele operierende Wissenschaftsgemeinschaft zwar für beliebige Forschungsprojekte entscheiden, jedoch nur so lange, bis die pauschal zur Verfügung gestellten Mittel aufgebraucht sind.

Es gilt darüber hinaus zu bedenken, dass Existenz und Erfolg der institutionalisierten Wissenschaft von vornherein nur denkbar waren, weil eine Priorisierung des zu erzeugenden Wissens vorgenommen wurde. Und zwar zugunsten jenes Wissens, das – im Geiste von Francis Bacons Wissen-ist-Macht-Prinzip – anwendbar ist und technischen Fortschritt verheißt. Wenn man bedenkt, dass die Wissenschaft erst durch eine solche wissenschaftspolitische Verengung auf bestimmte Wissensformen erfolgreich werden konnte, gerät die Vorstellung, es sei das Beste, wenn die Wissenschaft *immer* gänzlich autonom über ihre Programmatik entscheiden dürfe, wie es manche Philosophen fordern, ins Wanken.

1.2 Das Demokratieargument

Wer bestrebt ist, eine freie Wissenschaft zu begründen, kann wissenschaftsintern argumentieren und funktionale Zusammenhänge zwischen freiheitlichen Strukturen und dem institutionalisierten Ziel der Erkenntnisgewinnung betonen. Er kann aber auch auf übergeordnete, wissenschaftsexterne Zwecke wissenschaftlicher Aktivität hinweisen – so, wie das nun vorzustellende Argument. Eine Lesart dieses Arguments besagt: Wenn wir florierende Demokratien für erstrebenswert halten, haben wir zugleich einen guten Grund, Wissenschaftsfreiheit zu befördern. Im Hintergrund steht dabei die Annahme, dass zwischen demokratisch geprägten Gesellschaften und einer freiheitlich geprägten Wissenschaft ein starker Zusammenhang besteht.

Dieser Zusammenhang ist in der Vergangenheit vor allem unter Verweis auf geteilte Werte hervorgehoben worden. Welche Werte sind hier gemeint? Wenn Demokratie bedeutet, dass alle Macht vom Volk ausgeht, dann könnte man diese Staatsform in Abgrenzung zu anderen Staatsformen als anti-autoritär bezeichnen. Hier liegt die Gestaltungs- und Deutungsmacht nicht starr bei einigen wenigen oder gar einer einzigen Person, sondern idealiter bei allen mündigen Bürgern. In historischer Perspektive lässt sich diese Feststellung durchaus mit der Genese der modernen Wissenschaft parallelisieren. Schließlich war diese beseelt von der Vorstellung, überliefertes Wissen sei nicht unangreifbar, sondern lasse sich durch Experimente und Theorien umwerfen.

Bis heute hat sich die Überzeugung gehalten, dass funktionierende Demokratien, wie auch die Wissenschaft, auf dem Prinzip des freien

Austauschs von Argumenten basieren und schon allein deshalb eine strukturelle Verwandtschaft aufweisen. So ist der Wissenschafts-Demokratie-Konnex in jüngerer Zeit vor allem von Philip Kitcher auf die Tagesordnung der Wissenschaftsphilosophie gesetzt worden, zuerst in seiner Veröffentlichung *Science, Truth, and Democracy* (2001).

Nun ist hervorzuheben, dass der Zusammenhang zwischen freier Wissenschaft und Demokratie ein komplexer ist und Prinzipien, die in der Demokratie gelten, nicht immer im Maßstab eins-zu-eins auf die Wissenschaft übertragbar sind. Bei Letzterer handelt es sich ja um eine hochgradig ausdifferenzierte Sphäre mit eigenen Spielregeln. Wenn man nun dennoch bestrebt ist, die Wissenschaftsfreiheit demokratietheoretisch zu begründen, dann könnte man auf die Tatsache verweisen, dass institutionalisierte Forschung Wissen nicht ausschließlich für sich selbst erzeugt, sondern für die Gesellschaften, die diese Forschung finanzieren. Und in einer Demokratie, in der der rationale Austausch eine gewichtige Rolle spielen soll, braucht es informierte Bürger. Die freie Wissenschaft fungiert hier also als Wissenszulieferin für die Bürger.

Damit das Argument aufgeht, müsste die Wissenschaft zunächst einmal in einem ganz bestimmten Sinne frei sein. Ihre Lehre und die Publikation ihrer Ergebnisse dürfen nicht durch umfangreiche Zensurmaßnahmen begrenzt werden, weil andernfalls wissenschaftsexternen Personen der Zugriff auf die jeweiligen Erkenntnisse versagt wäre. Dieses Prinzip hervorzuheben erscheint als notwendig – zumal in einer Zeit, in der die staatliche Zensur weltweit auf dem Vormarsch ist. Zudem wären Lehr- und Veröffentlichungsfreiheit aber auch staatlicherseits dahingehend zu stützen, dass sie durch Übergriffe oder Einschüchterungsversuche einzelner Personen oder Gruppen nicht beeinträchtigt werden – hiervon ist in diesem Band an anderer Stelle ausführlicher die Rede.

Doch die Argumentation lässt sich noch einen Schritt weiterführen. Nicht nur für die Distributions-, sondern auch für die Produktionsbedingungen wissenschaftlicher Erkenntnisse könnte man aus den genannten Gründen Freiheit einfordern. Denn dem Prozess, der der Ausbildung dieser Meinungen zuvorgeht, wohnt ein besonderes Maß an Gründlichkeit, Systematik und methodischer Kontrolle inne. Entsprechend hervorgehoben ist die Bedeutung in dieser Weise generierter Meinungen für die Demokratie. Die Wissenschaft liefert demnach mit besonderer Sorgfalt erzeugte Erkenntnisse, die die Bürger brauchen, um politische Präferenzen in fundierter Weise auszubilden. Dies bedeutet aber zugleich, dass die politischen Kräfte, die gerade an der Macht sind, also die kontingenten Faktoren innerhalb des stabileren Rahmens der Demokratie, diese

Wissensquelle nicht beeinflussen dürfen, da sonst kein politischer Willensbildungsprozess durch informierte Entscheidungen mehr möglich ist. Politische Praxis und freie Wissenschaft verhalten sich demzufolge in etwa so zueinander wie die wärmebedürftigen und doch schmerzhaft piksenden Stachelschweine in Arthur Schopenhauers berühmter Fabel: Beide sind aufeinander angewiesen – und sollten sich doch nicht zu nahe kommen.

1.3 Das Bildungsargument

Ein drittes philosophisches Argument zielt auf die besonderen Bildungseffekte einer freien Wissenschaft ab. Wenn wir uns fragen, wer es denn sei, der durch die Wissenschaft Bildung erfährt, drängt sich zunächst die Einsicht auf, dass die Bandbreite der unmittelbaren Wissenschaftsprofiteure gemäß der nun vorgestellten Begründungslinie erst einmal recht schmal ist. Bildung durch Wissenschaft betrifft in erster Linie jene, die Wissenschaft ausüben, also Wissenschaftlerinnen und Wissenschaftler sowie, unter Umständen, Studentinnen und Studenten. Wie vollzieht sich dieser Bildungseffekt?

Wenngleich der Rekurs auf die Persönlichkeitsbildung als Strategie zur Rechtfertigung von Wissenschaftsfreiheit seit geraumer Zeit eher ein Nischendasein fristet, lässt sich die Vorstellung, dass die Erkenntnissuche Menschen zu formen vermag, bis in die Antike zurückverfolgen. In unserem Zusammenhang von hervorgehobener ideengeschichtlicher Bedeutung ist die Tatsache, dass das Konzept der Bildung durch freie wissenschaftliche Betätigung an der Wende vom 18. zum 19. Jahrhundert – in der Zeit, als jene Stätten, an denen Wissenschaft betrieben wurde, in Deutschland grundlegende Reformen erfuhren – viele Verfechter fand. Eine Tatsache, die sich bis heute auswirkt. Die reformierte deutsche Universität als Bildungseinrichtung war ja darauf bedacht, dass die Studierenden den Forschern beim Tagesgeschäft der Erkenntnisgewinnung über die Schulter schauen konnten. Die im Zuge dessen betriebene Wissenschaft sollte frei sein; und diese Überzeugung ging mit einem noch grundlegenderen Diskurs zur Freiheit des Denkens und der Meinungsäußerung Hand in Hand.

Wissenschaftspolitik hatte damals noch eine stärker bildungspolitische als wirtschaftspolitische Schlagseite. In diesem Zusammenhang ist auch Wilhelm von Humboldts Vision einer neuen, unter dem Leitspruch der ‚Einsamkeit und Freiheit' stehenden Art von Universität zu sehen.

Freilich: Humboldts Vorstellungen fielen in eine Zeit, in der das Prinzip der Massenuniversität noch fern war. Als die Berliner Universität, das

Musterbeispiel reformierter deutscher Universitäten, zum Wintersemester 1810 ihren Lehrbetrieb aufnahm, hatten sich gerade einmal 256 Studenten eingeschrieben, die von 58 Hochschullehrern in etwa 20 wissenschaftlichen Institutionen betreut wurden. Im ersten Jahrfünft ihres Bestehens besuchten insgesamt 1307 Studenten die Universität. Es ist offensichtlich, dass unter diesen verhältnismäßig elitären Verhältnissen einem fruchtbaren fachlichen wie zwischenmenschlichen Umgang zwischen Lehrenden und Lernenden verhältnismäßig wenig entgegenstand. Wer für das Bildungsargument Gültigkeit in der Jetztzeit beanspruchen will, der müsste in einem ersten Schritt zeigen, dass die Wissenschaftsstätten von heute ihren bildenden Charakter nicht verloren haben – oder dass diese sich jedenfalls in einer praktikablen Weise so ausgestalten ließen, dass dieser Charakter hervorträte.

Gelänge dies, wäre in einem zweiten Schritt zu fragen: Was genau können Menschen – jenseits der reinen Fachkenntnisse – heute von der Wissenschaft lernen? Eine dahin gehende These könnte so lauten: Wenn wir wollen, dass junge Menschen in Zeiten von *Social Media* und *Fake-News*-Debatten zu verantwortungsvollen Bürgern heranwachsen, müssen wir ihnen eine Form von Souveränität an die Hand geben, die vom Geist der Unbestechlichkeit beseelt ist; die wissenschaftliche Bildung könnte hier einen Beitrag leisten. Gerade dort, wo junge Leute – als Studierende, Doktoranden, Nachwuchsforscher – mit der wissenschaftlichen Arbeitsweise konfrontiert werden, können sie lernen, was es heißt, nach Objektivität zu streben. Damit geht ein Bildungseffekt einher, weil die erlernte Haltung intellektueller Redlichkeit das Handeln auch in außerwissenschaftlichen Kontexten prägt. Einer tradierten Vorstellung gemäß lässt sich das Betreiben von Wissenschaft als neugieriges und aufrichtig-demütiges Streben nach Wahrheit charakterisieren. Dem wissenschaftlichen Ethos ist die Pflicht einbeschrieben, Hypothesen gründlich zu prüfen, das Prinzip der wechselseitigen sachlichen Kritik hochzuhalten und keine Hierarchien zuzulassen außer jene temporären, die sich aus der Kraft des besseren Arguments ergeben.

Wer sich dieser Logik der ernsthaften Bemühung um Erkenntnis unterwirft, steht im Dienst der Wahrhaftigkeit. Sie ist eine Tugend, derer nicht nur diejenigen bedürfen, die Wissenschaftler werden wollen. Sie hilft uns im Alltag, komplexe Situationen zu evaluieren und Entscheidungen unter Bedingungen hoher Unsicherheit zu treffen, sie geht uns zur Hand, wenn es gilt, die mediale Informationsflut einzuordnen. Wer ein aufrichtiges Interesse an der Wahrheit hat, entlarvt Ideologien leichter, ächtet interessengeleitete Sprachverzerrungen, ist weniger manipulierbar, widerspricht, auch wenn er mit seiner Meinung allein dasteht, solange er gute Gründe für die

Annahme hat, im Besitz des besseren Arguments zu sein. Und er ist bereit, seine eigenen Annahmen aufzugeben, wenn ein anderer ein besseres Argument vorträgt.

Wenn nun all dies tatsächlich zutreffen und man zugestehen sollte, dass der Wissenschaft persönlichkeitsbildende Wirkungen zukommen, gälte es – dies wäre der dritte Schritt –, den folgenden Einwänden Substanzielles entgegenzusetzen:

- Man könnte den Vorwurf vorbringen, dass es sich hier um ein klientelpolitisches Anliegen der Eliten handelt. Wissenschaft ist ein teures Unterfangen. Wieso sollte die Gesellschaft die individuelle Vervollkommnung von Einzelnen – in der Regel ohnehin sozioökonomisch Bessergestellten – durch Steuermittel so derart hoch subventionieren, wo doch mit denselben Mitteln Probleme bekämpft werden könnten, die entweder drängender sind oder mehr Menschen betreffen? Wie profitieren Bürger, die gar nicht direkt mit der Wissenschaft in Berührung kommen, dennoch von jener Offenheit und Rationalität, die die freie Wissenschaft gemäß Bildungs- und auch Demokratieargument für sich reklamieren kann?
- Das Bildungsargument ist ja in der Sphäre der Pädagogik und der Psychologie beheimatet. Im Mittelpunkt stehen hier Fragen, die sich auf den menschlichen Charakter beziehen, mithin auf das, was in und mit einem Menschen im Laufe einer gewissen Entwicklungszeit auf subtile Weise passiert. Es gibt Leichteres, als Bildungseffekte nachzuweisen. Einen wissenschaftlichen Erkenntnisfortschritt (man denke an das erste Wissenschaftsfreiheitsargument) kann man, bei allen grundsätzlich-methodischen Problemen solcher Maßnahmen, dann doch einigermaßen gut am Forschungsoutput bemessen, vielleicht sogar die Lebendigkeit der Demokratie (unser zweites Argument) einigermaßen gut mit den Mitteln der Demoskopie bewerten – aber individuellen Bildungsfortschritt?

Es wäre also zu zeigen, dass Bildung durch freie Wissenschaft der Gesellschaft als Ganzer in einer relevanten Weise zugutekommt.

2   Die Grenzen der Wissenschaftsfreiheit

Betrachten wir nun die Gegenseite: Welche Gründe könnten dagegensprechen, dass es Wissenschaftsfreiheit geben sollte? Wenn man bedenkt, wie eng das Prinzip der Wissenschaftsfreiheit historisch an die liberale

Demokratie und allgemein an Werte geknüpft ist, die viele Menschen in den westlichen Ländern als Segnungen empfinden, mag es dem Leser vielleicht als überflüssig oder sogar als anstößig erscheinen, die Möglichkeit zu diskutieren, die Freiheit der Wissenschaft einzuschränken. Wer außer autokratischen Despoten, wer außer dezidert illiberalen Kräfte könnte ernsthaft Interesse daran haben? Offensichtlich ist, dass für eine Einschränkung der Wissenschaftsfreiheit sehr gewichtige Gründe ins Feld geführt werden müssen. Solche Begründungen könnten zwei Stoßrichtungen haben. Erstens könnte man bezweifeln, dass eine freie Wissenschaft immer eine produktive Wissenschaft sein muss – das wäre die unmittelbare Antithese zum Erkenntnisargument. Zweitens könnte man bezweifeln, dass das, was die Wissenschaft tut und produziert, überhaupt gewinnbringend für die Gesellschaft ist. Entsprechend wären die Einwände gegen eine freie Wissenschaft wie folgt zu formulieren. Zum einen: Die Wissenschaft kann mit ihrer Freiheit nicht umgehen, was dazu führt, dass sie verhältnismäßig schlecht darin ist, Wissen zu produzieren. Zum anderen: Die Wissenschaft mag möglicherweise durchaus gut darin sein, Wissen zu produzieren, aber damit sind Folgen verbunden, die bedenklich sind. Beides wäre in einem bestimmten Sinne ein Missbrauch von Freiheiten. Der erstgenannte Aspekt war, was die öffentliche Debatte betrifft, ein bis vor Kurzem weitgehend unbestelltes Feld; er wird weiter unten noch zu besprechen sein. Der zweite Aspekt hingegen ist in den letzten Jahrzehnten umfangreich, wenngleich selten in dieser Allgemeinheit diskutiert worden, sondern vorwiegend in Bezug auf einzelne Anwendungsszenarien der Wissenschaft. Werfen wir nun einen Blick darauf.

2.1 Die Macht der Machbarkeit

Die Wissenschaftsfreiheit, wie sie über die Frankfurter Reichsverfassung, die Preußische Verfassung von 1850 und die Weimarer Verfassung Eingang ins Grundgesetz fand, steht in der Tradition eines Abwehrrechtes. Die Wahrheitssuche des individuellen Gelehrten in der Studierstube und ihre Vermittlung am Katheder sollte vor staatlichen Übergriffen geschützt werden. Obzwar auch heute niemand auf die Idee käme, den durchschnittlichen *individuellen* Wissenschaftler zu den exorbitant einflussreichen Figuren des gesellschaftlichen Zusammenlebens zu rechnen, hat die Wissenschaft als *Institution* merklich an Wirkpotential dazugewonnen. Dabei geht es mittlerweile weniger um gesellschaftskritische Thesen einzelner Denker, die aus dem Bereich der Wissenschaft stammen, als um die Relevanz und schiere

Größe dieses Bereiches insgesamt. Von der Qualität des Forschungsoutputs sowie der Ausbildung, die wissenschaftliche Hochschulen vermitteln, hängt in den Industriestaaten in nicht unwesentlichem Maße das wirtschaftliche Fortkommen ab. Manche wissenschaftlichen Erkenntnisse beeinflussen Alltag und Lebensbedingungen der Menschen bisweilen sogar nachhaltiger, als dies die Politik vermag. Unter den Vorzeichen einer dergestalt machtvollen Wissenschaft könnte ein pointierter Einwurf so lauten: Gewiss, einst galt es, die gewissermaßen hilfebedürftigen Wissenschafter zu schützen; könnte es aber heute nicht an der Zeit sein, sich dafür einzusetzen, dass die Gesellschaft in bestimmten Fällen *vor der Wissenschaft* geschützt wird?

Die Diskussion um Wissenschaftsrisiken polarisiert und emotionalisiert; nicht zuletzt deshalb, weil ganze Weltanschauungen zur Disposition stehen: Schließlich sehen sich progressive und konservative Vorstellungen aufs Fundamentalste konfrontiert. Die erste, progressive Sichtweise steht der Veränderung, die neue Technologien mit sich bringen, positiv gegenüber und vertraut auf ihre gewinnbringenden Implikationen für den Menschen. Eingriffe in die Natur sind für Progressivisten nicht negativ besetzt, im Gegenteil. Sie sehen es als ein dem Menschen wesenseigenes Merkmal an, die ihn umgebende Welt nach seinem Willen zu gestalten. Ins Extreme gesteigert wird diese Haltung etwa bei den Transhumanisten, die sich der Erweiterung der Grenzen des Menschenmöglichen verschrieben haben. Sie finden: „[T]here is no moral reason why we shouldn't intervene in nature and improve it if we can [...]. Changing nature for the better is a noble and glorious thing for humans to do" (What is Transhumanism? 2020).

Dem steht als konträre Position der Konservatismus entgegen. Sein Grundmotiv ist die Bewahrung bestehender Ordnungen, doch machte man es sich zu einfach, behauptete man, Konservative würden grundsätzlich keine Veränderungen schätzen. Treffender charakterisiert sie die Feststellung, dass es ihnen als inakzeptabel erscheint, in beliebiger Weise vormals anerkannte Grenzen zu überschreiten – etwa die Grenzen dessen, was als (menschliche) Natur aufgefasst wird. Es gibt Dinge, die Konservativen als nicht verhandelbar erscheinen. Der Konservatismus richtet sich gegen die Realisierungszwänge des (nicht nur) wissenschaftsbedingt Machbaren. In Bezug auf wissenschaftsinduzierte Technologien ließe er sich als die Überzeugung deuten: Es ist nicht einzusehen, weshalb wir uns vom wissenschaftlich-technischen Fortschritt ausnahmslos vor vollendete Tatsachen stellen, warum wir uns von ihm unreguliert in jede beliebige Richtung treiben lassen müssen.

Kernbestandteil konservativer Argumentationen ist häufig das Postulat, dass die Akzeptanz wissenschaftlich-technischen Fortschritts die Tendenz habe, sich zu verselbstständigen – gleichsam wie auf einer schiefen Ebene. Wer es zulässt, dass sich eine Kugel auch nur ein kleines Stück weit auf eine Strecke bewegt, die nach unten hin abfällt, wird erleben, dass die Kugel immer weiter nach unten rollt. Anders gesagt: Sind wir bereit, eine aufgrund ungekannter Ermächtigungen verlockend erscheinende Innovation mit ethisch problematischen Implikationen auch nur in geringem Umfang zuzulassen, wird sie sich immer raumgreifender etablieren. Ein Beispiel für ein Thema, in dessen Zusammenhang dieses auch *slippery slope* genannte Argument vorgebracht wird, ist die Diskussion um die Präimplantationsdiagnostik (PID). Der Deutsche Ethikrat hat sich im Jahr 2011 mit der Frage auseinandergesetzt, ob eine nach damaliger Rechtslage zulässige Embryonenselektion zur Vermeidung schwerwiegender genetischer Schäden ethisch vertretbar sei. Bemerkenswerterweise konnte sich der Rat nicht auf eine Position einigen, sondern gab zwei einander widersprechende Voten ab. Während das liberalere Votum eine PID in bestimmten Grenzen weiterhin akzeptieren wollte, sprach sich das konservative Votum für ein gesetzliches Verbot aus.

Die Frage, auf die diese Überlegungen hinauslaufen, ist also: Wenn gewisse Technologien bei einem signifikanten Anteil der Bevölkerung Ablehnung hervorrufen, weshalb sollte jener Einrichtung, die durch Erkenntnissuche die Voraussetzungen für diese Technologien bietet, nicht ganz gezielt ein Riegel vorgeschoben werden? Wieso sollte das, was machbar ist – sprich: was eine ungezügelte Wissenschaft ermöglicht –, in jedem Fall erstrebenswert sein? Die Wissenschaft liefert Erkenntnisse, deren gesellschaftlicher Wert nicht *by default* positiv ist, sondern erst eine Risikoabwägung durchlaufen muss – so lautet die konservative Herausforderung, die sich gegen den Fortschrittsoptimismus richtet.

2.2 Der Ruf nach Verantwortung

Der Naturwissenschaftler habe Bekanntschaft mit der Sünde gemacht, sagte der als ‚Vater der Atombombe' geltende Physiker Robert Oppenheimer unter dem Eindruck der Ereignisse von Hiroshima im Jahr 1945. Die Wissenschaft, so sagt mancher heute, sei im Laufe des 20. Jahrhunderts in gesellschaftliche Zusammenhänge hineingerückt und nun im Stande, gravierende gesellschaftsverändernde Anwendungen hervorzubringen. Dies habe den ethischen Status der Wissenschaftler verändert – es gelte, sie gleichsam vom Elfenbeinturm herunterzuholen. Gerne wird in diesem Zusammenhang der Ruf nach der Verantwortung des Wissenschaftlers laut.

Das Besondere an dieser Forderung ist, dass sie sich nicht mit der an die Wissenschaftler gerichteten Mahnung begnügt, sie sollten im engeren Sinne ihren Job gut machen, also etwa keine Daten fälschen, nicht plagiieren und allgemein ihre Kräfte so gut wie möglich auf die Erzeugung neuen Wissens richten.

Oft wird in diesem Zusammenhang die Bemerkung gemacht, die *Neutralitätsthese* habe ihre Gültigkeit verwirkt. Diese These besagt, dass Wissenschaftler, die mit reiner Grundlagenforschung befasst sind, ihrer Tätigkeit nachgehen können, ohne die moralische Verantwortung für das tragen zu müssen, was sich in einem späteren Anwendungsszenario aus ihren Forschungen ergeben könnte. Die nicht-angewandte Wissenschaft wird als *ethisch neutral* konzipiert. Dem widersprechen nun kritische Stimmen. Nicht nur sei ‚reine' Forschung und Anwendung kaum voneinander zu trennen, es gehe auch um Grundsätzliches. Die Wissenschaftsfreiheit sei schließlich keine absolute Freiheit, sondern werde von ethischen Normen und daraus abgeleiteten Gesetzen übertrumpft; dementsprechend könne sich kein Wissenschaftler mit dem Hinweis aus seiner gesellschaftlichen Verantwortung stehlen, er sei lediglich den Normen guter wissenschaftlicher Praxis im engeren Sinne verpflichtet.

Den Forderungen nach einer Begrenzung der Wissenschaft aus ethischen Gründen liegt zumeist ein konkreter Anlass, eine Kontroverse um eine bestimmte wissenschaftsinduzierte Technologie zugrunde. Als Musterbeispiel für die Frage nach der Verantwortung des Wissenschaftlers wird gerne das Manhattan-Projekt und die daraus hervorgehende Nuklearwaffen-Technologie angeführt. Einen ganz besonders bemerkenswerten Einschnitt stellt auch die Tschernobyl-Explosion dar, die zusammen mit Ulrich Becks fast zeitgleich publiziertem Buch *Risikogesellschaft* für eine ungekannte Technikfolgendiskussion sorgte. Eine maßgebliche Veränderung, die Beck hier in Bezug auf die Wissenschaft diagnostiziert, ist die Tatsache, dass diese nun nicht mehr nur als Lösung von Problemen, sondern auch vermehrt als deren Ursache verstanden werde.

Allgemein befindet sich die Überzeugung, Grundlagenforschung müsse stärker reguliert werden, in jüngerer Zeit im Aufwind. Denn viele Technologien der Gegenwart und nahen Zukunft, die sich auf wissenschaftliche Vorarbeit stützen, haben nicht nur eine potentiell segensstiftende, sondern auch eine Gefahren bergende Seite. Im Labor erzeugte Viren; unseren geistigen Regungen nachspürende Hirnscans; die DNA gezielt verändernde Genschere CRISPR/Cas9; künstliche Intelligenz und Augmented Reality; leistungssteigernde Drogen; selbstfahrende Autos – die Liste ließe sich noch erheblich erweitern. Könnte es also bisweilen besser sein, den janusköpfigen

Geist mancher Forschungs-Folge-Technologien erst gar nicht in die Freiheit zu entlassen?

3 Versuch einer Synthese

Fassen wir zusammen. Die Wissenschaftsfreiheit ist zunächst, in einer Art Plädoyer, als Voraussetzung der Erkenntnisgewinnung beschrieben worden. Der Prozess, der Letzterer vorangeht, hat, folgt man den dort genannten Argumenten, nicht nur den Vorteil, einen hohen und qualitativ hochwertigen wissenschaftlichen Output zu gewährleisten. Auch dem Prozess selbst kommt demnach jenseits der Frage nach dem Output ein Wert zu. Ihn zu durchlaufen erscheint als der Persönlichkeitsbildung und damit letztlich dem gesellschaftlichen Ganzen zuträglich.

Die darauffolgende Gegenrede bringt jedoch den Gedanken ins Spiel, dass institutionelle Sonderrechte, wie jenes der Freiheit der Wissenschaft, nie als Selbstzweck zu gewähren sind. Sie ist kein Geschenk an die Personengruppe der Wissenschaftler, sondern stellt vielmehr eine absichtsvolle Bevorzugung dar, der eine bestimmte gesellschaftliche Funktion eingeschrieben ist und die an bestimmte Bedingungen geknüpft ist. Wissenschaftsfreiheit lässt sich demzufolge nur legitimieren, wenn sie dem Wohle aller dient.

Blicken wir auf das bisher Gesagte zurück, wird umso deutlicher, dass die Frage nach der Wissenschaftsfreiheit im Spannungsfeld der Pole ‚Chancen' und ‚Risiken' beantwortet werden muss. Obwohl es gewiss nicht allzu großer Fantasie bedarf, um das Problem auf diesen Nenner zu bringen, finden sich dennoch kaum Ansätze, die das Problem dann auch tatsächlich als eine Abwägung von Pro- und Contra-Argumenten angehen. Die Crux besteht in der Praxis schon allein darin, dass es – vielleicht mit Ausnahme der Rechtsgüterabwägungen vornehmender Verfassungsgerichts-Urteile – praktisch keinen Ort gibt, an dem die beiden Argumentationsströme ineinanderfließen können. Die Diskussion um die Freiheit der Wissenschaft erscheint eher als doppelter Monolog unterschiedlicher Personengruppen mit unterschiedlichen Interessen denn als wahrhaft fruchtbarer Dialog. Es wäre indes bedauernswert, wenn es bei Monologen bliebe. So wäre eine differenziertere und offenere Auseinandersetzung mit der Wissenschaftsfreiheit zu wünschen – gerade weil wir in einem Land mit einer reichhaltigen wissenschaftsfreiheitlichen Verfassungstradition leben.

Eine solche Auseinandersetzung könnte beispielsweise Bezug nehmend auf die oben genannten Contra-Argumente konstatieren, dass ethische Appelle an die ‚Verantwortung des Wissenschaftlers' die Diskussion um kritische Wissenschaftsfolgen eher behindern als voranbringen. Solche Appelle finden ihren Platz nicht nur regelmäßig in den Sonntagsreden hochrangiger Wissenschaftsfunktionäre, sondern sogar in der Gesetzgebung. So heißt es im Hessischen Hochschulgesetz: „Alle an Forschung und Lehre beteiligten Mitglieder und Angehörigen der Hochschulen haben die gesellschaftlichen Folgen wissenschaftlicher Erkenntnis mitzubedenken" (HHG, §1 (3)). Gänzlich unüberprüfbar scheint es hier im Einzelfall zu sein, wann dieses Kriterium nun erfüllt ist, wann also eine Forscherin die Folgen ihrer Forschungen tatsächlich effektiv „mitbedacht" hat. Hinzu kommt: Wollen wir wirklich der Forscherin die Abwägung über weitreichende und zudem schwer abschätzbare Folgen überantworten? Dies scheint doch vielmehr eine Aufgabe von Gesellschaft und Politik zu sein. Weitaus fruchtbarer als solche pauschalen und unspezifischen Appelle erscheinen deshalb möglichst klare, mit wirksamen Sanktionen verbundene Regularien, die nicht zuletzt auch Forschungs-Moratorien möglich machen. (Schließlich braucht es Zeit, bis gesellschaftliche Diskussionen ins Rollen gebracht werden und die Gesetzgebung hinkt dem Fortschritt gerne einmal hinterher.)

Andererseits sollte eine künftige Diskussion auch unter Bezugnahme auf die oben genannten Pro-Wissenschaftsfreiheits-Argumente eine Differenzierung vornehmen. Denn mit Blick auf die dort genannten begründungstheoretischen Grundlagen wird deutlich, dass nicht jede beliebige Ausübung wissenschaftlicher Tätigkeit in gleicher Weise geschützt ist. Die Freiheit der Wissenschaft hat dahingehend instrumentellen Charakter, dass sie als Garantin der Leistungsfähigkeit im Sinne der Hervorbringung neuen Wissens fungiert. Freilich, Wissenschaft muss im Einzelfall nicht immer produktiv sein – schon gar nicht in dem Sinne, dass sie immer ‚positive' Ergebnisse im Sinne bestätigter Hypothesen hervorzubringen hätte. Zur Wissenschaft gehört das Scheitern dazu. Aber: Dort, wo Wissenschaftsfreiheit systematisch missbraucht wird, kann sie auch verwirkt werden.

In der Tat deuten die jüngeren Erkenntnisse der Wissenschaftsforschung darauf hin, dass schlechte Wissenschaft kein Randphänomen ist. Das mag auch systemische Gründe haben. Die Zahl der am Großunterfangen Wissenschaft Beteiligten wächst, und ebenso wächst der Profilierungsdruck. Das hat nicht zuletzt eine Reproduktionskrise von Studien erzeugt, eine Flut ungelesener und kaum innovativer Publikationen und – gerade in

Deutschland – eine institutionalisierte Geringschätzung der Lehre. Aber es gibt eben auch die individuelle Ebene. Es gibt viele Wissenschaftlerinnen und Wissenschaftler, die mit ihrer Freiheit verantwortungsvoll umzugehen wissen. Aber es gibt auch jene, die:

- regelmäßig und wissentlich fingierte Studien veröffentlichen,
- sich dem ernsthaften Austausch mit *Peers* verweigern,
- sich, gewissermaßen unter dem wissenschaftlichen Radar fliegend, ohne ernsthaftes Bemühen um Innovativität in überforschten Gebieten tummeln,
- ihre Argumente – wie nicht selten in den Geistes- und Sozialwissenschaften der Fall – durch die übermäßige Verwendung esoterischer Sprache unüberprüfbar, weil nicht nachvollziehbar machen,
- weder ihre außerwissenschaftliche noch innerdisziplinäre Relevanz für Außenstehende schlüssig begründen wollen oder können oder
- die freie Wissensproduktion dadurch hemmen, dass sie inner- oder außerakademische Auftritte von Forschern, die eine bestimmte wissenschaftliche Anschauung vertreten, zu verhindern suchen oder fordern, bestimmte wissenschaftliche Autoren, Werke oder Denktraditionen aus Hochschul-Curricula zu entfernen.

Sollte so jemand wirklich eine, über die allen Bürgern zustehende Meinungsfreiheit hinausgehende, besondere Freiheit als Wissenschaftler genießen?

Freiheit bringt Verantwortung mit sich. Nun kann nicht jede Verantwortungslast den Wissenschaftlern zugemutet werden. Eine allgemeine Verantwortung für Forschungsfolgen etwa käme, wie eben festgehalten, einer Überforderung gleich. Eine Pflicht gibt es aber, die zweifellos genuin in den Verantwortungsbereich der einzelnen Wissenschaftler fällt: die Hervorbringung von Erkenntnissen „ernsthaft" und „planmäßig" zu betreiben, wie es das Bundesverfassungsgericht in seiner Definition der von Art. 5 GG geschützten Wissenschaft beschreibt. Die Selbstverständlichkeit, dass *jegliche* freie Wissenschaft immer eine effiziente und dadurch eine dem gesellschaftlichen Auftrag entsprechende ist, sollte also hinterfragt werden – zuallererst von der Gemeinschaft der Wissenschaftlerinnen und Wissenschaftler. Wer, wenn nicht sie, könnte zu einer solchen Übung intellektueller Redlichkeit in der Lage sein?

Literatur

CERN. (2020). *Annual report 2019.* https://cds.cern.ch/record/2723123/files/AnnualReport2019EN.pdf. Zugegriffen: 15. Okt. 2020.

Himpsl, F. (2017). *Die Freiheit der Wissenschaft. Eine Theorie für das 21. Jahrhundert.* Wiesbaden: J.B. Metzler Verlag.

Kitcher, P. (2001). *Science, truth, and democracy.* Oxford: Oxford University Press.

Mill, J. S. (1998). *On liberty and other essays.* Oxford: Oxford University Press.

What is Transhumanism? (2020). https://whatistranshumanism.org. Zugegriffen: 15. Okt. 2020.

Wilholt, T. (2012). *Die Freiheit der Forschung: Begründungen und Begrenzungen.* Berlin: Suhrkamp.

Epistemische Offenheit als Wagnis. Über Wissenschaftsfreiheit und Wissenschaftsethos in der Demokratie

Elif Özmen

Wer die Freiheit der Wissenschaft beschneidet, der behindert den Anspruch auf Wahrheit, welcher die wissenschaftliche Tätigkeit als solche charakterisiert. Folglich und damit sich „Forschung und Lehre ungehindert an dem Bemühen um Wahrheit […] ausrichten können, ist die Wissenschaft zu einem von staatlicher Fremdbestimmung freien Bereich persönlicher und autonomer Verantwortung des einzelnen Wissenschaftlers erklärt worden" (BVerfGE 35, 79 (113)). Nicht nur in diesem älteren einflussreichen Hochschulurteil des Bundesverfassungsgerichtes, auch in den zeitgenössischen Debatten wird regelmäßig ein Zusammenhang zwischen epistemischer Offenheit („Freiheit von Fremdbestimmung") und wissenschaftlichem Ethos (hier etwa „Bemühen um Wahrheit") hergestellt. Mit den folgenden Überlegungen möchte ich versuchen, die normativen Grundlagen, gegenwärtigen Herausforderungen und möglichen Grenzen der Wissenschaftsfreiheit mit Blick auf das Ethos der Wissenschaft auszuloten. Die juristische Perspektive auf Wissenschaftsfreiheit wird hierbei eine Nebenrolle spielen. Schließlich ist, wie im ersten Teil ausgeführt wird, das Konzept der freien Wissenschaft eng mit der Geschichte des neuzeitlichen Wissens- und Wissenschaftsverständnisses verknüpft. Hingegen erfolgt die Verrechtlichung der Wissenschaftsfreiheit in Deutschland erst im 19. Jahrhundert. Auch wird

E. Özmen (✉)
Institut für Philosophie, Justus-Liebig-Universität Gießen, Gießen, Deutschland
E-Mail: Elif.Oezmen@phil.uni-giessen.de

Wissenschaftsfreiheit in anderen freiheitlichen Verfassungen gar nicht ausdrücklich benannt, sondern fällt unter den Schutzbereich der allgemeinen Meinungs- und Redefreiheit. Offenbar erschöpft sich die normative Kraft der Wissenschaftsfreiheit nicht in einem positiven Recht, sondern schuldet sich anderen normativen Quellen. Die Frage, wozu das Gut der Wissenschaftsfreiheit gut ist, soll daher mit Bezug auf die normativen, konkret: epistemischen, ethischen und gesellschaftlichen Erwartungen diskutiert werden, die mit der Freiheit der Wissenschaft einhergehen.

Im zweiten Teil geht es um eine zeitgenössische Herausforderung, nämlich die Debatte um die mutmaßliche Gefährdung der Wissenschaftsfreiheit durch Versuche der politischen und weltanschaulichen Steuerung und Sanktionierung. Einer Umfrage des Allensbacher Instituts für Demoskopie zufolge sind 93 % der befragten 1106 Hochschullehrer*innen der Auffassung, dass es in Deutschland „sehr viel" oder „viel Wissenschaftsfreiheit" gebe. Die Frage nach konkreten Hemmnissen des Forschungsalltags liefert erwartbare Ergebnisse: Fehlende Muße (75 %), Publikationszwang (68 %), Einflussnahme der Hochschulleitungen (36 %) und hohe Lehrdeputate (35 %) werden als erhebliche Probleme identifiziert. Am wenigsten Zustimmung erfahren dagegen ethische Richtlinien (7 %) und Political Correctness (13 %) (Petersen 2020). Die aufgeregte und medial aufgeheizte Debatte um die Verletzung akademischer Freiheiten durch „politisch korrekte" Moralisierung und Politisierung der Wissenschaft scheint nicht recht zu diesen Zahlen zu passen. Gleichwohl betrifft die Debatte den Kern der Wissenschaft als kollektive und kooperative, weitgehend selbstregulierende Tätigkeit. Mit Bezug auf das Ethos der Wissenschaft – das Normengefüge, das die Praxis der Wissenschaft als „Bemühen um Wahrheit" methodisch, epistemisch und ethisch anleitet – kann gezeigt werden, dass Wissenschaft die Freiheit der Wissenschaft miteinschließt. Dabei ist Wissenschaftsfreiheit als ein epistemisches Wagnis zu interpretieren: Sie gründet auf Voraussetzungen, die sie selbst nicht garantieren kann. Folglich lassen sich Kongruenzen von Wissenschafts- und Meinungsfreiheit bzw. von freier Wissenschaft und freiheitlicher Demokratie bestimmen.

Im dritten Teil geht es nicht mehr um die Frage, wie *frei* die (wissenschaftliche oder nichtwissenschaftliche) Meinung, sondern *wie* die freie Meinung sein sollte. Das epistemische Wagnis, das mit der Freiheit der Meinung im Ganzen und der Freiheit der Wissenschaft im Besonderen eingegangen wurde, lebt von einer epistemischen Hoffnung: dass uns die rationale, empirische und natürlich auch die moralische Qualität unserer Meinungsäußerungen nicht völlig gleichgültig ist. Das wirft die Frage nach der individuellen, aber auch institutionellen Verantwortung der

Wissenschaftler*in für die rationale Güte und Integrität der Wissenschaft noch einmal auf. Schließlich ist die Freiheit der Wissenschaft ein Ideal, welches sich erst im Rahmen einer institutionellen Praxis konkretisiert und bewährt. Eine neuerliche Reflexion der Gelingensbedingungen der Wissenschaftsfreiheit und der Rolle der Universitäten in der freiheitlichen Demokratie ist ein wichtiger Teil dieser Bewährungsprobe.

1 Normative Grundlagen: Wozu ist das Gut der Wissenschaftsfreiheit gut?

Die Freiheit der Wissenschaft ist mit einem spezifischen Verständnis von Wissenschaft verbunden, dessen erkenntnistheoretische und methodologische Kontexte sich erst in der Neuzeit herausgebildet haben. Zwar geht bereits Aristoteles' Lobpreisung der *theoria* mit der Vorstellung einher, dass die Wissenschaft ihren eigenen epistemischen Regeln folgt und daher frei *(eleutheros)* von politisch-sozialen Bedingungen und Abhängigkeiten sei. Aber zugleich verbleibt *theoria* nur Theorie, denn sie „bietet uns ja außer dem Denken und Betrachten sonst nichts" (Aristoteles: NE 1177b). Diese Vorstellung eines zweckfreien Wissenwollens, einer kontemplativen Schau der ewigen unveränderlichen Dinge, wird in der Renaissance durch die empirisch-naturwissenschaftliche Methodologie und praktische Zielsetzung der *Scientia Nova* angefochten. Zu den Neuerungen dieser „neuen Wissenschaft" gehört auch eine Wende der Wissenschaft zur Gesellschaft, die sich auf eine bekannte und griffige Formel bringen lässt: *Ipsa scientia potestas est*. Wissen und Können, Können und Macht, Wissenschaft und Machbarkeit ergänzen einander, so dass das Wissenwollen verbunden wird mit der Umsetzung, Anwendung und Nutzbarmachung dieses Wissens zum Wohle und Fortschritt der Menschheit. Francis Bacon und seine Mitstreiter betrachten Religionseifer, starre Traditionen und gesellschaftlichen Aberglauben als Gefährdungen, die Politik hingegen als eine mögliche Verbündete der Wissenschaft. Immerhin könnte der Herrscher die Professionalisierung, Institutionalisierung und Finanzierung der neuen Wissenschaft sichern. Und das sollte er auch, nicht zuletzt mit Blick auf die technischen, ökonomischen und sozialen (Neben-)Wirkungen wissenschaftlicher Innovationen. Solche positiven außerwissenschaftlichen Effekte zeitigt Wissenschaft aber nur, weil und insofern sie in ihren eigenen epistemischen Diensten steht und gerade keinen außerwissenschaftlichen Interessen und Regeln unterworfen wird (mehr zum Bacon'schen Programm in Özmen 2012).

Bacons Forderungen und die explizite Bezugnahme von Forscher*innen auf die Rolle der Wissenschaft für gesamtgesellschaftliche Bedürfnisse führt zu einer paradox anmutenden Verbindung. Diese ist uns auch heute noch geläufig: die Erwartung, dass wissenschaftlicher Fortschritt mit gesellschaftlichem Fortschritt einhergeht, dabei aber „gerade eine von gesellschaftlichen Nützlichkeits- und politischen Zweckmäßigkeitsvorstellungen befreite Wissenschaft dem Staat und der Gesellschaft am besten dient" (BVerfGE 47, 327 (370)). Jedenfalls gilt das für den Typ von Staat und Gesellschaft, in dem sowohl Wissen, Fakten, Evidenzen, Begründungen, wie auch argumentativer Austausch, öffentliche Meinungsbildung und die Fähigkeiten und Beiträge des Einzelnen hochgeschätzt werden. Für solche politischen, sozialen und wissenschaftlichen Ordnungen trifft nämlich zweierlei zu, wie es bereits ein berühmter Zeitgenosse Bacons formuliert hat: dass „es in einem freien Staate jedem erlaubt ist, zu denken, was er will, und zu sagen, was er denkt" (Spinoza: Traktat, 350), und zugleich, dass „diese Freiheit ganz unerlässlich ist zur Förderung der Künste und Wissenschaften" (Spinoza: Traktat, 356).

Tatsächlich steht die Freiheit der Wissenschaft in einem inhärenten Zusammenhang mit den anderen Freiheiten, die seit der europäischen Aufklärung als Voraussetzung und Ziel der Fähigkeit gelten, sich seines eigenen Verstandes zu bedienen. Dabei wurde das akademische Prinzip der *libertas philosophandi* – die Forderung nach der akademischen Freiheit des Denkens, der Rede, Lehre und der Schrift – als Teil der allgemeineren *libertas cogitandi* bereits in philosophischen Texten ab dem frühen 17. Jahrhundert thematisiert. Für Baruch de Spinoza gehört sie zu den unveräußerlichen Freiheitsrechten, denn „niemand kann sein natürliches Recht oder seine Fähigkeit frei zu schließen und über alles zu urteilen auf einen anderen übertragen, noch kann er zu einer solchen Übertragung gezwungen werden" (Spinoza: Traktat, 350). Dabei gilt ihm der Staat, der die Freiheit des Denkens und der öffentlichen Meinungsäußerung verwehrt, nicht nur als unfrei, sondern als illegitim; schließlich sei „[d]er Zweck des Staates in Wahrheit die Freiheit" (Spinoza: Traktat, 353). Vergleichbar argumentiert Immanuel Kant: Wer daran gehindert wird, sich seiner eigenen Vernunft zu bedienen, das heißt aber auch „von seiner Vernunft in allen Stücken öffentlichen Gebrauch zu machen [...] als Gelehrter, der durch Schriften zum eigentlichen Publikum, nämlich der Welt, spricht", der wird in seiner Freiheit als denkendes Wesen verletzt (Kant: Metaphysik, 55/57). Eine politische Praxis der Entmündigung „heißt die heiligen Rechte der Menschheit verletzen und mit Füßen treten" (Kant: Metaphysik, 58). Daher dürfen „in Ansehung der Künste und Wissenschaften unsere

Beherrscher kein Interesse haben, den Vormund über ihre Untertanen zu spielen" (Kant: Metaphysik, 60). Und auch für John Stuart Mill besteht das „besondere Übel der Unterdrückung einer Meinungsäußerung darin, daß es am menschlichen Geschlecht als solchem Raub begeht, weil uns die Gelegenheit genommen wird, Irrtum gegen Wahrheit auszutauschen" (Mill: Freiheit, 26). Daher gehört zu den Freiheiten, die zu gewähren laut Mill für die Regierung Pflicht ist, die „unbedingte Unabhängigkeit der Meinung und Gesinnung bei allen Fragen, seien sie praktischer oder philosophischer, wissenschaftlicher, moralischer oder theologischer Natur" (Mill: Freiheit, 20).

Das Zusammenwirken von wissenschaftsbezogenen, individualethischen und gesellschaftspolitischen Argumenten für die Freiheit der Wissenschaft ist augenfällig. Es spielt nicht zuletzt für die Gründungen und die gesellschaftlich-emanzipatorischen Wirkungskräfte der deutschen Aufklärungsuniversitäten Halle, Jena und Göttingen eine wichtige Rolle. Weitgehende Zensurfreiheit, Denk- und Lehrfreiheit (mit Ausnahme der Theologischen Fakultät) sowie eine relative Offenheit des zeitlichen Kolleg-Lehrplans, aber auch diskursive Prinzipien wie freier Meinungsaustausch, Kritik, Disput und Toleranz bilden die Säulen dieser „republikanisch" verfassten akademischen Gemeinschaften. Ganz im Geiste solcher Gelehrtenrepubliken wird die universitäre Lehre in den Dienst des allgemeinen Wohls gestellt und der Professor als *virum bonum* verstanden, dessen Vorbildrolle sich nicht nur in einer „verantwortungsbewussten Freiheit der Lehre *(docendi sentendique libertate)*", sondern auch in seiner Lebensweise auszudrücken habe (§§ 36–37 der Statuten der Philosophischen Fakultät Göttingen, hierzu Müller 2018).

Die Prozesse der institutionellen Verfassung und Regulierung, öffentlichen Anerkennung und Finanzierung der Wissenschaft an staatlichen Universitäten und Akademien setzen sich im 19. Jahrhundert fort. Als Leitbild fungiert das heute sogenannte Humboldt'sche Bildungsideal, das nicht nur die Einheit von Forschung und Lehre, sondern auch die Einheit von Wissenschaft und Freiheit beschwört. Da die Universitäten „ihren Zweck indeß nur erreichen können, wenn jede, soviel als immer möglich, der reinen Idee der Wissenschaft gegenübersteht, so sind Einsamkeit und Freiheit die in ihrem Kreise vorwaltenden Prinzipien" (von Humboldt: Organisation, 251). Parallel zu der Etablierung der Reformuniversitäten wird Wissenschaftsfreiheit als Rechtsgut konstitutionalisiert. Sie findet sich bereits in dem Entwurf der Frankfurter Reichsverfassung (1849, Art. 151), der Preußischen Verfassung (1850, Art. 20) und, ergänzt um einen staatlichen Schutzauftrag, in der Weimarer Reichsverfassung (1919, Art.

142). Im Sinne eines einklagbaren Grundrechts wird sie aber erst durch das Grundgesetz garantiert und, wenngleich ausschließlich im Bereich der Lehre, an die Treue zu eben dieser Verfassung zurückgebunden: „Kunst und Wissenschaft, Forschung und Lehre sind frei. Die Freiheit der Lehre entbindet nicht von der Treue zur Verfassung" (GG Art. 5.3).

Dabei ist es kein Zufall, dass die Freiheit der Wissenschaft, Forschung und Lehre unter ein und denselben fünften Artikel des Grundgesetzes fallen mit der Freiheit der Meinung, Information, Presse und der Kunst. Der Verbund dieser Grundrechte als Kommunikationsgrundrechte dient dem Schutz einer kritischen Öffentlichkeit, die als unverzichtbar gilt für den Bestand und das Prosperieren der freiheitlichen, säkularen und pluralistischen Demokratie. Zwar ist Wissenschaftsfreiheit kein universelles Menschen- oder Bürgerrecht, denn sie kann sinnvoll nur bezogen werden auf spezifische Institutionen und Personen in wissenschaftlicher Lehre und Forschung. Aber ihre Wirkungen entfaltet sie nicht ausschließlich innerhalb der charakteristischen Orte der Academia – Hochschulen, Forschungsinstituten, Konferenzen, Wissenschaftsjournalen –, sondern auch im Verhältnis zur Gesamtgesellschaft. Das Schlagwort der „Wissensgesellschaft" bezeichnet eine Gesellschaftsformation, für die Wissen, neben Arbeit, Industrie und Kapital, eine zentrale und zunehmend wichtige Ressource darstellt. Handlungsbereiche wie Politik, Wirtschaft, Recht, Technik, Gesundheit und Bildung werden zunehmend bestimmt durch die Schaffung und Verwertung von Wissen, die Generierung von belastbaren und sachbezogenen Evidenzen, die Orientierung an Expertisen und Innovationen. Die rationale Güte, die „Wissenschaftlichkeit" wissenschaftlichen Wissens, wird hier also erneut außerhalb der Wissenschaft, etwa für politische Entscheidungsfindungen und Handlungen, relevant. Und ganz im Sinne des Bacon'schen Programms scheint die öffentliche Anerkennung der Wissenschaft auf einem Vertrauen in die Selbstregulierungskräfte der freien Wissenschaft zu beruhen. Folglich soll sie jeder staatlichen oder sozialen Kontrolle entzogen bleiben.

Das bedeutet einerseits, dass Wissenschaftsfreiheit als ein defensives und konstitutives Individualrecht ohne Gesetzesvorbehalt garantiert wird. Unter den Schutzbereich dieses Abwehrrechts fallen sowohl die einzelne Wissenschaftler*in wie auch entsprechende Institutionen und Hochschulen. „Wissenschaft" umfasst alles das, was nach Inhalt und Form als ernsthafter Versuch zur Ermittlung von Wahrheit anzusehen ist, d. h. auch Mindermeinungen, fehlerhafte Forschungsansätze, unkonventionelle, unfruchtbare, erratische Hypothesen, Theorien und Positionen. Denn dem

Bereich der Wissenschaft ist (ein Werk) erst dann entzogen, wenn es den Anspruch von Wissenschaftlichkeit nicht nur im einzelnen oder nach der Definition bestimmter Schulen, sondern systematisch verfehlt. Das ist insbesondere dann der Fall, wenn es nicht auf Wahrheitserkenntnis gerichtet ist, sondern vorgefaßten Meinungen oder Ergebnissen lediglich den Anschein wissenschaftlicher Gewinnung oder Nachweisbarkeit verleiht (BVerfGE 90, 1 (13)).

Wann das der Fall ist, wird aber nicht rechtlich, politisch oder gesellschaftlich entschieden, sondern bleibt den Kontroll- und Sanktionsmechanismen der Wissenschaftsgemeinschaft überantwortet. Daher kann die Einschränkung der Wissenschaftsfreiheit durch außerwissenschaftliche Sanktionen nur durch eine Kollision mit gleichwertigen Rechtsgütern begründet werden, namentlich Würde, Leben, körperliche Unversehrtheit, Gesundheit sowie Tier- und Umweltschutzgesetzen.

Zwar folgt Wissenschaft ihren eigenen Zwecken und ist in diesem Sinne frei von politischen, gesellschaftlichen und ökonomischen Finalisierungen zu halten. Aber das bedeutet andererseits nicht, dass sie neutral oder indifferent sei oder sich der Verantwortung für ihre möglichen Anwendungen und gesellschaftlichen Folgen entziehen könnte mit Verweis auf ihre Freiheit. So entbindet die Lehrfreiheit gerade nicht von der Verfassungstreue – eine Einschränkung, die für bloße Meinungsfreiheit übrigens nicht gilt. Zudem sind für verbeamtete Hochschullehr*innen weitere Freiheitseinschränkungen gegeben. Der Wissenschaftler als Beamter hat sich durch sein gesamtes, also auch privates Verhalten, zur freiheitlich-demokratischen Grundordnung im Sinne des Grundgesetzes zu bekennen, für deren Erhalt einzutreten und muss bei politischer Betätigung auch außerhalb der Hochschule Mäßigung und Zurückhaltung walten lassen (Gärditz 2018). Somit sind Wissenschaft, Forschung und Lehre, die dem menschlichen Wohl oder den freiheitlich-demokratischen Werten zuwiderlaufen, wissenschaftsintern und -extern kritisch zu evaluieren. Die Wissenschaftsfreiheit ist ohne Verantwortung der Wissenschaft nicht zu haben, vielmehr verpflichtet gerade die weitreichende Freiheit von Fremdbestimmung – und auch die für Deutschland nach wie vor übliche Finanzierung der Hochschulen durch die Gesamtgesellschaft – die wissenschaftliche Gemeinschaft und ihre Mitglieder zu einer verantwortungsvollen und kritischen Selbstbestimmung.

Dass die Freiheit der Wissenschaft sie nicht von Verantwortung entbindet, wird auch in der Rechtsprechung des Bundesverfassungsgerichtes herausgestellt, etwa in dem eingangs zitierten Hochschulurteil, das das „Recht auf Abwehr jeder staatlichen Einwirkung" im selben

Argumentationszug verknüpft mit der „persönlichen und autonomen Verantwortung des einzelnen Wissenschaftlers". Damit wird aber auf eine nicht-rechtliche Ebene der Regulierung und Kontrolle verwiesen, denn eine solche Pflicht zur Verantwortung kann gerade nicht rechtlich erzwungen werden. Zugleich ist sie der Wissenschaft nicht fremd und „äußerlich", sondern Verantwortung lässt sich, wie ich im Folgenden zeigen möchte, mit Bezug auf das Ethos der Wissenschaft verdichten.

2 Gegenwärtige Herausforderungen: Ethos der Wissenschaft – Ethos der Demokratie

Wissenschaft beruht auf speziellen, zumeist berufsmäßig ausgeübten Tätigkeiten, die durch ein Gefüge von Normen strukturiert und gesteuert werden. Dieses Normengefüge umfasst spezifische Imperative, Begründungs- und Verfahrensregeln, Handlungsorientierungen, Rollenerwartungen, Tugenden und institutionalisierte Belohnungs- und Sanktionssysteme. Bereits der Begründer der Wissenschaftssoziologe, Robert K. Merton, spricht diesbezüglich von einem *scientific ethos,* das den internen Wissenschaftsprozess normiert und zugleich definiert, was als *good scientific practice* gilt und wer als *good scientist* betrachtet werden kann. Dieses Ethos umfasst eine Reihe von relativ unstrittigen epistemischen Werten (wie Eindeutigkeit, Genauigkeit, Überprüfbarkeit, Kohärenz, Verlässlichkeit), welche die Praxis der Wissenschaft und das Selbstverständnis der Wissenschaftsgemeinschaft anleiten. Merton formuliert insgesamt vier Prinzipien, mit denen die (sozialwissenschaftlich zugängliche) normativ-epistemische Struktur der Wissenschaft erfasst werden soll (Merton 1942):

- *Kommunitarismus:* Wissenschaftliche Erkenntnisse sind das Resultat kooperativer Anstrengungen und kollektiver Unterstützung. Es gibt ein allgemeines Recht auf Teilhabe und Zugang zu wissenschaftlichem Wissen.
- *Universalismus:* Wissenschaftliche Geltungsansprüche sind allgemein und objektiv. Sie werden durch Sachverhalte und Argumente begründet, ohne Rücksicht auf Personen, Status und Stellungen.
- *Interesselosigkeit:* Wissenschaft wird nicht durch die persönlichen Präferenzen, eigennützigen Motive und subjektiven Meinungen der Wissenschaftler*innen, sondern durch die Suche nach Wahrheit, Erkenntnissen und Einsichten geleitet.

- *Organisierter Skeptizismus:* Wissenschaftliche Überzeugungen, Thesen und Theorien können Unsicherheiten, Verzerrungen, Fehler, Irrtümer aufweisen. Daher stehen sie der wissenschaftlichen Kritik, Überprüfung und Revision jederzeit offen.

Ab den 1970er Jahren rücken mit der Frage nach der Verantwortung der Wissenschaft für ihre risikoreichen technischen Anwendungen auch die Fähigkeiten der (epistemisch *und* ethisch) guten Wissenschaftler*in ins Blickfeld (hierzu Özmen 2015). Diese Verantwortung für die Qualität und Integrität der Wissenschaft lässt sich durch Individualtugenden erfassen, wie es der Mediziner und Nobelpreisträger André Cournand in einem *scientist's code* vorgeschlagen hat (Cournand & Meyer 1976):

- *Objektivität:* Wissenschaftliche Tätigkeit verlangt intellektuelle Redlichkeit, Unaufgeregtheit und Unparteilichkeit. Daher sind persönliche Leidenschaften, Wünsche und Präferenzen jederzeit zurückzustellen.
- *Ehrlichkeit:* Die Auswahl der Probleme, Hypothesen und Mittel, die die Forschungstätigkeit der einzelnen Wissenschaftler*in leiten, ist von dieser gewissenhaft, einsichtig und ehrenhaft vorzunehmen.
- *Toleranz:* Anderen Wissenschaftler*innen und ihrer Forschungstätigkeit gebührt Respekt, insbesondere dann, wenn diese konträr zu den eigenen wissenschaftlichen Überzeugungen stehen.
- *Disziplinierte Skepsis:* Wissenschaftliche Überzeugungen, Hypothesen, Methoden und Forschungsergebnisse stellen keine Gewissheiten oder absoluten Wahrheiten dar und sind mit gebührender und vernünftiger Skepsis zu betrachten und durch kontinuierliche Kritik zu überprüfen.
- *Selbstlose Hingabe:* Die wissenschaftliche Tätigkeit hat ihre eigenen inhärenten Zwecke, denen die einzelne Wissenschaftler*in uneigennützig, unparteilich und altruistisch folgen soll.

Es ist das Verdienst von Cournand, auf die individuelle Verantwortung für das Ethos der Wissenschaft hingewiesen zu haben, aber auch auf die Unzulänglichkeiten eines bloß epistemisch verstandenen Normengefüges. Dieses mag ein funktionales Wissenschaftsethos bereitstellen, hat aber zu den gesellschaftlichen Kontexten und Verbindlichkeiten der Wissenschaft wenig beizutragen. Auch Merton betrachtet die Interaktionen zwischen Wissenschaft und Gesellschaft als relevant für die Bestimmung des Wissenschaftsethos. In seinen Forschungen, die bis in die 1940er Jahre zurückreichen, argumentiert er mit einem inneren Zusammenhang von

Wissenschaft und Demokratie. In anti-demokratischen und illiberalen – im zeitlichen Kontext betrachtet: nationalsozialistischen oder stalinistischen – Ordnungen könne es überhaupt keine echte Wissenschaft geben, weil gute (und das bedeutet freie) Wissenschaft auf demokratische Rechts- und Sozialstrukturen angewiesen sei. Diese starke These lässt sich für den Bereich der Natur-, Ingenieurs- und Lebenswissenschaften vermutlich nicht bestätigen, wenngleich ich glaube, dass sie für die Geistes-, Sozial- und Kulturwissenschaften relevant bleibt. Ich möchte aber einer schwächeren These nachgehen, nämlich der These einer Kongruenz zwischen freier Wissenschaft und freiheitlich-demokratischer Gesellschaft.

Als größte Gefahr für die Freiheit der Wissenschaft gelten gemeinhin staatliche Einflussnahmen, die auf eine Steuerung, Kontrolle und Sanktionierung zielen, indem etwa bestimmte Fragen und Probleme, Methoden, Materialien und Hypothesen, aber auch Ergebnisse, Interpretationen und Theorien vorgegeben, bevorzugt oder zensiert und verboten werden. Derartige Einschränkungen und Verletzungen der Wissenschaftsfreiheit kommen in Deutschland, wie im gesamten europäischen und nordamerikanischen Wissenschaftsraum praktisch nicht vor (eine unrühmliche Ausnahme bildet Ungarn). Sie nehmen allerdings global betrachtet ebenso zu wie die Einschränkungen der Meinungs-, Presse- und Redefreiheit im Ganzen (Kinzelbach 2020). Auch die Finalisierung der Wissenschaft zu ökonomischen Zwecken, die Bürokratisierung von Forschung und Lehre zur Qualitätssicherung, die zunehmende Abhängigkeit der akademischen Laufbahnen von Exzellenz-Wettbewerben, Drittmitteln, Rankings und Zitationsindizes werden als Gefährdungsquellen betrachtet. Eine weitere Herausforderung der Wissenschaftsfreiheit stellen „weichere", da nicht mit den Mitteln staatlichen oder administrativen Zwangs oder ökonomischen Drucks bewährte Versuche der gesellschaftlichen, vor allem der religiösen, weltanschaulichen und ideologischen Einflussnahme auf die Wissenschaft dar. Als Beleg gelten eine Reihe von Fällen, bei denen Wissenschaftler*innen oder von ihnen eingeladene Personen vehement für ihre inhaltlichen Positionen, Parteinahmen oder die Gestaltung von Lehr- oder öffentlichen Veranstaltungen kritisiert wurden. Diese im Einzelnen durchaus unterschiedlichen Fälle finden weit über die Academia hinaus Aufmerksamkeit, nicht zuletzt, weil sie durch mediale Inszenierungen und eine gewisse Lust an der Skandalisierung befeuert werden. Man kann durchaus den Eindruck gewinnen, dass hier im Kleinen ausgetragen wird, was die gesellschaftliche Debatte um Meinungsfreiheit im Ganzen antreibt. Auf der einen Seite wird beklagt, dass die freie Rede, freie Meinung und die freie Wissenschaft eingeschränkt oder gar verletzt werden durch Forderungen, die zumeist als englische Schlagworte eingeführt werden. *Political correctness, no-platforming, cancel culture, trigger-warnings* und *safe-spaces* sind einige Beispiele für solche Versuche der Normierung und Sanktionierung, die die kommunikative Selbstbestimmung der Bürger*innen bzw. die Autonomie der Wissenschaftler*innen einschränken und das Prosperieren der Demokratie bzw. der Wissenschaft im Ganzen gefährden könnten. Auf der anderen Seite wird darauf verwiesen, dass Diskriminierung, Hassrede, Rassismus, Frauenverachtung, Islamophobie und Antisemitismus keine einfachen Meinungen seien, sondern den ideologischen Nährboden bieten für menschenverachtende Haltungen und Handlungen. Daher dürften sie weder in der demokratischen Öffentlichkeit, noch an den Universitäten akzeptiert werden (exemplarisch für diese beiden Positionen: Kostner 2020; Hark 2020). Jedenfalls hielt es der Deutsche Hochschulverband (einer der Auftraggeber der Allensbach-Studie) im vergangenen Jahr für nötig, mit Blick auf die „Gefährdung der freien Debattenkultur" an den Universitäten festzustellen:

> Widersprechende Meinungen müssen respektiert und ausgehalten werden. Differenzen zu Andersdenkenden (Studierenden, Wissenschaftlern) sind im argumentativen Streit auszutragen – nicht mit Boykott, Bashing, Mobbing oder gar Gewalt. […] Die Suche nach Wahrheit und Erkenntnis lebt vom leidenschaftlichen, heftigen und kontroversen Ringen um Thesen, Fakten, Argumente und Beweise (DHV 2019, S. 1).

Eine Selbstverständlichkeit, möchte man meinen: Das bevorzugte Mittel der Kritik oder Zurückweisung einer Meinung, die man nicht teilt, ist die Gegenrede. Es ist doch ebendieser Modus geistiger Auseinandersetzung, der die Wissenschaft im Ganzen und die Universitäten als Orte wissenschaftlicher Forschung, Lehre und Debatte im Besonderen charakterisiert. Wenn Universitäten keine Orte und Foren der Auseinandersetzung bieten, an denen neue, unkonventionelle, unbequeme Perspektiven, Thesen und Meinungen entwickelt und diskutiert werden können, verkommen sie zu reinen Ausbildungsstätten.

Eine weitere Selbstverständlichkeit ist damit ebenfalls ausgesprochen: Niemand hat das Recht, unwidersprochen zu bleiben. Dass man Meinungen, die einen schmerzen, „aushalten" muss, heißt nicht, dass Widerspruch, Kritik und Contra, auch wenn diese schmerzen, die Wissenschaftsfreiheit verletzen. Das Recht der Freiheit der Wissenschaft ist, hier analog zur Meinungsfreiheit, ein Recht, das man auf eigenes Risiko wahrnimmt und das kein Recht auf Affirmation und Solidarität nach sich zieht. Es erscheint nicht weiterführend, ja geradezu verstörend, wenn die Kontroversen um bestimmte Personen, Positionen und Provokationen der Logik und Sprache des politischen Antagonismus unterworfen werden, so dass die „Feinde der Freiheit" einer tapferen Avantgarde des Liberalismus gegenüberstehen (wie in Hopf 2019). Der Academia ist eine solche antagonistische Haltung jedenfalls wesensfremd. Das Ethos der Wissenschaft knüpft freundschaftliche Bande zwischen Wissenschaftler*innen durch die ihm eigentümlichen epistemischen und ethischen Werte und Tugenden. Mithin bildet das Ethos der Wissenschaft das normative Fundament, auf dem sich der wissenschaftliche Disput, die harte argumentative Auseinandersetzung, ja, der wilde Streit um die richtige Meinung, These und Theorie fruchtbar entfalten kann. Die Anerkennung der normativen Voraussetzungen des wissenschaftlichen Diskurses ist konstitutiv für die förderlichen Effekte der Wissenschaftsfreiheit. Diese Anerkennung kann aber nicht erzwungen werden, d. h. Wissenschaftsfreiheit ist, wie die Kommunikationsgrundrechte im Ganzen, auf Voraussetzungen gegründet und angewiesen, die durch dieses Recht nicht oder nur teilweise garantiert werden können. Ich möchte hier im Anschluss an das bekannte Böckenförde-Diktum von einem Wagnis der epistemischen Offenheit sprechen, das um der Freiheit willen eingegangen wurde. Wie lässt sich dieses Wagnis besser verstehen oder gar verteidigen?

Als besonders erhellend erweist sich der Rückgriff auf John Stuart Mill, der in der gegenwärtigen Debatte um Meinungs- oder Wissenschaftsfreiheit ohnehin immer wieder als Vorbild für eine „liberale" Position herangezogen wird. Seine Schrift *On Liberty* ist nicht nur ein Klassiker des politischen Liberalismus, sondern vor allem eine vehemente Verteidigung der Freiheit des Gedankens, der Meinung, der Rede und der Diskussion. Dass der Einzelne, so Mill, „[ü]ber sich selbst, über seinen eigenen Körper und Geist […] souveräner Herrscher" ist (Mill: Freiheit, 17), schließt seine Meinungen und Überzeugungen mit ein. Daher werden die Grenzen der Meinungsfreiheit, ganz im Sinne eines liberalen Individualismus, bestimmt mit Blick auf die Freiheitsrechte Dritter. Nur solche Meinungen, die andere Menschen „schädigen", wären ein legitimer Gegenstand staatlicher oder sozialer Sanktionierung. Es müsste jetzt natürlich noch abschließend geklärt werden, welche Meinungen in welchem Kontext geeignet sind, eine solche schädigende Wirkung auf Dritte zu entwickeln. In Deutschland sind Meinungsäußerungen, aus denen Bedrohungen für äußere Rechtsgüter entstehen, durch das Strafrecht und den zivilrechtlichen Persönlichkeitsschutz bestimmt. Hierzu zählen etwa die Tatbestände der Volksverhetzung, Ehrverletzung, Jugendgefährdung, Nötigung und Bedrohung. Grundsätzlich gilt aber, dass die Meinungsfreiheit auch den „Feinden der Freiheit" zukommt (BVerfGE 124, 300 (330)). Man könnte daraus (kurz-)schließen, dass Mill den Wert und den Vorrang der Meinungsfreiheit erschöpfend bestimmt hat als ein negatives, d. h. ein Abwehrrecht gegenüber Zwang.

Meines Erachtens wird diese Interpretation aber weder dem Liberalismus noch Mill gerecht, weil die sozialemanzipatorischen Potentiale des liberalen Freiheitskonzepts ignoriert werden. Mills Verteidigung der Meinungsfreiheit ist von der aufklärerischen Hoffnung getragen, dass das krumme Holz der Menschheit doch zu etwas tauge: sich zu entwickeln und zu verbessern, damit das „menschliche Wesen zu einem edlen und schönen Gegenstand der Betrachtung wird" (Mill: Freiheit, 87), aber zugleich „verschiedene Personen auch ein verschiedenes Leben führen können" (Mill: Freiheit, 88). Für diesen Fortschritt im menschlichen Leben und Zusammenleben spielt die unbeschränkte Gewährung der Meinungsfreiheit eine unerwartete Rolle. Nicht die Freiheit selbst, sondern die durch Freiheit ermöglichte Konfrontation vielfältiger Meinungen, ihre Konkurrenz zueinander und der argumentative Kampf führen zu einem (vorläufigen) Sieg der besseren Überzeugung und eine langfristige Evolution der Wahrheit. Als Lackmustest für die Vernünftigkeit – Mill spricht gleichermaßen von der Begründetheit, Verlässlichkeit, Nützlichkeit und Wahrheit – von Meinungen gilt also der freie Wettbewerb mit anderen Meinungen und mit Andersdenkenden zum Zweck der kritischen Prüfung und Bewährung der besseren Meinung. Und deswegen ist die Mill'sche Zurückweisung von staatlicher Zensur und die Forderung nach einer Bändigung der tyrannischen Kräfte der Mehrheit nicht bloß als Abwehrmaßnahme gegenüber illegitimen Freiheitseinschränkungen zu verstehen. Meinungsfreiheit erschöpft sich nicht in einem negativen Freiheitsbegriff im Sinne einer Freiheit von Zwang. Sondern es geht auch um die positive Freiheit zur Teilnahme und Teilhabe an der sozialen Praxis der Verbesserung der eigenen und der kollektiven, sowohl theoretischen wie praktischen Überzeugungen:

> Denn wenn die Meinung richtig ist, so beraubt man sie der Gelegenheit, Irrtum gegen Wahrheit auszutauschen, ist sie dagegen falsch, dann verlieren sie eine fast ebenso große Wohltat: nämlich die deutlichere Wahrnehmung des Richtigen, die durch den Widerstreit mit dem Irrtum entsteht (Mill: Freiheit, 26).

Dem freien Markt der Meinungen und Ideen wird also, ebenso wie dem freien Markt der Waren und Dienstleistungen, eine nicht nur für das einzelne Individuum, sondern für die Gesellschaft im Ganzen förderliche Wirkung zugeschrieben.

3 Mögliche Grenzen: Wissenschaftsfreiheit zwischen epistemischem Wagnis und epistemischer Hoffnung

160 Jahre nach Erscheinen von Mills Freiheitsschrift sind wir in der Überzeugung gestärkt, dass die freiheitliche Demokratie auf dem Recht des Einzelnen gründet, Meinungen haben, dabei auch anderer Meinung sein und diese frei äußern und verbreiten zu dürfen. Dabei hat sich die Vorstellung eines Marktplatzes der Ideen vor allem im angelsächsischen Rechts- und Kulturraum etabliert, wo dieses Motiv regelmäßig in Debatten um das *First Amendment* angeführt wird. Aber auch in der kontinentaleuropäischen Tradition gibt es eine Verbindung zwischen Meinungsfreiheit und der Erwartung, dass die öffentliche Auseinandersetzung über plurale widerstreitende Meinungen unterschiedlicher epistemischer Güte zu einer Optimierung der persönlichen und demokratischen Meinungsbildung beiträgt. Dieser epistemische Optimismus macht die Garantie und den Schutz der Meinungsfreiheit für die Demokratie als Herrschafts- und als Lebensform unverzichtbar. Ohne die Freiheit, mit seinen Ansichten, Überzeugungen und Urteilen nach Außen treten zu können, gibt es keine Freiheit des Geistes, der Kommunikation und Information, keine Freiheit, sich aus verschiedenen Quellen unterrichten, sich selbst eine Meinung bilden und einen persönlichen Standpunkt entwickeln zu können. Damit wäre aber nicht nur dem individuellen Recht, sich seines eigenen Verstandes zu bedienen, die Bedingung seiner Verwirklichung entzogen. Auch ein „demokratischer Staat kann nicht ohne freie und möglichst gut informierte öffentliche Meinung bestehen" (BVerfGE 27, 71 (81)), weil nur eine ungehinderte kommunikative Verständigung der Bürger*innen über ihre gemeinsamen Angelegenheiten „den geistigen Kampf, die freie Auseinandersetzung der Ideen und Interessen gewährleistet, die für das Funktionieren dieser Staatsordnung lebensnotwendig ist" (BVerfGE 12, 113 (125)).

Für die Wissenschaft ist der Zusammenhang von epistemischem Wagnis und epistemischem Optimismus ohnehin augenfällig, wobei die Vorstellung eines freien Marktes der Ideen an Grenzen stößt, die durch die Eigentümlichkeit der Wissenschaft vorgegeben sind. Die wissenschaftliche Suche nach Erkenntnis, Wahrheit und Verständnis der Natur und der menschlichen Lebenswelt wird nicht durch eine unsichtbare Hand, sondern durch das sichtbare Normengefüge des *scientific ethos* und den kollektiven Verstand der *scientific community* angeleitet. Auf dem demokratischen Marktplatz mögen viele Ideen reüssieren (z. B. Kreationismus, Astrologie, Homöopathie, Verschwörungserzählungen). Aber für wissenschaftliche Ideen sind grundlegende Rationalitätsstandards zu erfüllen, die zugleich als Filter für (z. B. solche) unwissenschaftlichen Ideen fungieren. Vor allem aber erscheint die markttypische Annahme, dass im freien Wettbewerb die Nachfrage das Angebot und darüber auch den Preis regelt, für das Ideal der Wissenschaft unangemessen. Die Freiheit der Wissenschaft bedeutet eben auch die Freiheit, seinen eigenen Forschungsinteressen folgen zu können, ohne dabei ihre mutmaßliche Markt- oder Wettbewerbsfähigkeit berücksichtigen zu müssen. Immerhin hat sich die Unkonventionalität, Abwegigkeit und Esoterik mancher Forschung am Ende als Ausgangspunkt einer wissenschaftlichen Revolution erwiesen. Wie lässt sich also über die möglichen Grenzen der Wissenschaftsfreiheit nachdenken?

Kommen wir noch einmal auf die Meinungsfreiheit zurück. Allen Sehnsüchten zum Trotz, den Prozessen, Gegenständen oder Ergebnissen individueller und demokratischer Meinungsbildung Gütekriterien einzuschreiben, spielt es für die *Gewährung* der Freiheit der Meinung gerade keine Rolle, ob Meinungen vernünftig, verantwortlich, integer, sachlich richtig oder normativ akzeptabel sind, oder ob sie sich stattdessen als unbegründet, rücksichtslos, haltlos, geschmacklos und abstoßend erweisen lassen. Die rechtliche Zulässigkeit einer Meinung hängt also weder von ihrer epistemischen, noch ihrer moralischen, sozialen oder ästhetischen Güte ab. Anders verhält es sich mit der *Qualität* einer Meinungsäußerung und ihrem Potential, meinungsbildend, mithin überzeugend für andere zu wirken. Daher verknüpft John Stuart Mill das Plädoyer für Meinungsfreiheit mit einem Ethos der Meinungsbildung, dessen Kern „die Pflicht der Regierung ebenso wie jedes einzelnen ist, ihre Meinungen so richtig zu bilden wie möglich, sie sorgfältig zu formen und sie niemals anderen aufzuzwingen, wenn sie nicht ganz sicher sind, im Recht zu sein" (Mill: Freiheit, 28). Die Meinungen, deren Schutz gegen die Tyrannei der Mehrheit, der öffentlichen Meinung oder einer lauten Minderheit Mill einfordert, gehen also über „bloßes Meinen" hinaus, insofern sie bestimmten Ansprüchen der Sorgfalt, Berechtigung und Offenheit unterworfen werden. Die Verantwortung für eine solche basale Überprüfung der eigenen Meinung liegt offenkundig beim Einzelnen. Schließlich sind Meinungen, jedenfalls wenn sie öffentlich geäußert werden, als Anwärterinnen auf das empirisch und normativ Richtige zu begreifen. Sie sind Fakten und Werten, theoretischen und praktischen Gründen zugänglich. Deswegen kann, ja muss man über Meinungen sehr wohl streiten, d. h. sie mit guten Gründen, Verweisen auf Tatsachen und Normen kritisieren, verteidigen, revidieren und natürlich auch verwerfen. Es stellt sich daher nicht nur die Frage, wie *frei* die Meinung sein sollte, sondern auch, *wie* die freie Meinung sein bzw. sich bilden sollte. Das demokratische Recht, einer und vor allem anderer Meinung zu sein und diese öffentlich äußern zu können, lebt von der epistemischen Hoffnung, dass uns die rationale, empirische und natürlich auch die moralische Qualität unserer Meinung nicht völlig gleichgültig ist.

Lässt sich dieser Zusammenhang von Freiheit und Verantwortung auch auf Wissenschaftsfreiheit und ihre möglichen Grenzen übertragen? Zunächst einmal ja: Auch für die Gewährung der Wissenschaftsfreiheit darf es keine Rolle spielen, ob die wissenschaftlichen Meinungen, Theorien oder Personen krude, unliebsam, unbequem, bigott oder reaktionär sind, sich als unvernünftig, unbegründet oder abwegig erweisen lassen oder als beunruhigend, schockierend oder verletzend empfunden werden. Um es zu betonen: Für die wissenschaftliche Tätigkeit und für wissenschaftliche Akteure können verbindliche Grenzen der Wissenschaftsfreiheit nur mit Blick auf die Verfassung gezogen werden.

Etwas anders sieht es aber mit Meinungsäußerungen von Nicht-Wissenschaftler*innen in akademischen Kontexten und Universitäten aus, wie sie im Rahmen von Einladungen an Personen aus Politik, Kunst, Kultur, Medien, aus NGOs und bestimmten Berufsgruppen regelmäßig vorkommen. Hier gilt klarerweise, dass nicht jede Stimme und jede Person akademischen Respekt verdient. Für Nicht-Wissenschaftler*innen gibt es also andere und weit mehr Möglichkeiten der Grenzziehung, die allerdings von Fall zu Fall bestimmt und kommuniziert werden müssen. Das gilt insbesondere für Positionen und Provokationen, die dem akademischen Geist und der freiheitlich-liberalen Grundordnung nicht gerecht werden, auf der die kritische Universität und die Wissenschaftsfreiheit jedenfalls in Deutschland gründen. Dabei spielen politische Haltungen, wie sie in der Debatte als Rechts-Links-Antagonismus permanent beschworen werden, gerade keine Rolle. Wie in der freiheitlichen Demokratie mutet es auch in der Wissenschaft bizarr an, dass gerade diejenigen, die die „linksliberalen Gutmenschen" für ihre Werte und Haltungen verhöhnen, sich unter dem Deckmantel der politischen Inkorrektheit zu Verteidigern des Liberalismus aufschwingen. Dabei geht es gar nicht um „rechte" und „konservative", sondern um rassistische, sexistische oder andere gruppenfeindliche Äußerungen und Handlungen, die in der Universität ebenso wenig einen Platz haben wie in der liberalen und pluralistischen Gesellschaft im Ganzen. Und auch bei denjenigen, die die Mindestbedingungen der gegenstandsspezifischen Seriosität, des argumentativen Austausches und der epistemischen Offenheit gegenüber anderen Positionen nicht erfüllen, sollte man überlegen, ob bzw. unter welchen Bedingungen die Universität ihnen einen Raum bieten sollte. Ich bin der Überzeugung, dass für eine solche Reflexion der möglichen Grenzen der Wissenschaftsfreiheit keine wissenschaftsfremden, etwa weltanschaulichen oder ideologischen Prinzipien, herangezogen werden müssen. Man kann sich auf das Ethos der Wissenschaft und die Selbstverpflichtungen, die es birgt, verlassen.

So steht es jeder Wissenschaftler*in einerseits frei, Politiker an die Universität einzuladen, die eine „Entsiffung des Kulturbetriebs in Angriff nehmen wollen" (wobei man vermuten darf, dass der AfD-Abgeordnete Marc Jongen die Universitäten als Teil dieser allzeit beschworenen „linksgrünen Versiffung" begreift). Oder Ex-Politiker und Bestsellerautoren, die ihre Thesen zur „kulturellen Fremdheit muslimischer Migranten" mit einer Warnung vor der Produktion „ständig neuer kleiner Kopftuchmädchen" verbinden, die ja ohnehin nur weitere „Unterschichtgeburten" hervorbringen würden, welche dann „weniger tüchtig, weniger robust oder ganz schlicht ein bisschen dümmer und fauler sind" (wobei Thilo Sarazzins scheinwissenschaftliche Attitude schon früh gründlich widerlegt und die Nähe etwa zur rassischen Eugenik gut belegt wurde, vgl. die Beiträge in Haller und Niggeschmidt 2012). Andererseits gehört zu der Verantwortung der Wissenschaftler*in, sich zu fragen – bzw. von den Kritiker*innen einer solchen Einladung fragen zu lassen – warum man das eigentlich vorhat. Was ist der beabsichtigte wissenschaftliche, didaktische oder diskursive Zweck und erhoffte Ertrag einer solchen Einladung in eine philosophische Lehrveranstaltung? Ist dieser Zweck gerechtfertigt, redlich, legitim, akzeptabel? Sind die gewählten Mittel zur Realisierung dieses Zwecks geeignet; sind sie ihrerseits gerechtfertigt, redlich, legitim, akzeptabel? Für die Kritiker*innen stellt sich die Frage, welche Reaktionen sich verantwortungsbewusst begründen lassen im Lichte der Wissenschaftsfreiheit und der epistemischen Hoffnungen, die mit ihr verbunden sind. Das faktische Spektrum an Reaktionen auf die prominenten Fälle umfasst zum einen Verbotsforderungen, Verhinderungen von Veranstaltungen durch Blockaden und Pfeifkonzerte, körperliche Angriffe und sozialmediale Drohungen und Denunziationen. Ihre Unverträglichkeit mit der Idee der freien Wissenschaft und der kritischen Universität liegt auf der Hand. Verträglichere mögliche Reaktionen bestehen in der Ablehnung von Einladungen, der Verwehrung von Unterstützung, in Protest, Kritik, Debatte, aber natürlich auch Fürsprache, Solidarisierungsbekundungen und konkreten Sicherheitsstrategien. Nichts davon scheint mir grundsätzlich der Freiheit der Wissenschaft zu widersprechen. Das Recht auf Gegenrede umfasst verschiedene diskursive und performative Mittel.

Eine besonders verbreitete Reaktion ist hingegen Schweigen. Natürlich steht es Wissenschaftler*innen frei, gar keine Stellung zu beziehen. Angesichts der Häufung der Fälle, der zumeist hilflosen Ad-hoc-Reaktionen der betroffenen Hochschulen und des gesamtgesellschaftlichen Interesses an diesen Entwicklungen erscheint mir eine solche Zurückhaltung, sei sie aus Desinteresse, Diskursfurcht oder persönlicher Angst geboren, zutiefst problematisch. Im Sinne eines epistemischen Wagnisses ist die Freiheit der Wissenschaft ein Ideal, welches sich erst im Rahmen einer institutionellen Praxis konkretisiert und bewährt. Wenn wir uns als Wissenschaftsgemeinschaft nicht gründlicher über die Gelingensbedingungen der Wissenschaftsfreiheit und unsere individuelle Verantwortung hierfür verständigen, dann werden wir diese zeitgenössische Bewährungsprobe nicht gut meistern. Und dann wäre tatsächlich nicht nur die Freiheit der Wissenschaft, sondern die herausragende Bedeutung der Universitäten in der und für die freiheitliche Demokratie gefährdet.

Literatur

Aristoteles. (1995). *Nikomachische Ethik*, in der Übersetzung von E. Rolfes. Hamburg: Felix Meiner.

Cournand, A., & Meyer, M. (1976). The scientist's code. *Minerva, 14,* 79–96.

Deutscher Hochschulverband. (2019). *Zur Verteidigung der freien Debattenkultur in Deutschland.* https://www.hochschulverband.de/uploads/media/Resolution_Verteidigung_der_Debattenkultur-final.pdf. Zugegriffen: 20. Okt. 2020.

Gärditz, K. (2018). Politisches Mäßigungsverbot und verbeamtete Wissenschaft. *Forschung & Lehre, 2,* 116–118.

Haller, M., & Niggeschmidt, M. (Hrsg.). (2012). *Der Mythos vom Niedergang der Intelligenz. Von Galton zu Sarrazin: Die Denkmuster und Denkfehler der Eugenik.* Wiesbaden: Springer VS.

Hark, S. (2020). Gleichheit ist nicht verhandelbar. *Aus Politik und Zeitgeschichte, 70*(13), 12–15.

Hopf, W. (Hrsg.). (2019). *Die Freiheit der Wissenschaft und ihre ‚Feinde'.* Berlin: Lit.

Kant, I. (1977). *Metaphysik der Sitten.* Weischedel-Ausgabe (Bd. 8). Frankfurt a. M.: Suhrkamp.

Kinzelbach, K. et al. (2020). *Free Universities. Putting the Academic Freedom Index into Action.* https://www.gppi.net/media/KinzelbachEtAl_2020_Free_Universities.pdf. Zugegriffen: 20. Okt. 2020.

Kostner, S. (2020). Keine Meinungsfreiheit ohne ein Klima der Freiheit. *Aus Politik und Zeitgeschichte, 70*(13), 8–11.

Merton, R. (1942). A Note on Science and Democracy. *Journal of Legal and Political Sociology, 1,* 115–126.
Mill, J. S. (1974). *Über Freiheit,* in der Übersetzung von Bruno Lemke, Stuttgart: Reclam.
Müller, R. A. (2018). Von der „Libertas philosophandi". zur „Lehrfreiheit" Zur Wissenschaftsfreiheit im Zeitalter der Aufklärung. In R. A. Müller & R. Schwingers (Hrsg.), *Wissenschaftsfreiheit in Vergangenheit und Gegenwart* (S. 57–67). Basel: Schwabe.
Özmen, E. (2012). Die normativen Grundlagen der Wissenschaftsfreiheit. In F. Voigt (Hrsg.), *Freiheit der Wissenschaft. Beiträge zu ihrer Bedeutung, Normativität und Funktion* (S. 111–132). Berlin: De Gruyter.
Özmen, E. (2015). Wissenschaft. Freiheit. Verantwortung. Über Ethik und Ethos der freien Wissenschaft und Forschung. *Ordnung der Wissenschaft, 2,* 65–72.
Petersen, T. (2020). *Forschungsfreiheit an deutschen Universitäten. Ergebnisse einer Umfrage unter Hochschullehrern.* https://www.kas.de/documents/252038/7995358/Studie+des+Instituts+für+Demoskopie+Allensbach+zur+Forschungsfreiheit+an+deutschen+Universitäten.pdf/01252a6a-38eb-a647-fb74-7d39b1890382?t=1581610619899. Zugegriffen: 20. Okt. 2020.
Spinoza, B. de (1965). *Theologisch-Politischer Traktat,* in der Übersetzung von Carl Gebhardt, Hamburg: Felix Meiner.
von Humboldt, W. (1903). Über die innere und äußere Organisation der höheren wissenschaftlichen Anstalten in Berlin. In W. von Humboldt (Hrsg.), *Gesammelte Schriften,* (S. 250–260, Bd. 10). Berlin: B. Behr.

Epistemische Gerechtigkeit und epistemische Offenheit – eine Versöhnung

Sabine Döring

Wissenschaftsfreiheit setzt voraus, dass der wissenschaftliche Diskurs zugleich „epistemisch gerecht" und „epistemisch offen" ist. Alle sollen in ihrer Fähigkeit als Erkennende gleich gehört werden und dabei freimütig sprechen können. Auf diese Weise wird das Ziel der Wissenschaft – Wissen bzw. Erkenntnis (griech.: *episteme*) – bestmöglich erreicht. So selbstverständlich das klingen mag, so schwierig scheinen epistemische Gerechtigkeit und epistemische Offenheit gleichzeitig zu realisieren sein. So ist in den USA und Europa eine heftige und in ihrem Verlauf frustrierende Debatte darüber entbrannt, welche Sprecher oder Autoren an der Universität gehört oder gelesen werden sollten – und welche nicht. Ziel dieses Essays ist es zum einen, die Gründe für diesen frustrierenden Verlauf offenzulegen; zum anderen werde ich einen Vorschlag dazu machen, wie sich die beiden nur scheinbar konfligierenden Ziele der epistemischen Gerechtigkeit und der epistemische Offenheit miteinander versöhnen lassen.

Mit der Unterscheidung zwischen diesen beiden Zielen knüpfe ich an Teresa M. Bejan an. Bejan identifiziert in der Rede von „Meinungsfreiheit" zwei Begriffe, die regelmäßig miteinander vermengt werden: *isegoria* als die gleiche Freiheit aller, an der Debatte teilzunehmen, und *parrhesia* als die Freiheit zu äußern, was, wann und zu wem man mag, ohne Sanktionen

---

S. Döring (✉)
Eberhard Karls Universität Tübingen, Philosophisches Seminar,
Tübingen, Deutschland
E-Mail: sabine.doering@philosophie.uni-tuebingen.de

© Der/die Autor(en), exklusiv lizenziert durch Springer-Verlag GmbH,
DE, ein Teil von Springer Nature 2021
E. Özmen (Hrsg.), *Wissenschaftsfreiheit im Konflikt*,
https://doi.org/10.1007/978-3-662-62892-8_4

fürchten zu müssen. Angewandt auf Wissenschaftsfreiheit als der Freiheit zu wahren und gerechtfertigten Meinungsäußerungen, so werde ich argumentieren, beschriebe *isegoria* die Freiheit, als potentiell Erkennender am epistemischen Diskurs gleichberechtigt zu partizipieren, *parrhesia* hingegen die Freiheit, jede potentielle Wahrheit offen aussprechen zu können. Im ersten Fall ist das Ziel epistemische Gerechtigkeit, im zweiten Fall epistemische Offenheit.

Auf dieser begrifflichen Grundlage werde ich sodann zeigen, dass die aktuelle Kontroverse um Wissenschaftsfreiheit vielfach daran krankt, dass die eine Seite einseitig auf epistemischer Gerechtigkeit und die andere Seite nicht minder einseitig auf epistemischer Offenheit beharrt. Grund hierfür ist eine Instrumentalisierung des epistemischen Ziels für ein übergeordnetes soziales, politisches oder moralisches Ideal, das man versucht, in allen Bereichen der Gesellschaft durchzusetzen, auch an der Universität. So ist der Vorwurf einer „linken Zensur", wenn die Verbreitung rechtspopulistischer Thesen im wissenschaftlichen Raum auf Gegenwind stößt, in Wahrheit kein Plädoyer für epistemische Offenheit; es geht stattdessen darum, die *eigene* politische Agenda auch an der Universität zu propagieren. Umgekehrt zielt die Strategie, emotionale Verletzung *als solche* zur Grenze von Wissenschaftsfreiheit zu erklären, nicht auf epistemische, sondern auf soziale, politische, moralische oder ökonomische Gerechtigkeit.

Auch wenn wohl niemand bestreiten wird, dass der epistemische Diskurs frei von emotionaler Verletzung und Demütigung sein soll, darf dieser nicht zu einem Diskurs über Erfahrungen der Demütigung und emotionalen Verletzung verkümmern, in dem die selbsterklärten Opfer solcher Erfahrungen die alleinige Deutungshoheit innehaben. Wie deutlich werden wird, entzieht die Theorie der Emotionen einer solchen „Kultur des Opfertums" von vornherein die Geschäftsgrundlage. Denn Emotionen sind nicht etwa bloß Erlebnisse einer bestimmten Qualität und Intensität oder „blinde Antreiber", die sich nicht rational kritisieren lassen. Als solche hätten sie mit Wahrheit a priori nichts zu tun und damit im epistemischen Diskurs nichts verloren. Tatsächlich repräsentieren uns Gefühle die Welt als in bestimmter Weise seiend und lassen sich dementsprechend auf ihre Angemessenheit hin prüfen. Daraus, dass jemand sich faktisch emotional verletzt oder gedemütigt fühlt, folgt nicht, dass es einen normativen Grund für dieses Gefühl gibt. Erst ein solcher Grund machte aus dem psychologischen Faktum ein für den wissenschaftlichen Diskurs relevantes normatives Faktum, indem begründet würde, dass tatsächlich eine Demütigung vorliegt.

Um einen zugleich epistemisch gerechten und epistemisch offenen wissenschaftlichen Diskurs etablieren zu können, müssen die skizzierten

Instrumentalisierungen vermieden werden. Erkenntnisgewinn erfordert erstens epistemische Zielsetzung, zweitens Einschlägigkeit sowie drittens methodische und argumentative Qualität.

Eine Instrumentalisierung des epistemischen Ziels für andere (soziale, politische oder moralische) Ziele, so werde ich abschließend zeigen, liegt auch dann vor, wenn anhand sogenannter „dichter Begriffe" Gefühle im Rezipienten induziert werden. Beschreibungen der Welt anhand dichter Begriffe, wie z. B. die Unterstellung, dass „die" Religion des Islam in Europa eine „feindliche Übernahme" anstrebe, sind inhärent evaluativ, d. h. vermengen die Beschreibung unauflöslich mit einer bestimmten Bewertung. Durch abwertende Beschreibung können z. B. Furcht und Abneigung erzeugt und so ganze „Furcht-Narrative" insinuiert werden. In der Wissenschaft hat diese propagandistische Form des Diskurses keinen Platz und ist durch Analyse offenzulegen. In dieser Hinsicht ist Thilo Sarrazins Buch über den Islam einer ganz anderen Kategorie zuzuordnen als etwa die Publikationen Peter Singers.

Das Beispiel Singers wird mir abschließend auch zur Illustration meiner Überzeugung dienen, dass es für *epistemisch qualifizierte* Meinungsäußerungen keine moralische Grenze gibt. Wissenschaft darf sich nicht nur, sie muss sich sogar mit jedem erdenklichen Thema auseinandersetzen, da gerade sie mögliche epistemische Irrwege mit guten Argumenten als dem schärfsten hierzu verfügbaren Schwert beenden kann.

1 Zwei Begriffe von Meinungsfreiheit

Nach Auffassung der Oxforder Politikwissenschaftlerin Teresa M. Bejan krankt die Debatte darüber, wer und was an der Universität gehört oder gelesen werden darf, wesentlich daran, dass unreflektiert mit zwei verschiedenen und potentiell konfligierenden Begriffen von Meinungsfreiheit operiert wird (Bejan 2017). Die eine Seite argumentiere in der Tradition der *isegoria* als der gleichen Freiheit aller, an der Debatte teilzunehmen. Die andere Seite kämpfe für *parrhesia* als der Freiheit zu äußern, was, wann und zu wem man mag, ohne Sanktionen fürchten zu müssen. Weil beide Seiten sich darüber alles andere als im Klaren seien, redeten sie oftmals schlicht aneinander vorbei.

Nach Bejan spricht, wer bestimmte Meinungsäußerungen an der Universität verhindern will, über „Meinungsfreiheit" als *isegoria*. Er beruft sich darauf, dass „hetzerische" oder historisch „privilegierte" Stimmen darauf zielten, andere Stimmen zum Schweigen zu bringen bzw. aus der Debatte auszuschließen. Solchen Stimmen die Plattform zu entziehen, sei notwendig, um Gleichheit herbeizuführen dergestalt, dass die Marginalisierten und Verletzlichen allererst sprechen können – und gehört werden.

Dagegen verstünden diejenigen, die darauf bestehen, auch umstrittene Meinungen an der Universität zu hören, „Meinungsfreiheit" als *parrhesia* In dieser Lesart setzt Meinungsfreiheit notwendig die Freiheit von Furcht vor oder Gefälligkeit gegenüber dem Publikum und dessen möglichen Reaktionen voraus. Das Gegenteil von *parrhesia* ist nicht bloß Schweigen, sondern auch Schmeichelei, Scheinheiligkeit, Lüge oder generell Selbstzensur und vorauseilender Gehorsam in Sprache und Denken, wie sie sich in unaufrichtigem und unauthentischem „Reden nach dem Mund" ausdrücken. In Michel Foucaults in den 1980er Jahren an der UC Berkeley gehaltenen Vorlesungen erscheint *parrhesia* als Tugend, insofern sie das Aussprechen der Wahrheit als Pflicht beinhaltet und dazu den Mut erfordert, durch rückhaltlose Offenheit Sympathie zu verspielen oder Zorn auf sich zu ziehen.

Weder *isegoria* noch *parrhesia*, so Bejan, sind auf die rationale Rede und das Argument des *logos* verpflichtet. Wer für Meinungsfreiheit an der Universität eintritt, dem muss es aber um ebensolche Äußerungen gehen. Vermutlich hat er – wie John Stuart Mill in *On Liberty* – historische Beispiele wie Sokrates vor Augen. Wie konnte es geschehen, dass Sokrates, obwohl im Dienste des *logos* sprechend, in einer Gesellschaft, die sich ihrer Meinungsfreiheit rühmt, zum Tode verurteilt wurde?

Diese Frage treibt Mill (unter anderem) um, wenn er fordert, dass Meinungsfreiheit „absolut" sein müsse, und zur größten Gefahr der Meinungsfreiheit die „soziale Tyrannei" erklärt. „Tyrannisch" ist eine Gesellschaft, die unliebsame Meinungsäußerungen und Sprecher bestraft und so Denker einschüchtert und zu Duckmäusern macht. Derlei Strafen nehmen nicht die Form eines Maulkorbs oder einer Gefängniszelle an. Sie ergehen vielmehr in der informellen und außergesetzlichen Form sozialer und ökonomischer Sanktionen, beginnend mit abfälligem Augenrollen oder dem Zeigen der kalten Schulter über Forderungen, den Betroffenen sozial zu meiden oder zu mobben, bis hin zur Denunziation des Sprechers bei seinem Arbeitgeber oder der Organisation von Gruppenattacken auf seine Person. Das kann zur modernen Form des Schierlingsbechers werden, wenn es die wirtschaftliche und soziale Vernichtung der Person nach sich zieht. (Jonathan Rauch und andere bezeichnen diese Art der Bestrafung als „canceling".)

Will man in der gegenwärtigen Debatte darüber, welchen Stimmen die Universität eine Plattform bieten sollte, nicht aneinander vorbeireden, muss demnach zwischen Meinungsfreiheit als *isegoria* und Meinungsfreiheit als *parrhesia* unterschieden werden, auch wenn letztlich beide zwei Seiten derselben Medaille sind (Freiheit) und dementsprechend integriert werden müssen. Darüber hinaus muss aber auch zwischen Meinungsfreiheit schlechthin und Meinungsfreiheit im Dienste der Wahrheit unterschieden werden. Allein Letztere ist Wissenschaftsfreiheit.

2 Meinungsfreiheit und Wissenschaftsfreiheit

Gemäß Art. 5 GG ist die Freiheit der Wissenschaft und Forschung ein Grundrecht. Diese Freiheit betrifft jede Tätigkeit, die „nach Inhalt und Form als ernsthafter planmäßiger Versuch zur Ermittlung der Wahrheit anzusehen ist". Dies folgt unmittelbar aus der prinzipiellen Unabgeschlossenheit jeglicher wissenschaftlichen Erkenntnis (BVerfG, 1 BvR 424/71 u. a., BVerfGE 35, 79), die dabei einen bestimmten Kenntnisstand und ein spezifisches methodisches Vorgehen erfordert. Dergestalt spezifiziert, ist Wissenschaftsfreiheit von Meinungsfreiheit in dem weiten Sinne der Freiheit zu jeder beliebigen „Meinung" oder deren Kundgabe zu unterscheiden. Schließlich ist die Universität weder der Marktplatz noch die Bühne noch die Wahlkampfarena noch der Stammtisch oder was dergleichen mehr. „Meinungen" im wissenschaftlichen Diskurs sollen kein unbegründetes Werten und Dafürhalten sein. Ziel sind vielmehr wahre und gerechtfertigte Meinungen oder Meinungsäußerungen als das, was spätestens seit Platons Dialog *Menon* als (zumindest vorläufige) Standarddefinition von Wissen gilt. Diese Teilklasse der Meinungsäußerungen nennt man auch „Tatsachenbehauptungen".

Indes heißt das selbstverständlich nicht, dass Wissenschaftsfreiheit von Verfassungstreue und Moralität entbindet. Grundsätzlich ist Wissenschaft, insofern sie Teil der Gesellschaft ist, allgemeinen rechtlichen und ethischen Normen unterworfen. Es wäre naiv anzunehmen, dass sich der epistemische Diskurs vollständig abkapseln ließe oder dies überhaupt wünschenswert wäre. Dementsprechend schließt Freiheit in der Wissenschaft moralische und rechtliche Verantwortung mit ein und werden Eingriffe in die Wissenschaftsfreiheit durch den Schutz anderer Grundrechte und Güter gerechtfertigt. Typische Beispiele einer Beschränkung der Forschung durch ein anderes Grundrecht sind das Verbot der Forschung an Nichteinwilligungsfähigen, gerechtfertigt durch die Menschenwürde des Art. 1 GG; Schutz der Persönlichkeitsrechte vor Namensnennung in

Publikationen, Art. 2 Abs. 1 i. V. mit Art. 1 GG; und Regeln bei Tierversuchen, gerechtfertigt durch Art. 20a GG. Da dabei die Abwägung von Grundrechten und Gütern nur insofern allgemein ist, als sie zuvörderst Aufgabe des Gesetzgebers (z. B. TierSchG) ist, ansonsten aber einzelfallabhängig erfolgen muss, sind die legalen Grenzen der Wissenschaftsfreiheit stets aufs Neue auszuloten.

Wenn heute von der einen Seite unter Berufung auf Wissenschaftsfreiheit insistiert wird, auch sozial, politisch oder moralisch umstrittenen Meinungsäußerungen an der Universität ein Forum zu geben, während die andere Seite bis hin zum Aktivismus versucht, solcherlei Stimmen zum Verstummen zu bringen, geht es aber nicht oder jedenfalls nicht primär um legale Freiheit. Die Rechtsprechung bestimmt zwar die legalen Grenzen der Debatte, aber innerhalb dieser Grenzen wird sozial, politisch oder moralisch bewertet. Allerdings wird nicht selten versucht, soziale, politische oder moralische Forderungen zur Rechtsnorm zu erheben. Insofern erscheint die Grenze zwischen legaler gegenüber sozialer, politischer oder moralischer Freiheit auf den ersten Blick klarer, als sie es tatsächlich ist. Ein Beispiel ist die Etablierung von Gleichstellungsbeauftragten an der Universität, denen einige Landeshochschulgesetze im Rahmen der Mitwirkung bei Stellenbesetzungen beispielsweise das Recht geben, schon bei der Stellenausschreibung beteiligt zu werden, Personalakten und Bewerbungsunterlagen einzusehen und bei Auswahlgesprächen anwesend zu sein.

Die Diskussion um Wissenschaftsfreiheit innerhalb ihrer legalen Grenzen gestaltet sich derzeit schwierig und nimmt oftmals einen frustrierenden Verlauf. Einen Hauptgrund dafür haben wir bereits gehört: Es wird nicht zwischen *isegoria* und *parrhesia* unterschieden, ja, man kennt diesen Unterschied nicht einmal. Ein zweiter Hauptgrund besteht meines Erachtens darin, dass nicht hinreichend zwischen Meinungsfreiheit und Wissenschaftsfreiheit differenziert wird. Angewandt auf Wissenschaftsfreiheit beschriebe *isegoria* die Freiheit, als potentiell Erkennender am epistemischen Diskurs gleichberechtigt zu partizipieren, *parrhesia* hingegen die Freiheit, jede potentielle Wahrheit in den Grenzen der Legalität offen aussprechen zu können. Im ersten Fall ist das Ziel „epistemische Gerechtigkeit", im zweiten Fall „epistemische Offenheit". Für eine konstruktive Debatte über Wissenschaftsfreiheit ist entscheidend, dass auf diese epistemischen Ziele fokussiert wird und sie nicht ihrerseits für (nicht-epistemische) soziale, politische oder moralische Ziele instrumentalisiert werden. Ausschlaggebend für die Beantwortung der Frage, ob eine Äußerung oder ein Sprecher an der Universität gehört werden soll oder nicht, muss dementsprechend der erwartete Erkenntnisgewinn sein, und der wird maximiert, wenn möglichst alle klugen

Stimmen gehört werden (epistemische Gerechtigkeit) und sich dabei möglichst freizügig äußern dürfen (epistemische Offenheit).

Demgegenüber beharrt in der aktuellen Kontroverse um Wissenschaftsfreiheit die eine Seite einseitig auf epistemischer Gerechtigkeit und die andere Seite nicht minder einseitig auf epistemischer Offenheit. Dass diese zwei Aspekte der Wissenschaftsfreiheit jeweils so einseitig betont werden, liegt genau daran, dass den Parteien oftmals Wissen in Wahrheit gleichgültig ist und von ihnen lediglich für ihre soziale, politische oder moralische Agenda instrumentalisiert wird. Das Argument der Wissenschaftsfreiheit ist dann bloß Mittel zum Zweck, um ein soziales, politisches oder moralisches Ideal in allen Bereichen der Gesellschaft durchzusetzen, auch an der Universität, in einem Falle eines der Gleichheit, im anderen eines der Ungleichheit. Wenn etwa Marc Jongen Kritik an seinem Auftritt im Siegener Seminar als „linke Zensur" moniert, tritt er in Wahrheit ja nicht für epistemische Offenheit ein, sondern beklagt, dass speziell *seine* Agenda nicht an der Universität propagiert werden darf. Fraglich ist, ob hier überhaupt ein Interesse an einem Austausch von Argumenten besteht und ob nicht vielmehr, hätten die „Rechten" die Macht und Deutungshoheit, sich das Blatt sehr schnell wenden und umgekehrt sie alle aus ihrer Sicht verwerflichen Meinungen zensieren würden. Das verspricht zumindest Götz Kubitschek: „Unser Ziel ist nicht die Beteiligung am Diskurs, sondern sein Ende als Konsensform, nicht ein Mitreden, sondern eine andere Sprache, nicht der Stehplatz im Salon, sondern die Beendigung der Party" (Kubitschek 2006). Allerdings darf ebenso bezweifelt werden, dass es um epistemische Gerechtigkeit geht, wenn eine Konferenz an der Universität Frankfurt, die die Frage stellt, ob das islamische Kopftuch ein „Symbol der Würde oder der Unterdrückung" sei, allein aufgrund dieser Fragestellung ins Kreuzfeuer der Kritik und des Antidiskriminierungs-Aktivismus gerät (der Vorwurf lautete „antimuslimischer Rassismus"). Durch die Veranstalterin Susanne Schröter und Universitätspräsidentin Birgitta Wolff wurde diese Kritik unter Berufung auf die Wissenschaftsfreiheit zurückgewiesen, und die Konferenz fand statt. Zu Recht; unten mehr dazu.

Damit soll ausdrücklich nicht bezweifelt werden, dass es spezifisch *epistemische* Ungerechtigkeit gibt. Auch für den Ausgang wissenschaftlicher Debatten ist leider nicht allein entscheidend, wer die an und für sich besseren Argumente hat, sondern auch, wer das Privileg hat, Themen und Termini zu setzen. Spätestens seit Miranda Fricker 2007 den Begriff der epistemischen Ungerechtigkeit („epistemic injustice") geprägt hat, wird der Idee, dass Menschen in ihrer Fähigkeit als Erkennende nicht gleichbehandelt, sondern etwa aufgrund von Geschlecht, sozialem Hintergrund oder ethnischer Herkunft ungerechtfertigterweise diskriminiert werden, in politischer und Sozialphilosophie zunehmend Aufmerksamkeit geschenkt. Unfaire und ungerechte Institutionen, eingeschlossen die der Wissenschaft, haben das Potential, bestehende sozioökonomische Ungleichheiten und Ungerechtigkeiten zu reproduzieren oder sogar zu verschärfen. Epistemische Ungerechtigkeit kann sich etwa darin manifestieren, dass von Frauen vorgetragenen Argumenten weniger zugehört oder weniger Beweiskraft zugebilligt wird, indem diese Argumente erst und nur dann gehört werden, wenn sie auch von (bestimmten) Männern vorgetragen werden. Epistemische Ungerechtigkeit liegt auch dann vor, wenn die Termini und folglich die Begriffe fehlen, um bestimmte Erfahrungen überhaupt als Diskriminierungserfahrungen zu artikulieren und als Tatsache zu behaupten. So wird, wie Fricker ausführt, sexuelle Belästigung erst seit den 1970er Jahren als solche bezeichnet, obwohl Frauen das Gemeinte seit jeher erleben. Bevor die Bezeichnung eingeführt wurde, dürfte es für Frauen ungleich schwieriger gewesen sein, ihre Erfahrung in Worte zu fassen und das Erlebte, einschließlich der eigenen Rolle darin, zu verstehen und zu postulieren. Nach Fricker ist das kein Zufall, sondern dem systematischen Ausschluss von Frauen bei der Gestaltung institutioneller Kommunikationsstrukturen und Praktiken geschuldet.

Vor diesem Hintergrund erscheint es wohlfeil, für epistemische Offenheit einzutreten, wenn man zur Gruppe der privilegierten Erkennenden gehört. Für die Frage der Wissenschaftsfreiheit im Besonderen im Unterschied zur Meinungsfreiheit im Allgemeinen ist gleichwohl entscheidend zu bestimmen, was genau eine Ungerechtigkeit *epistemisch* macht – im Unterschied zu sozial, politisch, moralisch oder ökonomisch – und unter welchen Bedingungen sie vorliegt.

3 Die emotionalen Grundlagen von Wissenschaftsfreiheit

Der aus Sicht der Wissenschaft anzustrebende zugleich epistemisch gerechte und epistemisch offene Diskurs basiert auf bestimmten emotionalen Grundlagen. Das gilt sowohl positiv, insofern bestimmte Gefühle ihm förderlich oder für ihn sogar essentiell sind, als auch negativ, insofern andere Gefühle ihn behindern oder sogar scheitern lassen. Auf den ersten Blick mag die positive Behauptung verwundern, besagt doch ein gängiges Vorurteil, dass Gefühle in der Wissenschaft und allgemein im rationalen Denken und Handeln gerade keine Rolle spielen sollten, wir vielmehr unsere Meinungen und Entscheidungen möglichst emotionslos bilden sollten. Gemäß diesem Vorurteil sind Gefühle hier grundsätzlich nicht nur nicht hilfreich, sondern sogar irreführend und störend. Sie machten uns „blind", heißt es oft, d. h. unzugänglich für faktenbasierte rationale Argumente. Wäre das der Fall, verletzte, wer sich durch Gefühle leiten lässt, zwangsläufig eine zentrale Pflicht, an die John Stuart Mill sein Plädoyer für Meinungsfreiheit in *On Liberty* bindet, nämlich „Meinungen so richtig zu bilden wie möglich" (Mill: Freiheit, 59).

Im Lichte der Forschung der letzten Jahrzehnte erscheinen derlei Ideen allerdings naiv. *Dass* Gefühle nicht nur unser Handeln, sondern auch unser Denken beeinflussen, und zwar nicht nur punktuell, sondern beständig, ist mittlerweile empirisch gut belegt. Vermutlich kann jeder aus eigener Erfahrung bestätigen, dass ihm in positiver Stimmung die Welt freundlicher erscheint, er sie sozusagen durch die berühmt-berüchtigte „rosarote Brille" sieht. Wie Wittgenstein schreibt, ist die „Welt des Glücklichen […] eine andere als die des Unglücklichen" (Wittgenstein: Tractatus logico-philosophicus, § 6.43). In den Termini technici der empirischen Psychologie beeinflusst positiver Affekt die Informationsverarbeitung und Aufmerksamkeitssteuerung dergestalt, dass flexibler und kreativer agiert wird um den Preis, ablenkbarer durch Störreize aus der Umwelt zu sein (Dreisbach 2008, S. 292 ff.).

Auch negativer Affekt hat nachweislich Einfluss auf die Informationsverarbeitung, und solchen Einfluss haben neben „Stimmungen" auch „Emotionen". Stimmungen bzw. „unbestimmte Gefühle" unterscheiden sich von „bestimmten Gefühlen" bzw. Emotionen dadurch, dass sie nicht auf etwas Bestimmtes gerichtet sind. Demgegenüber zeichnen sich Emotionen umgekehrt gerade dadurch aus, dass sie auf etwas Bestimmtes (z. B. bestimmte Ereignisse oder Personen) gerichtet und in diesem Sinne „intentional" sind. Beiden gemein ist ihr entscheidender Einfluss darauf, wie wir die Welt erfassen: Ein Dozent etwa, der fürchtet, dass eine seiner Äußerungen einen Shitstorm in den sozialen Medien hervorrufen könnte, erlebt die Lehrsituation als beängstigend und insgesamt ganz anders, als wenn ihn so etwas nicht anföchte oder er sich gar auf der Seite derjenigen wähnte, die im Besitz der Deutungshoheit sind und über die Fehltritte anderer richten. Analog wird eine Studentin, die Angst hat, dass ihre Argumente nicht für voll genommen werden, sich eingeschüchtert fühlen und vielleicht verstummen. Wie schon Robert Musil wusste, gibt es keinen „gefühlsneutralen Zustand", sondern „schafft sich kontinuierlich jedes Gefühl, wenn es eine gewisse Stärke und Dauer erlangt, eine ausgewählte und anzügliche, seine eigene Welt" (Musil: Der Mann ohne Eigenschaften, 1159).

Gefühle können demnach auch beim Erkennen und der Wissensbildung gar nicht ausgeschaltet werden, und sie machen uns auch mitnichten blind, sondern erschließen uns im Gegenteil die Welt auf jeweils spezifische Weise. Wie sich in den beiden zuletzt angeführten Beispielen bereits andeutet, steht das Gefühl der Furcht oder Angst vor Demütigung und Verächtlichmachung sowohl epistemischer Gleichheit als auch epistemischer Offenheit entgegen.[1] Umgekehrt sind Respekt und Wohlwollen gegenüber *allen* anderen Diskursteilnehmern beiden förderlich bzw. für beide sogar essentiell, wie es das „Prinzip der wohlwollenden Interpretation" („principle of charity") auf den Punkt bringt: Nach Simon Blackburn verpflichtet dieses Prinzip uns dazu, die Wahrheit oder Rationalität der Äußerungen anderer zu maximieren (Blackburn 1994). Wann immer Teilnehmer am wissenschaftlichen Diskurs stattdessen fürchten müssen, in ihrer Fähigkeit als Erkennende nicht respektiert oder gar verachtet zu werden, ist dies ungerecht, und zwar nicht „bloß" sozial, politisch, moralisch oder ökonomisch, sondern auch epistemisch: bestimmte potentiell Erkennende sowie deren möglicherweise gute und weiterführende Argumente werden nicht gehört.

Jedoch sollten Teilnehmer am wissenschaftlichen Diskurs auch nicht allein schon deshalb Sympathieverlust, Zorn und hieraus resultierende soziale Sanktionen fürchten müssen, weil sich durch ihre möglicherweise guten und weiterführenden Argumente andere Teilnehmer diskriminiert, gedemütigt oder verletzt *fühlen*. Erfahrungen von Diskriminierung, Demütigung oder Verletzung, die nur bestimmte Teilnehmer am wissenschaftlichen Diskurs selbst machen (beispielsweise aufgrund von Geschlecht, sozialem Hintergrund oder ethnischer Herkunft), sind für den Erkenntnisgewinn zweifelsohne relevant. Zum Geschäft der Wissenschaft gehört auch, Erfahrungen systematischer Diskriminierung wie etwa die Erfahrung der sexuellen Belästigung oder auch die Erfahrung rassistischer Polizeigewalt auf den Begriff zu bringen. Hier spielt Empathie als die Fähigkeit, die Geisteszustände anderer Personen zu verstehen, indem man sie als die Geisteszustände eines anderen im eigenen Geist nachvollzieht, eine zentrale Rolle. Empathie ist dabei im Unterschied zu Mitleid oder Sympathie kein Gefühl sui generis, sondern umfasst sowohl kognitive als auch affektive Phänomene. Das heißt aber nicht, dass der wissenschaftliche Diskurs damit zu einem Diskurs über Erfahrungen der Diskriminierung oder Demütigung deterioriete, in dem die selbsterklärten Opfer solcher Erfahrungen die

---

[1] Für die Zwecke dieses Essays werde ich „Furcht" und „Angst" bedeutungsgleich verwenden.

alleinige Deutungshoheit innehätten. Zum Erkenntnisgewinn trägt subjektive Erfahrung dann und nur dann bei, wenn eine sich auf sie gründende Überzeugung und Tatsachenbehauptung epistemisch gerechtfertigt werden kann. Bloße Bekundungen subjektiver Erfahrungen von Diskriminierung oder Demütigung hingegen können lediglich Ansatzpunkte sein.

Im Einklang hiermit erklärt Avishai Margalit als prominentester Verfechter einer „anständigen", d. h. ihre Mitglieder nicht demütigenden Gesellschaft, dass daraus, dass jemand sich gedemütigt *fühlt,* nicht folgt, dass es einen *guten Grund* für dieses Gefühl gibt (Margalit 1998, S. 9). Mit einem „guten Grund" ist hier genau ein Grund gemeint, der eine sich auf diese Erfahrung gründende Überzeugung und Behauptung epistemisch rechtfertigen würde, und das heißt: für ihre Wahrheit sprechen würde. Erst dadurch würde aus dem psychologischen Faktum, dass jemand sich gedemütigt fühlt, ein für den wissenschaftlichen Diskurs relevantes normatives Faktum, dass nämlich dieses Gefühl angemessen bzw. korrekt ist und die Person tatsächlich gedemütigt wurde.

Einmal angenommen, jemand forderte einen radikalen Abolitionismus in Form einer Abschaffung der Polizei, stellte also die Existenzberechtigung der Polizei grundsätzlich in Frage und schlösse die Wirksamkeit selbst weitreichender Reformen aus, wie sie mit dem Argument vorgeschlagen werden könnten, dass der Rechtsstaat zumindest nicht ohne ein funktionales Äquivalent zur Polizei auskomme (McDowell & Fernandez 2018). Für eine freie im Sinne einer epistemisch gerechten wissenschaftlichen Diskussion dieser Forderung ist es wichtig, erklärte Opfer systematisch rassistischer Polizeigewalt zu hören und zu versuchen, ihre Erfahrungen empathisch nachzuvollziehen, um sie überhaupt erst verstehen und begrifflich fassen zu können. Nicht minder wichtig ist aber, offen zu diskutieren, ob und inwieweit diese Erfahrungen tatsächlich Erfahrungen systematisch rassistischer Polizeigewalt sind und ob alles in allem Reform nicht doch besser wäre als Abschaffung.

Wer versucht, subjektive Erfahrungen von Diskriminierung, Demütigung und allgemein emotionaler Verletzung gegenüber solcher Kritik zu immunisieren, instrumentalisiert Wissenschaftsfreiheit in dem oben bereits beschriebenen Sinne für eine nicht-epistemische (soziale, politische oder moralische) Agenda. Das eingangs angedeutete und leider immer noch weit verbreitete Bild von Gefühlen als arationalen Geisteszuständen spielt dieser Strategie in die Hände. Wären Gefühle nicht mehr Erlebnisse einer bestimmten Qualität und Intensität oder „blinde Antreiber", ließen sie sich nicht rational kritisieren (Musil: Der Mann ohne Eigenschaften, 1193).

Dann hätte allerdings das bloße Gefühl, diskriminiert, gedemütigt oder verletzt worden zu sein, mit Wahrheit a priori nichts zu tun und damit im wissenschaftlichen Diskurs nichts verloren. Wenn es als rein psychologisches Faktum gleichwohl in diesen Diskurs und gerade unter Verweis auf seine rationale Unangreifbarkeit eingeschmuggelt wird, offenbart dies neben Irrationalität zugleich, dass das eigentliche Ziel gar nicht Wissenschaftsfreiheit ist. Ziel ist stattdessen, unter Berufung auf vermeintlich unangreifbarer Gefühle bestimmter marginalisierter Personen oder Personengruppen eine nicht-epistemische, soziale, politische oder moralische Agenda auch in der Wissenschaft und ihren Institutionen durchzusetzen. Die beiden US-amerikanischen Soziologen Bradley Campbell und Jason Manning sehen in dieser Agenda sogar eine neue „moralische Kultur": An die Stelle von „Würde" (welche ihrerseits „Ehre" abgelöst habe) trete „Opfertum" (Campbell & Manning 2018).

Einer solchen Kultur wird durch die Theorie der Emotionen indes die Grundlage entzogen. Wie oben skizziert, sind nämlich Gefühle „kognitiv" in dem Sinne, dass sie uns die Welt als in bestimmter Weise seiend erschließen.[2] Folglich kann man fragen, ob das durch sie vermittelte Bild der Welt angemessen bzw. korrekt ist. Wenn sich etwa im wissenschaftlichen Diskurs jemand durch eine Äußerung gedemütigt oder verletzt fühlt, kann man fragen, ob die Äußerung tatsächlich demütigend war oder ob der Betroffene in Wahrheit bestimmte Erkenntnisse einfach nicht hören möchte.

Leitend muss dabei die Frage nach dem potentiellen Erkenntnisgewinn innerhalb der legalen und ethischen Grenzen der Wissenschaftsfreiheit sein. Für die Frage sowohl, ob eine bestimmte Meinungsäußerung, als auch, ob ein bestimmter Sprecher an die Universität gehört, sind erstens epistemische Zielsetzung, zweitens Einschlägigkeit und drittens methodische sowie argumentative Qualität entscheidend. Erstens sollte ein Sprecher Publikationen vorweisen können, die den aktuellen Wissensstand widerspiegeln und alle wichtigen Gegenargumente einbeziehen und erörtern, so dass das epistemische Ziel erkennbar prägend ist. Abgesehen von Neueinsteigern wird sich zweitens dieses Ziel in aller Regel darin niederschlagen, dass die Publikationen von anderen Experten in dem relevanten Fachgebiet rezipiert und diskutiert werden. Drittens darf die methodische und argumentative Qualität von Publikationen ein zu explizierendes Mindest-

---

[2]Zumindest sind jene technisch als „Emotionen" bezeichneten Gefühle „kognitiv" in diesem Sinne. Wer sich für Emotionstheorie interessiert, kann mit meinem Band *Philosophie der Gefühle* oder Julien Deonnas und Fabrice Teronis Einführung *The Emotions* hier tiefer einsteigen (Döring 2009; Deonna & Teroni 2012).

niveau nicht unterschreiten. Auch wenn das auf den ersten Blick so klingen mag: damit ist nicht etwa ausgeschlossen, dass neben Wissenschaftlern auch beispielsweise Journalisten oder Satiriker an die Universität eingeladen werden können; auch ihre Werke lassen sich anhand der genannten Kriterien prüfen und einordnen.

Da epistemische Zielsetzung und Einschlägigkeit durch die Bildung eigener „Gemeinschaften" simuliert werden können, führt kein Weg daran vorbei, die Texte selbst in den Blick zu nehmen. Der Nachweis mangelnder methodischer sowie argumentativer Qualität kann dann seinerseits epistemische Zielsetzung als bloß vorgetäuscht entlarven und damit zugleich offenlegen, dass Einschlägigkeit lediglich innerhalb der Gemeinschaft des Sprechers besteht, die gerade nicht epistemisch ausgerichtet ist, sondern ganz andere Ziele verfolgt. Ein Indiz hierfür ist der Einsatz sogenannter „dichter Begriffe" („thick concepts"), denen ich mich nun abschließend zuwenden werde.

4 Dichte Begriffe im epistemischen Diskurs

Ich fasse zusammen: Aus Sicht der Wissenschaft und ihrem Ziel eines größtmöglichen Erkenntnisgewinns ist ein zugleich epistemisch gerechter und epistemisch offener Diskurs anzustreben. Dazu müssen alle Diskursteilnehmer einander respektvoll und wohlwollend begegnen, wohingegen Furcht vor Demütigung und Verächtlichmachung oder vor Zorn und daraus resultierenden Sanktionen zu vermeiden sind. Auszuschließen ist darüber hinaus, so die These dieses letzten Abschnitts meines Essays, dass durch die Verwendung bestimmter sprachlicher Ausdrücke in anderen Diskursteilnehmern Gefühle gezielt induziert werden, die dem epistemischen Diskurs abträglich sind.

2015 wurde der australische Philosoph und Princeton-Professor Peter Singer vom Kölner Ideenfestival *phil.Cologne* kurzfristig wieder ausgeladen. Anlass war ein Interview mit der *Neuen Zürcher Zeitung am Sonntag,* in dem Singer seine seit 1979 bekannten Thesen zur moralischen Zulässigkeit der Tötung behinderter Neugeborener wiederholte (Singer 1979). Die Veranstalter hatten hingegen darauf gesetzt, dass Singer sich auf Tierethik beschränken würde. Das war insofern töricht, als Singers tierethische Thesen als Implikationen *desselben* Modells nicht ohne seine Thesen zur Humanethik zu haben sind. Im Zentrum dieses Modells steht Singers Kritik am „Speziesismus" als der unreflektierten Idee, dass die faktische (biologische) Zugehörigkeit zur Spezies Homo sapiens normativ moralischen Status verleihe. Relevant sind nach Singer stattdessen (anknüpfend an Jeremy Bentham) Leidensfähigkeit sowie Selbstbewusstsein und die damit gegebene Fähigkeit, zukunftsorientierte Präferenzen zu haben. Die „schockierende" Implikation dieser Position, wie Andrian Kreye sie am 30. Mai 2015 in der *Süddeutschen Zeitung* beschreibt, lautet im Kern, dass manche Tiere „Personen" sind (moralischen Status haben), manche Menschen hingegen nicht.

Die Gründe für die Ausladung Singers waren keine epistemischen, sondern soziale, politische und moralische. Man mag Singers Thesen für schockierend halten, aber es sind philosophische Überlegungen, die die oben genannten drei Kriterien zur Qualitätssicherung voll und ganz erfüllen. Singers Ausladung erfolgte nicht aufgrund mangelnder wissenschaftlicher Qualität, sondern aufgrund des sozialen, politischen und moralischen Drucks in einem Land, in dem Eugenik und Euthanasie als Instrumente des Holocaust viele Opfer gefordert haben. Gleichwohl wäre der richtige, nämlich epistemische Weg „der Dialog und die Diskussion" gewesen (so Michael J. Sandel, im Interview zur Ausladung Singers befragt) – es sei denn, die *phil.Cologne* erhebt diesen Anspruch gar nicht oder opfert ihn anderen Zielen.

Vergleichen wir nun einmal Singers Publikationen mit Thilo Sarrazins *Feindliche Übernahme. Wie der Islam den Fortschritt behindert und die Gesellschaft bedroht* (Sarrazin 2018). Im Unterschied zu Singers Publikationen wurde diesem Buch aus den Reihen der Wissenschaft von vielen die epistemische Qualität grundsätzlich abgesprochen. Um nur ein Beispiel zu nennen: Ulrike Freitag, Direktorin des Leibniz-Zentrums *Moderner Orient* und Professorin für Islamwissenschaft an der Freien Universität Berlin, erklärt im Deutschlandfunk-Interview Sarrazins These, Muslime bekämen aufgrund ihrer religiösen Verfasstheit mehr Kinder als andere, auf der Basis von Statistik zu „blankem Unsinn". Unabhängig von inhaltlicher Kritik zeigen schon die Sprache und die verwendeten Begriffe, dass das Buch kein oder zumindest nicht primär ein epistemisches Ziel verfolgt. Auffällig ist der systematische Einsatz dichter Begriffe.

Dichte Begriffe sind Wertbegriffe und von „dünnen (Wert-)Begriffen" zu unterscheiden (Williams 1985). Dünne Begriffe sind z. B. „gut", „richtig", „zulässig" oder „sollen"; dichte Begriffe „grausam", „loyal", „ehrlich" oder „Loser". Intuitiv scheinen dünne Begriffe rein evaluativ zu sein, während dichte Begriffe eine Evaluation mit einer nicht-evaluativen Beschreibung verknüpfen und dadurch informativer oder eben „dichter" im Gehalt sind. So erfährt man z. B. mehr über eine Handlung, wenn diese als grausam charakterisiert wird, als wenn sie als schlecht oder falsch beschrieben würde, nämlich, dass durch die Handlung unnötig Leid zugefügt wurde. Dichte Begriffe wurden ursprünglich in der Metaethik zum Zweck der Widerlegung des Nonkognitivismus eingeführt, aber das muss uns hier nicht kümmern. Entscheidend ist die zugrundeliegende These, dass dichte Begriffe Evaluation und Beschreibung unauflöslich miteinander verweben, beide sich also nicht voneinander trennen lassen. In ihrer ursprünglichen Fassung stützt sich diese These auf ein Gedankenexperiment: man versuche vorherzusagen, wie die dichten Begriffe einer fremden Gesellschaft und Kultur, mit deren Werthaltungen man nicht vertraut ist, korrekt anzuwenden sind. Intuitiv scheint das nicht möglich zu sein. Warum nicht? Eine naheliegende Erklärung lautet, dass dichte Begriffe „inhärent evaluativ" sind, d. h., dass der Begriffsumfang als die Klasse aller Entitäten, auf die der Begriffsinhalt zutrifft, durch die in diesem Inhalt enthaltene Evaluation mitbestimmt wird. Dies einmal vorausgesetzt, ist die Beschreibung der Welt anhand dichter Begriffe immer auch evaluativ und wird durch diese Evaluation entscheidend mitbestimmt.

Tatsächlich ist Singers gezielt provokativer Begriff des Speziesismus ein dichter Begriff: Er beschreibt die biologische Zugehörigkeit zur menschlichen Spezies als Kriterium für moralischen Status und wertet diese Idee zugleich ab, indem er sie als Ideologie markiert und sie mit Rassismus und Sexismus engführt. Singer analysiert diesen Begriff jedoch und argumentiert gegen das fragliche Kriterium. Dagegen macht sich Sarrazin dichte Begriffe durchgehend ohne Analyse zu eigen und nutzt sie in *Feindliche Übernahme,* um den Leser durch die Vermengung von Beschreibung und Bewertung in seinem Sinne emotional zu indoktrinieren, ihn nämlich den (konservativen) Islam (dem die Mehrheit der Muslime in Deutschland folge) als Bedrohung erleben zu lassen (hier differenziert Sarrazin nicht zwischen Glaubensrichtungen im Islam). Schon der Titel des Buches *Feindliche Übernahme* spricht diese Sprache. Weiterhin wird der Islam als eine gewalttätige, das Individuum unterdrückende und isolationistische Religion beschrieben, die vom „Prinzip der Unterwerfung" geprägt sei, eine „geistige Steppe im Leben der Völker" verursache und die Künste „veröde". Einmal ganz abgesehen von dem sachlichen Einwand, dass es „den" Islam nicht gibt und Kunst und Wissenschaft im finsteren Mittelalter vor allem in islamischen Kulturen geblüht haben, zielt Sarrazins immer schon abwertende (inhärent evaluative) Beschreibung darauf, im Leser Furcht vor und Abneigung gegenüber dem Islam hervorzurufen.

Selbstverständlich kann das nicht heißen, dass man bestimmte heute wirkungsmächtige Ausprägungen des Islam nicht aus epistemischer Perspektive kritisieren dürfte. Ein Beispiel sind die Forschungsergebnisse des Kriminologen Christian Pfeiffer, der in seinem Buch *Gegen Gewalt* bilanziert, dass evangelikale Jugendliche, aber auch junge Türken, die häufig Ditib-Moscheen besuchten, eher gewaltbereit seien als Jugendliche anderer Religionen (Pfeiffer 2019). Gemeint ist auch nicht, dass Singers radikale Thesen keine Gefühle im Rezipienten auslösten. Aber das ist nicht Singers Ziel, welchem er den epistemischen Anspruch unterordnete. Ohnehin bieten diese Unterscheidungen keine einfachen Regeln zur Ein- und Ausgrenzung von Texten und Autoren, sondern lediglich ein Analyse-Instrumentarium, das in einem sicherlich auch mit diesem Instrumentarium noch hochumkämpften Terrain dabei helfen kann, klar zu sehen. Auf der einen Seite gibt es sicherlich Autoren, die es verstehen, propagandistischen Inhalten stilistisch den Anschein rein wahrheitsgerichteter Analyse zu verleihen. Auf der anderen Seite verfällt mancher „Wahrheitskrieger" in ein dichtes Vokabular oder kultiviert es sogar, das guten Willen erfordert, das leitende epistemische Ziel (an) zu erkennen. Hier kann letztlich nur die Einzelfallanalyse weiterhelfen.

Oben hatte ich auch Schröters Kopftuch-Konferenz als ein Beispiel für eine epistemisch motivierte Kritik des Islam genannt. Dem widersprechend wurde Schröter unterstellt, es gehe ihr nicht um wertneutrale Analyse eines geschlechterdifferenzierenden religiösen Symbols. Vielmehr mache sie sich von vornherein ein rechtes Narrativ zu eigen, indem ihre Fragestellung nicht inklusiv sei, nämlich etwa die Perücke im Judentum oder das Kopftuch von Christlich-Orthodoxen nicht einbeziehe. Durch die Fokussierung allein auf das islamische Kopftuch sei ein pseudo-feministisches „Framing" erzeugt worden, im Rahmen dessen „islamisch" wie bei Sarrazin als dichter Begriff fungiere. Dem ist zweierlei entgegenzuhalten. Erstens läuft die Forderung an eine Islamforscherin, auch andere Religionen zu inkludieren, epistemisch betrachtet auf „Whataboutism" hinaus: Nur um nicht in die „falsche Gesellschaft" zu geraten, darf nach einer politisch oder moralisch instrumentalisierten Wahrheit *A* nicht mehr gesucht werden, ohne zugleich Wahrheit *B* zu zitieren, die die Instrumentalisierung konterkariert.

Zweitens überlässt man, wenn man „islamisch" zu einem dichten Begriff der Rechtspopulisten erklärt, Letzteren ohne Not die Deutungshoheit über den Begriff, statt um die Bezeichnung einer Religion zu kämpfen. Bis hierhin wurde nicht zwischen dichten Begriffen als den *Bedeutungen von Begriffswörtern* und den *Begriffswörtern selbst* differenziert, voraussetzend, dass Einigkeit darüber besteht, welcher dichte Begriff mit einem Begriffswort jeweils gemeint ist, und dass diese Verbindung keinem Wandel unterliegt. Das Beispiel der Kopftuch-Konferenz zeigt, wie sich die Bedeutung von Begriffswörtern und spezifisch deren evaluativer Gehalt wandeln kann, indem diese in populistische Narrative eingebettet werden. Dieser Wandel kann autonom erfolgen oder als absichtsvolle Revision. Letztere Populisten zu überlassen, heißt, ihnen auf den Leim zu gehen. Im Falle von „islamisch" ist der Kampf um die Deutungshoheit noch offen; im Falle z. B. von „entartet", „Endlösung" oder „Gleichschaltung" ist der Bedeutungswandel historisch fixiert.

Oben hatte ich dargelegt, dass Furcht vor Demütigung und Verächtlichmachung oder vor Zorn und daraus resultierenden Sanktionen der epistemischen Gerechtigkeit und epistemischen Offenheit schaden. Schädlich ist auch die Furcht vor dem Forschungsgegenstand, wie sie Sarrazin durch die Verwendung dichter Begriffe gegenüber dem Islam schürt und so einen epistemischen Diskurs von vornherein unmöglich macht. Furcht oder Angst ist ein guter Ratgeber, wenn es z. B. um Sicherheitsbestimmungen bei gefährlichen Forschungsgegenständen geht: gefährliche Substanzen, giftige Tiere, Viren, aber auch Forschung über Islamismus kann mit Gefahren verbunden sein. Die Einhaltung dieser Sicherheitsbestimmungen dient ihrerseits aber gerade dem Zweck, für die Forschung die Angst einhegen oder kanalisieren zu können, damit sie der vorurteilsfreien Erkenntnis nicht im Wege steht.

Wie ich andernorts argumentiert habe, führen im Zuge der Globalisierung derzeit vermehrt auftretende Gefühle ohnmächtiger Angst und Unsicherheit nicht nur zu Gefühlen der Abwehr, Abneigung oder Wut; sie sind auch die Grundlage dessen, was ich „Furcht-Narrative" genannt habe (Döring 2020). Damit sind „Geschichten" gemeint, in denen spezifiziert wird, worin eine (angebliche) Gefahr oder Bedrohung besteht und was zu tun ist, um ihr erfolgreich zu begegnen. Das Verführerische und zugleich Vertrackte an solchen Narrativen ist, dass sie an die Stelle ohnmächtiger Furcht und Unsicherheit ein Gefühl der sicheren Überlegenheit setzen: wir kennen die Bedrohung und wissen, was zu tun ist.

Selbst wenn es in Sarrazins Buch auch zutreffende Argumente geben mag, steht es exemplarisch für die Erzeugung eines solchen „Furcht-Narrativs". Bereits der Titel spezifiziert anhand dichter Begriffe die Bedrohung in Form einer „feindlichen Übernahme" „unserer" Gesellschaft durch „den" Islam; und selbstverständlich wird im Buch ausführlich erläutert, was zu tun ist, um dieser Bedrohung Herr zu werden: sämtliche Argumente für die Aufnahme bezeichnenderweise meist als „illegale Zuwanderer" beschriebener Menschen werden zurückgewiesen und stattdessen eine höchst restriktive Zuwanderungspolitik propagiert. Teil dieses rechtspopulistischen Narrativs ist letztlich auch, sich selbst, wenn man nicht eingeladen oder ausgeladen wird, als Opfer einer „linken Zensur" zu beschreiben.

Im epistemischen Kontext der Wissenschaft sind dichte Begriffe entweder zu vermeiden oder jedenfalls zu analysieren, um so zugleich die zugrundeliegende (inhärent evaluative) Weltanschauung explizit zu machen, statt sie implizit zu insinuieren. Typischerweise indiziert bereits ein dichter Begriff die gesamte Weltanschauung. So beschreiben etwa die Verfechter einer weitreichenden Immigration *Sea-Watch*-Aktivisten als „Seenotretter", wohingegen ihre Gegner von „Schleppern" sprechen. Beide dichte Begriffe sind jeweils Ausdruck einer Weltanschauung, die entweder Europas multikulturelle und tolerante Ideale bedroht sieht oder die eigene Gesellschaft und Kultur durch die (kompromisslose) Umsetzung dieser Ideale gefährdet. Im Politischen prallen beide Weltanschauungen oftmals unversöhnlich aufeinander, da beide Parteien unfähig scheinen, überhaupt wahrzunehmen, was die andere Partei als Bedrohung sieht. In der Wissenschaft hat diese propagandistische Form des Diskurses keinen Platz und ist durch Analyse offenzulegen. Diese Analyse besteht z. B. darin, politisch motivierte Revisionen von Begriffen aufzudecken. Neben der bereits diskutierten Einbettung eines Begriffsworts in ein populistisches Narrativ (hier bleibt das Begriffswort unverändert, aber der bezeichnete Begriff wird zu revidieren versucht), gibt auch die umgekehrte Strategie: ein Begriffswort wird durch ein evaluativ genehmeres ersetzt mit dem Ziel, dass die revidierte Evaluation in den bezeichneten Begriff gewissermaßen injiziert wird. Diese „Wortaustausch-Strategie" hat gegenüber der subtilen „Einbettungs-Strategie" zwei Nachteile. Erstens ist sie leichter zu durchschauen: man erkennt die „Kampfbegriffe". Zweitens unterliegt sie der Gefahr, dass sich die zugrundeliegenden Verhältnisse durch die Umbenennung gar nicht ändern. In diesem Fall wird das Nachfolgerwort die Bedeutung des Vorgängerworts annehmen, so dass ein neues Nachfolgerwort gefunden werden muss usw. Steven Pinker spricht hier von einer „euphemistischen Tretmühle" („euphemism treadmill"; Pinker 1994).

Nun können – wie exemplarisch im Falle des Singerschen Utilitarismus – auch epistemisch qualifizierte Thesen Gefühle erzeugen und von Personen außerhalb des wissenschaftlichen Diskurses missbraucht werden. Die Frage, die sich damit abschließend stellt, ist, ob nicht auch solche Thesen „geistiges Brandstiftertum" sein und zu moralisch verwerflichen politischen Taten verleiten können. Muss hier eine rote Linie für Wissenschaftsfreiheit gezogen werden? Eindeutig verneint hat diese Frage 1979 der Linguistikprofessor am Massachusetts Institute of Technology und linke Aktivist Noam Chomsky mit seiner Verteidigung von Robert Faurissons Buch *Memoire de Défense*. In diesem Buch erklärt der Holocaust-Leugner Faurisson die Gaskammern zu einer Erfindung des internationalen Zionismus, einer Propagandalüge der

Juden und des Kapitalismus. Chomsky konnte er für das Vorwort gewinnen, was dieser als Kampf für die Meinungsfreiheit auch für Andersdenkende begründete. Hier ist nach meiner Auffassung die rote Linie allerdings schon deshalb überschritten, weil Wissenschaftsfreiheit von Meinungsfreiheit zu unterscheiden ist und Holocaust-Leugnung allein schon deshalb ausscheidet, weil sie schwerlich zu den epistemisch qualifizierten Meinungen zählt.

Dagegen muss man sich Thesen wie jener Singers, dass die Tötung eines Neugeborenen unter Umständen Leid vermeiden kann, stellen. Sofern sie epistemisch qualifiziert sind, gibt es meines Erachtens für *Meinungsäußerungen* – im Unterschied zu *Handlungen* wie etwa der Forschung an Nichteinwilligungsfähigen oder an Waffen –, keine moralische Grenze. Man mag hier einwenden, dass auch Meinungsäußerungen Handlungen sind, sogenannte „Sprechakte". Diese Auffassung darf aber nicht dazu führen, die Unterscheidung zwischen der symbolischen und materiellen Ebene als solche zu leugnen. Handlungen sind Mittel zu dem Zweck, die Welt zu verändern; wissenschaftliche Meinungsäußerungen sind Tatsachenbehauptungen mit dem Ziel, die Welt zu verstehen. Wer die Universität betritt, begibt sich somit in einen Kontext, der den Teilnehmern durchaus Resilienz abverlangt: persönliche Befindlichkeiten sind im Dienste des Ziels der Wahrheitssuche einzuhegen. Dies vorausgesetzt, darf Wissenschaft sich nicht nur, sie muss sich sogar mit jedem erdenklichen Thema auseinandersetzen, zumal gerade sie mögliche Irrwege mit guten Argumenten beenden kann. Das Argument und der Dialog, und nicht Zensur oder „canceling" aufgrund „sozialer Tyrannei", sind der Weg der Wissenschaft und ihr schärfstes Schwert.

Literatur

Bejan, T. M. (2017). The two clashing meanings of 'free speech'. *The Atlantic* vom 2. Dezember 2017. https://www.theatlantic.com/politics/archive/2017/12/two-concepts-of-freedom-of-speech/546791/. Zugegriffen: 20. Okt. 2020.

Blackburn, S. (1994). *The oxford dictionary of philosophy*. Oxford: Oxford University Press.

Campbell, B., & Manning, J. (2018). *The rise of victimhood culture. Microaggressions, safe spaces, and the new culture wars*. London: Palgrave Macmillan.

Deonna, J., & Teroni, F. (2012). *The emotions. A philosophical introduction*. Oxford: Oxford University Press.

Döring, S. (2009). *Philosophie der Gefühle*. Frankfurt a. M.: Suhrkamp.

Döring, S. (2020). How safe should we feel? On the ethics of fear in the public sphere. In S. Schmidt & G. Ernst (Hrsg.), *Ethics of belief and beyond. Understanding mental normativity*. Oxford: Routledge.

Dreisbach, G. (2008). Wie Stimmungen unser Denken beeinflussen. *reportpsychologie, 33*(6), 289–298.

Fricker, M. (2007). *Epistemic injustice: Power and the ethics of knowing*. Oxford: Oxford University Press.

Kubitschek, G. (2006). *Provokation*! https://sezession.de/6174/provokation. Zugegriffen: 20. Okt. 2020.

Margalit, A. (1998). *The decent society*. Harvard: Harvard University Press.

McDowell, M. G., & Fernandez, L. A. (2018). 'Disband, Disempower, and Disarm': Amplifying the theory and practice of police abolition. *Critical Criminology, 26*, 373–391.

Mill, J. S. (2009). *Über die Freiheit, in der Übersetzung von Bruno Lemke*. Stuttgart: Reclam.

Musil, R. (1981). *Gesammelte Werke*. Reinbek bei Hamburg: Rowohlt.

Pinker, S. (1994). The game of the name. *The New York Times* vom 3. April 1994.

Pfeiffer, C. (2019). *Gegen die Gewalt. Warum Liebe und Gerechtigkeit unsere besten Waffen sind*. München: Kösel.

Sarazzin, T. (2018). *Feindliche Übernahme: Wie der Islam den Fortschritt behindert und die Gesellschaft bedroht*. München: FinanzBuch.

Singer, P. (1979). *Practical ethics*. Cambridge: Cambridge University Press.

Williams, B. (1985). *Ethics and the limits of philosophy*. Oxford: Routledge.

Wittgenstein, L. (1984). *Tractatus logico-philosophicus. Werkausgabe*, Bd. 1. Frankfurt a. M.: Suhrkamp.

Wissenschaft als imaginäres Wiedergutmachungsprojekt

Maria-Sibylla Lotter

1 Einführung: Was bedroht die Wissenschaftsfreiheit?

In Deutschland ist die Wissenschaftsfreiheit ebenso wie die Meinungsfreiheit überhaupt durch den Artikel 5 der Verfassung vor staatlicher Zensur geschützt. Der freien Debatte in der Wissenschaft wird nicht nur für deren spezielle Aufgaben, sondern auch für die demokratische Gesellschaft eine wichtige Funktion zugeschrieben. Die Bürger sollen sich auf die Wissenschaft als unparteiliche und an besondere Qualitätsstandards gebundene Quelle des Wissens stützen können, deren Ergebnisse zwar weder unfehlbar, noch unstrittig sind, aber den Stand einer gründlichen Prüfung repräsentieren, die nicht politischen Vorgaben folgt. Im Idealfall dient die freie und sachbezogene Debatte in den Wissenschaften auch als Vorbild einer friedlichen und freien Debatte in der Öffentlichkeit und kann wichtige Impulse geben, um die Verfestigung gewisser dominanter Vorstellungen zur Tyrannei der Mehrheitsmeinung zu verhindern.

Die freie Debatte ist daher grundsätzlich keinen rechtlichen Einschränkungen unterworfen, die über die Verfassungstreue hinausgehen. Zu einer nicht nur theoretisch möglichen, sondern auch praktizierten Wissenschaftsfreiheit gehört jedoch nicht nur der Schutz vor willkür-

---

M.-S. Lotter (✉)
Institut für Philosophie I, Ruhr-Universität Bochum, Bochum, Deutschland
E-Mail: MariaSibylla.Lotter@ruhr-uni-bochum.de

© Der/die Autor(en), exklusiv lizenziert durch Springer-Verlag GmbH, DE, ein Teil von Springer Nature 2021
E. Özmen (Hrsg.), *Wissenschaftsfreiheit im Konflikt*,
https://doi.org/10.1007/978-3-662-62892-8_5

lichen staatlichen Eingriffen in die Forschung. Das bekannte Böckenförde-Diktum (*„Der freiheitliche, säkularisierte Staat lebt von Voraussetzungen, die er selbst nicht garantieren kann"*) trifft auch auf die Wissenschaft zu: Wie alle Grundrechte lebt die Wissenschaftsfreiheit von Voraussetzungen, die der Staat allein nicht garantieren kann. Entfalten kann sie sich nur in einer Debatten- und Streitkultur, in der sich die einzelnen Wissenschaftler frei fühlen, ohne Angst vor Bedrohungen, sozialen Sanktionen und beruflichen Nachteilen ihre Überlegungen zur Diskussion zu stellen sowie Kritik üben zu können und hier auch institutionell unterstützt werden. Die freie Debatte in den Wissenschaften hat vier Voraussetzungen: Erstens die rechtliche und politische Garantie der Wissenschaftsfreiheit, zweitens die durch die universitären Institutionen gegebene Unterstützung in der kreativen Nutzung dieser Freiheit im Rahmen der Universität, drittens die Aufrechterhaltung der Wissenschaftsfreiheit durch die nationalen und internationalen Publikationsorgane und viertens die von Wissenschaftler*innen und Studierenden gepflegte Wertschätzung einer offenen wissenschaftlichen Kontroverse auch zu heiklen Themen, die im Bereich der Wissenschaft erforderlich ist, um die Forschung voranzubringen und die im Bereich der Öffentlichkeit der Information und demokratischen Meinungsbildung dient.

Die Bedeutung der Publikationsorgane für die Wissenschaftsfreiheit trat 2018 ins Bewusstsein, als eine neue Form der freiwilligen Unterwerfung unter eine Zensur durch ausländische Staaten bekannt wurde. Der Springer-Verlag (zu dem mittlerweile auch J.B. Metzler gehört, wo dieser Band erscheint) hatte 1000 Artikel gelöscht, die sich unter anderem mit der Kulturrevolution und den blutig niedergeschlagenen Protesten auf dem Platz des Himmlischen Friedens auseinandersetzten, dem Tian'anmen-Massaker, ohne die Autoren dieser Artikel zu informieren. Dass dies im internationalen Verlagswesen kein Einzelfall war, wurde nur dadurch bekannt, dass *Cambridge University Press* ebenso vorging, seine Autoren aber informierte und die Selbstzensur schließlich nach Protesten zurücknahm. Dass global operierende Verlage aus ökonomischen Gründen ihre eigenen Autoren nach chinesischen Vorgaben zensieren, ist sowohl ein gravierender Eingriff in die Wissenschaftsfreiheit als auch in die politische Freiheit auf globaler Ebene. Diese bereitwillige Mitwirkung bei der Zensur ist umso irritierender, als Springer, wenn der Verlag bereit wäre, Energie in die Sache der Wissenschaftsfreiheit zu investieren, über einen sehr wirksamen Hebel verfügt. Schließlich verfügt der Verlag über wichtige Journale wie *Nature*, und die chinesische Regierung würde schwerlich ihre Wissenschaftler von Publikationen in diesen Journalen ausschließen wollen, um eine Zensur durchzusetzen. Man muss daraus wohl schließen, dass die Wissenschaftsfreiheit dem Verlag nicht einmal eine Auseinandersetzung wert ist, die Zeit und Energie verschlingen würde, die der Verlag aber eigentlich nicht verlieren kann (Roetz 2020; Schmermund 2018).

Die folgenden Überlegungen konzentrieren sich aber auf ein anderes Thema: die *vierte* Frage nach der Debatten- und Streitkultur an deutschsprachigen und insbesondere deutschen Universitäten. In den letzten Jahren werden Stimmen laut, mit der Debattenkultur stünde es nicht zum Besten (Kempen 2019, S. 1 f.). Versuche von Seiten politischer Extremisten, Vorträge oder Vorlesungen zu verhindern, haben mediales Aufsehen erregt. Öffentlich diskutiert wurden Fälle wie die folgenden: Vor einigen Jahren störten Mitglieder der „Identitären Bewegung" eine Vorlesung an der Universität Klagenfurt und griffen den Rektor der Universität tätlich an.[1] (Einige weniger gewalttätige „Besuche" von Vorlesungen in Deutschland blieben hingegen ohne mediales Echo.) Im vergangenen Jahr blockierten Studierende in Hamburg die Ökonomie-Vorlesung von Bernd Lucke, dem Gründer der AfD. Breite Empörung löste der Aufruf von Vertretern der AfD an Schüler*innen und Studierende aus, AfD-kritische Lehrer*innen und Dozent*innen zu melden bzw. online an den Pranger zu stellen (Deutscher Hochschulverband 2018). Ein starkes Medienecho fand auch die Forderung von Studierenden der Uni Frankfurt, die Ethnologin und Islamwissenschaftlerin Susanne Schröter zu entlassen, weil sie eine Konferenz zum islamischen Kopftuch organisierte.

Im Folgenden möchte ich mich jedoch nicht mit solchen auffälligen Versuchen befassen, Vortragende durch Einsatz von physischer Gewalt oder *public shaming* einzuschüchtern, sondern mit sanfteren, aber nachhaltigen Veränderungen der Wissenschaftskultur durch eine Politisierung und Moralisierung gewisser Themen, die dazu führen, dass nicht erst einzelne Vorträge verhindert, sondern manche Fragen gar nicht erst gestellt werden. Am häufigsten ist die besorgte Vermeidung potentiell Ärgernis erregender Themen und Fragestellungen. Wer in den Lebenswissenschaften und Kulturwissenschaften tätig ist, ist einer gewissen Spannung zwischen der im eigenen Wissenschaftsethos verankerten Wertschätzung der Forschungs- und Redefreiheit und der Furcht ausgesetzt, Anstoß zu erregen, wenn es um kontroverse Themen oder Personen geht, die einige politisch geächtet sehen wollen.[2] Eine latente Bedrohung der freien Debattenkultur stellen politische Warnungen vor bestimmten Fragen und Themen dar, die in kulturwissen-

---

[1] https://www.5min.at/201907220185/sechs-monate-bedingt-nach-angriff-auf-rektor-der-universitaet.
[2] So vertraten 74 % der Befragten in einer Umfrage die Auffassung, wenn man einen Rechtspopulisten zu einer Podiumsdiskussion einlüde, würde man auf Widerstand stoßen, während nur 18 % der Meinung sind, das sollte auch gar nicht erlaubt sein (Petersen 2020, 197).

schaftlichen Kreisen häufig zu hören sind, etwa „mit solchen Fragen spielst Du der AfD in die Hände", oder „als weißer Mann sollten Sie dazu lieber schweigen". Moralische und politische Zurechtweisungen sind zwar nicht dasselbe wie ein Sprechverbot oder die Androhung beruflicher oder gar strafrechtlicher Sanktionen. Im empörten Ton vermittelt, ist die Kritik jedoch äußerst wirksam, um Menschen zum Schweigen zu bringen. Wir alle sind soziale Tiere und reagieren mit hochempfindlichen emotionalen Antennen auf alle Signale, die uns mit dem Ausschluss aus dem Kreis der anständigen Menschen bedrohen.[3]

Seit sich die AfD das Thema Wissenschaftsfreiheit ‚angeeignet' hat (zu deren Bedrohungen die eigenen Aufforderungen zur Bespitzelung und die Attacken gegen missliebige Wissenschaften offenbar nicht mitgerechnet werden), reagieren nicht wenige ihrer Gegner mit der reflexhaften Bestreitung jeglicher Bedrohung der Wissenschaftsfreiheit. Dass es hier ein Problem geben könnte, wird etwa in einer ARD-Kontraste-Sendung vom 14.11.2019 mit der an Skurrilität kaum zu überbietenden Begründung bestritten, wenn man sich an den Universitäten umschaue, werde dort doch viel „Mumpitz" geredet.[4] Das macht aber auch eine Schwierigkeit der ganzen Diskussion deutlich: Auch wenn jeder zu wissen scheint, wovon die Rede ist, wenn es um die Bedrohung der Wissenschaftsfreiheit geht, meint nicht jeder dasselbe. Geht es der Freiheit des *professoralen Individuums* an den Kragen, jeder durchgeknallten Idee unter Einsatz öffentlicher Gelder nachgehen zu können, ohne dass die Institution Universität dem sonderbaren Treiben Grenzen setzen könnte? Wenn dem so wäre, dann hätte die Sendung, wenn sie ihren Bildungsauftrag nicht mit einer Freakshow verwechselt hätte, eigentlich zu dem Ergebnis kommen müssen, dass die real gelebte Wissenschaftsfreiheit schon weitgehend abgeschafft ist. Nach einer Umfrage des Instituts für Demoskopie Allensbach berichten 75 % aller befragten Wissenschaftler*innen, dass die Tätigkeit an der Universität aufgrund einer fatalen Verbindung verschiedener Faktoren, zu denen der Druck zur Einwerbung von Drittmitteln, zum schnellen Publizieren, eine hohe

---

[3] Dies zeigen sozialpsychologische Untersuchungen für verschiedene Persönlichkeitstypen einschließlich derer, die sich nicht für konformistisch halten (Haidt 2012, 90).

[4] ARD-Kontraste-Sendung vom 14. November 2019. Dort werden drei Professoren in einer Art Freakshow vorgeführt, die teilweise Ansichten vertreten, die im gegenwärtigen Meinungsspektrum als bizarr und politisch inkorrekt gelten können. Ein Jurist bestätigt, dass auch so schrullige Annahmen, wie dass sich auf Handys stachelige Wesen herumtreiben, die man beeinflussen müsse, damit sie rund werden, politisch durch die Wissenschaftsfreiheit gedeckt und diese weite Auslegung von Wissenschaftsfreiheit auch vom Gesetzgeber erwünscht sei. Es wird also „argumentiert", an Wissenschaftsfreiheit könne es gar nicht mangeln, weil man auch heute noch Professoren findet, die derart seltsame Dinge sagen.

Lehrbelastung und ein erhöhter Verwaltungs- und Begutachtungsaufwand gehören, kaum noch Muße für eine Entwicklung neuer Ideen und eigener Forschungswege zulässt (Petersen 2020). Zudem sind Drittmittel fast nur mit Projekten zu bekommen, die an schon etablierte Forschung anschließen.

Anders als die von solchen Sendungen unterstellte romantische Vorstellung vom Wissenschaftler als Genie suggeriert, ist die Wissenschaftsfreiheit jedoch nicht als eine von Regeln, Pflichten und Einschränkungen freie Spielwiese für die in der Wissenschaft tätigen Individuen im Unterschied zum gewöhnlichen Bürger zu verstehen. Im Gegenteil sind Wissenschaftler*innen Qualitäts- und Methodenstandards ihrer Disziplinen unterworfen, an die sie als Bürger*innen, die ihre Redefreiheit nutzen, nicht gebunden wären (Fish 2014, S. 50). Das schließt die Bereitschaft ein, ihre Annahmen einem durch verschiedenen Methoden erzeugten Realitätsdruck auszusetzen, zu denen neben Experimenten und Nachweisen durch Quellenforschung und Datenerhebungen auch unverzichtbar die freie Debatte gehört. Da Wissenschaftler*innen wie alle Menschen dazu neigen, in Experimenten und Begründungen vor allem nach Bestätigung ihrer Hypothesen, Intuitionen und vorgefassten Meinungen zu suchen, ist es für die Praxis der Wissenschaft unverzichtbar, sich dem Druck durch die Kritik und Skepsis von Kolleg*innen auszusetzen, die über andere Detailkenntnisse verfügen und möglichst auch andere Einschätzungen und Methoden in die Diskussion einbringen. Die Angehörigen einer Universität – Forschende, Lehrende und Studierende – müssen bereit sein, füreinander eine Funktion zu übernehmen, wie man sie in der Antike den *Parrhesiasten* zuschrieb. Mit der antiken politischen Funktion des Parrhesiasten war die Erlaubnis, aber auch die Pflicht verbunden, Erkenntnisse auch dann zu äußern, wenn sie nicht gefallen und einen Zorn hervorrufen könnten, der sich gegen die Sprecherin wenden könnte (Foucault 2010, S. 26). Das erforderte sowohl auf Seiten der Sprecherin wie der Angesprochenen die Kultivierung gewisser geistiger und emotionaler Einstellungen, wie Foucault in seinen späten Vorlesungen untersucht hat:

> Die parrhesia ist […] der Mut zur Wahrheit seitens desjenigen, der spricht und das Risiko eingeht, trotz allem die ganze Wahrheit zu sagen, die er denkt; sie ist aber auch der Mut des Gesprächspartners, der die verletzende Wahrheit, die er hört, als wahr akzeptiert (Foucault 2010, S. 28).

Wenn der, der spricht, das Risiko eingeht, die anderen mit der Wahrheit zu erzürnen, dann müssen die, an welche die Rede gerichtet ist, eine gewisse Seelengröße entwickeln, indem sie bereit sind zu erwägen, dass an dem, was der andere sagt, etwas Wahres sein könnte. Das gilt auch für die Wissenschaft. In einer funktionierenden akademischen Debattenkultur sind die Regeln der Diskussion andere als die, die den höflichen und toleranten Umgang mit den Meinungen anderer im Alltagsleben bestimmen: In einem geisteswissenschaftlichen Seminar gilt es nicht als rüpelhaft, den Thesen anderer Vortragender direkt zu widersprechen oder ihre Relevanz zu bestreiten. Gerade Fächer, in denen es keine experimentellen Methoden der Überprüfung gibt, sind auf eine Kultur der *Heterodoxie* angewiesen um einen Stand der Forschung entwickeln zu können, der Wissenschaft von bloßer Meinung und Ideologie unterscheidet. In jeder funktionierenden Disziplin sind daher Formate eingeplant – gemeinsame Kolloquien, Workshops, Tagungen etc. – wo sich die Beteiligten einen disziplinären Sport daraus machen, Kritik selbstverständlich auch dann zu äußern, wenn sie nervt. Dabei lernen die Beteiligten persönliche Empfindlichkeiten und Verletzlichkeiten zu überwinden, was allerdings nur dann funktionieren kann, wenn die Kritik nicht persönlich ist, nie einen moralischen Ton annimmt, sondern sich allein auf den wissenschaftlichen Inhalt und die Form bezieht – etwa als Kritik an der Schlüssigkeit der Argumentation oder der Aussagekraft der vorgebrachten Daten und Belege mit Blick auf die Behauptungen.

Die Wertschätzung und das Bewusstsein der Schutzbedürftigkeit dieser Debattenkultur als Bedingung wissenschaftlicher Erkenntnis hat jedoch in den letzten Jahrzehnten abgenommen. Die Gründe dafür sind nicht nur in der schon erwähnten hektischen Form der gegenwärtig permanent überlasteten Akademikerexistenz zu suchen, sondern vielfältiger Art. Dazu gehören neuere Theorieformen wissenschaftlicher Erkenntnis- und Institutionenkritik, gewisse Begleitphänomene der Therapiekultur (*concept creep*) sowie vor allem eine Verschiebung der Aufmerksamkeit großer Teile der reformorientierten politischen Bewegungen, die sich heute weniger mit zukünftigen Gesellschaftsmodellen als mit vergangener Schuld und Fragen der Wiedergutmachung von Unrecht und Diskriminierung befassen.

2 Wissenschaftsfreiheit und die Neuausrichtung der Humanwissenschaften seit den 1960er Jahren

Die Politisierung der Human- und Kulturwissenschaften geht bis auf die Emanzipationsbewegungen und ihre Wechselwirkung mit der Universität seit den 1960er Jahren zurück. Im Gefolge der schwarzen Bürgerrechtsbewegung in den USA, den Studentenbewegungen, der Frauenbewegung und der Schwulenbewegung hatten sich in den Sozial- und Kulturwissenschaften neue Theorien und Paradigmen zum Verständnis ungleicher Macht- und Statusverhältnisse der sozialen Gruppen und Geschlechter entwickelt, die als ungerecht wahrgenommen werden, da sie dem demokratischen Gedanken der Gleichheit aller Bürger widersprechen. Die noch bis in die sechziger Jahre sowohl bei Konservativen, Liberalen als auch Marxisten vorherrschende Vorstellung, soziale Ungerechtigkeiten und Übel seien vor allem durch die Ökonomie und die Eigentumsverhältnisse bedingt, wurde abgelöst durch die poststrukturalistische Vorstellung, dass Machtstrukturen als Quelle sozialer und kultureller Ungleichbehandlungen durch ‚Diskurse', also letztlich auf der *kulturellen* Ebene reproduziert werden. Dazu passte auch Simone de Beauvoirs Studie *Das zweite Geschlecht,* ein Klassiker der Genderforschung über die gesellschaftlich strukturierende und das Individuum bis ins Detail prägende Rolle der gesellschaftlichen Kategorie Frau. Die Vorstellung, es käme nun vor allem auf eine ‚Dekonstruktion' kultureller Codes in öffentlichen Diskursen und im Selbstverständnis der akademischen Disziplinen an, gewann insbesondere durch die Literaturwissenschaften an Einfluss, die seit den 1970ern in den USA und dann verstärkt auch im deutschsprachigen Raum den französischen Poststrukturalismus rezipierten. In England etablierten sich die *Cultural Studies* unter dem Einfluss von Stuart Hall. 1969 setzten afroamerikanische Studierende an den amerikanischen Universitäten die Institutionalisierung von *Black Studies* durch, gefolgt von den *Gender Studies, Queer Studies, Postcolonial Studies,* später den *Critical Whiteness Studies* u. a. Neben Gramscis Analyse der kulturellen Hegemonie und Foucaults früher Diskurstheorie übten auch die Kritische Theorie der Frankfurter Schule, die an Hegel anknüpfende Theorie der Anerkennung sowie Foucaults nietzscheanisch inspirierte Analyse der Machttechniken einen starken Einfluss auf die Diskussion in diesen Fächern aus, die ich hier zusammenfassend als die *kulturkritischen Fächer* bezeichnen möchte. Denn ihnen ist eines gemeinsam: Sie verfolgen eine kulturpolitische Agenda, die auf die Veränderung der Verhältnisse durch die Umschreibung bisheriger Weisen der kulturellen Selbstverständigung zielt. Beschreibung bzw. Interpretation werden – in der Tradition Nietzsches und Foucaults (Foucault 2002) – selbst als eine Form der Machtausübung verstanden. In der Tat haben viele Untersuchungen bestätigt, dass die Art und Weise, wie Menschen als Geschlechtstypen und andere Typen beschrieben werden, sich auf ihr Selbstverständnis und so auch auf ihr Handeln und ihre Lebensrealität auswirkt. An diese Einsicht knüpft das kulturelle Reformprogramm an: Herrschende Narrative sollen ersetzt werden durch Beschreibungen, die

die Perspektive derer berücksichtigen, die traditionell aufgrund ihrer Hautfarbe, ihres Geschlechts, ihrer Religion oder sozialen Stellung wenig zu sagen hatten. Die Beschreibungen der Wirklichkeit aus den Perspektiven von ‚Marginalisierten', ‚Diskriminierten' oder ‚Minorisierten' werden nun als ‚Interventionen' in das Gefüge der Macht verstanden. Sie sollen zur Entstehung und Verbreitung einer nichtdiskriminierenden Kultur beitragen.

Wer zugleich der Auffassung ist, dass es keine objektive Wahrheit, sondern nur Interpretationen gibt, die um die Macht ringen, wird keinen zwingenden Grund erkennen können, an Formen der akademischen Freiheit festzuhalten, die der Erforschung dieser illusionären Wahrheit dienen – jedenfalls nicht, wenn sie eine Plattform für Meinungen bieten, die keinen Beitrag zur Erzeugung einer antidiskriminierenden Kultur leisten oder sogar Zweifel an dieser Agenda schüren könnten. Eine Studentin aus Harvard hat dies vor einigen Jahren auf den Punkt gebracht, als sie in ihrer akademischen Zeitschrift unter dem Titel: *Let's give up on academic freedom in favor of justice* die Beobachtung anstellte:

> Student and faculty obsession with the doctrine of 'academic freedom' often seems to bump against something I think much more important: academic justice. [...But] why should we put up with research that counters our goals simply in the name of 'academic freedom'? Instead, I would like to propose a more rigorous standard: one of 'academic justice'. When an academic community observes research promoting or justifying oppression, it should ensure that this research does not continue (Korn 2014).

Unter Forschung, die „Unterdrückung rechtfertigt" wird etwa eine Intelligenzforschung verstanden, die Intelligenzunterschiede zwischen den Geschlechtern untersucht.

Jonathan Haidt, der Gründer der amerikanischen *Heterodox Academy* hat gegen diese Tendenz eingewandt, die Wissenschaft könne nicht gleichzeitig zwei Zielen, nämlich der Wahrheit und der sozialen Gerechtigkeit, dienen (Haidt 2016). Allerdings fühlten sich die modernen Wissenschaftler und ihre Apologeten schon immer weiteren Zwecken verpflichtet als der Wahrheit. Dazu gehörten bekanntlich die Herrschaft über die Natur (Bacon und Descartes) als Mittel zur Verbesserung der Gesundheit und der allgemeinen menschlichen Lebensqualität und, seit dem neunzehnten Jahrhundert, auch der sozialen Verhältnisse. Auch in einem Fach, das nach dem Selbstverständnis der Beteiligten einem sozialen Ziel verpflichtet ist, wird wissenschaftlich gearbeitet, solange man der Überzeugung ist, dass eine echte Verbesserung nur auf der Grundlage wahrheitsorientierter und selbstkritischer Forschung möglich ist und die hierzu erforderlichen methodischen Verpflichtungen respektiert.

Heute werden die Versuche, wissenschaftliche Diskussionen ‚kontroverser' Themen mit moralischer Empörung zu ersticken, jedoch oft mit den für wichtiger gehaltenen Anliegen einer nichtdiskriminierenden Kulturwissenschaft begründet, kulturelle Dominanzverhältnisse zu unterwandern und die Stimmen gesellschaftlich ausgegrenzter und benachteiligter Gruppen zu Gehör zu bringen. Auch den Bekämpfern ‚politisch inkorrekter' Reden in den kritischen Kulturwissenschaften geht es um Redefreiheit in den Wissenschaften und der Gesellschaft, aber nicht im Sinne der *parrhesiastischen,* sondern einer *partizipativen* Redefreiheit: Die „Kritik hat das Ziel, es anderen zu ermöglichen zu sprechen, ohne dem Recht zu sprechen, das sie haben, Grenzen zu setzen", formuliert es schon Foucault. Sie soll einen „imperialistischen Diskurs" dekonstruieren, der „von den anderen gesprochen und sie in Exoten, in Personen verwandelt hat, die unfähig wären, über sich selbst zu sprechen" (Foucault 2002, S. 1016).

Auf die gegenwärtige Diskussion bezogen, bedeutet dies die Verpflichtung, die Perspektiven dieser Gruppen weitmöglichst auch in der Wissenschaft zu berücksichtigen. Mit Blick auf die Erforschung nichtwestlicher Kulturen ist das etwa die Verpflichtung, den Forschungsgegenstand nicht mit kulturellen Stereotypen (‚Orientalismus') zu verwechseln und in der empirischen Forschung nicht nur die Perspektive der dominanten sozialen Gruppe zu berücksichtigen, sondern auch Personen, die nach deren Auffassung „nichts zu sagen" haben, wie etwa der Frauen in einer stark patriarchalen Gesellschaft oder der niederen Kasten. Ein Beispiel: In den Studien der ersten empirisch arbeitenden Ethnologen zu Beginn des zwanzigsten Jahrhunderts kamen die Sichtweisen der Frauen fast nie zum Ausdruck. In der Regel gingen die (männlichen) Ethnologen von den Sichtweisen weniger älterer männlicher Informanten aus, oft aus der dominanten Gruppe, von denen dann „die Sitten der…xy" erschlossen wurden. Heute hingegen spricht man in der Ethnologie von verschiedenen, teilweise getrennten, teilweise überlappenden Diskursen in einer Gesellschaft, aus denen sich kein ganz einheitliches Normensystem ergibt.

Richtet man die Aufmerksamkeit auf diese Veränderungen im Bereich der Forschung, dann zeigt sich, dass zwischen den Anliegen der partizipativen und der parrhesiastischen Wissenschaftsfreiheit kein grundsätzlicher Konflikt bestehen muss, vielmehr ergänzen sie einander. Gleichwohl wird die partizipative Redefreiheit heute in den kritischen Wissenschaften oft *gegen* die parrhesiastische Kultur der freien Diskussion in Stellung gebracht. Die Ursachen liegen m. E. in einem zunehmend moralisierten Verständnis von *Wissenschaft als Wiedergutmachungsprojekt,* das sich mit einer politischen Neigung sowohl der Rechten als auch der Linken zu *identitären* Denkweisen verbunden hat.

3 Wissenschaft als Wiedergutmachungsprojekt

Seit dem Zweiten Weltkrieg hat sich in den westlichen Gesellschaften ein Mentalitätswandel vollzogen, den Elazar Barkan um die Jahrtausendwende optimistisch als zunehmende Bedeutung moralischer Werte in der Politik beschrieben hat (Barkan 2000): Historische Großverbrechen und strukturelles Unrecht wie Apartheid, Rassismus und die Diskriminierung von sozialen und kulturellen Gruppen werden von vielen Menschen in der westlichen Welt als eine Schuld empfunden, durch die ihr gegenwärtiges Leben moralisch befleckt ist und die von ihnen Buße und Läuterung verlangt. Der amerikanische Soziologe John Torpey hat diese neue moralisch-politische Orientierung auf den Verlust der sozialistischen und kommunistischen Utopien zurückgeführt: „We find ourselves in a postsocialist and postutopian condition which, in the absence of any plausible vision of a different and better future society, instead fixes its gaze on the past and seeks to 'make whole what has been smashed'" (Torpey 2001, S. 343).

Das erzeugt einen starken Drang nach symbolischen Formen der Wiedergutmachung. Deutsche bekennen sich seit den späten sechziger Jahren stellvertretend für die Generation der Täter schuldig an den Verbrechen der Nazizeit. Viele Bürger der Länder, die ehemals Kolonialmächte waren, bereuen ebenso stellvertretend die koloniale Vergangenheit; Australier, Amerikaner und Kanadier entschuldigen sich bei den Nachkommen der Ureinwohner für die Politik der kulturellen und teilweise physischen Vernichtung, weiße Amerikaner fühlen sich schuldig gegenüber den auch heute immer noch unterprivilegierten Nachkommen der versklavten Afrikaner. Der Wunsch, etwas zur Wiedergutmachung für koloniale und andere Ungerechtigkeiten beizutragen, prägt besonders die kritischen Kulturwissenschaften. Man versucht dies einerseits durch die inhaltliche und methodische Ausrichtung der Forschung, indem man der Geschichte der Opfer historischen Unrechts Raum gibt und ihre Perspektiven in den Fokus rückt. Gleichzeitig findet eine zunehmende Sensibilisierung auch für die weniger offensichtlichen Formen von Unterdrückung und Diskriminierung (Mikroaggressionen) und umgekehrt für nicht offensichtliche

Verletzlichkeiten potentieller Opfer von Diskriminierung statt, die einen Handlungsraum erzeugt, in dem man symbolisch gegen Diskriminierung, Hass, Rassismus u. a. vorgehen kann.

Diese paradigmatische Engführung von Beschreibung und Macht wurde durch die in den Kulturwissenschaften verbreitete Vorstellung *linguistischer Relativität* verstärkt, die auch schon eine Lösung des Problems anzubieten scheint. Seit der Linguistischen Wende hat sich die Neigung insbesondere der Anhänger der Sapir-Whorf-These noch verstärkt, die Sprache in den Humanwissenschaften nicht nur als ein Mittel der Kommunikation und der Welterschließung zu betrachten, das die Wahrnehmung beeinflussen kann, sondern als eine die Subjekte und die soziale Welt konstituierende Macht. Daran ist zweifellos etwas Wahres: Dass Begriffe und insbesondere Metaphern einen starken Einfluss darauf haben, wie wir etwas wahrnehmen und bewerten, hat sich in empirischen Untersuchungen immer wieder bestätigt. Im Gefolge der starken Betonung der Sprache als Bedingung von Wahrnehmung und Denken verbreitete sich aber auch die viel stärkere Annahme, man könne etwas gar nicht *als etwas* wahrnehmen (eine ungewünschte körperliche Berührung etwa als einen Übergriff, den man zurückweisen kann), bevor man einen speziellen Begriff dafür hat (sexuelle Belästigung) (Gümüşay 2020, S. 5). Dieser allgemeine Sprachdeterminismus wird in der Linguistik längst nicht mehr vertreten, lässt er sich doch allein schon anhand der menschlichen Fähigkeit widerlegen, Farben zu unterscheiden, ohne dass wir spezielle Worte dafür haben. Gleichwohl hat sich im Gefolge einer verkürzten Judith-Butler-Rezeption im Umfeld der *Gender Studies* die Vorstellung verbreitet, dass die Sprache als Instrument und Legitimation der Mächtigen, die jetzt über Geschlecht, Sexualität und Rasse definiert werden (weiße heterosexuelle Männer etc.), dient, während Frauen (Schwarze, Homosexuelle) die Erfahrungen von Unterdrückung, Diskriminierung und Benachteiligung in der traditionellen Sprache gar nicht artikulieren können. Die dieser sprachlichen Macht Unterworfenen müssen daher gar nicht erst durch äußere Druckmittel an Widerstand gehindert werden, sondern werden dies schon durch die Sprache: „Kann eine Frau in einer Sprache wie der deutschen, in der ‚dämlich' von ‚Dame' kommt und ‚herrlich' von ‚Herr', frei sprechen?" (Gümüşay 2020, S. 5). Könnten Menschen also nur unter Voraussetzung einer Idealsprache frei sein, die frei von all den Konnotationen ist, die historische Sprachen nun einmal haben – einer Art moralischem Esperanto (Hampe 2019)? Tatsächlich scheint der oft nicht explizite, sondern eher unterschwellig verbreitete Sprachdeterminismus in der Praxis von nicht wenigen im Sinne des Umkehrschlusses verstanden zu werden, rassistische, sexistische und schwulenfeindliche

Verhältnisse ließen sich abschaffen oder jedenfalls bessern, wenn man der Sprache nicht länger ihren natürlichen, unmoralischen Lauf lässt, sondern sie autoritär regelt (Perinelli 2015, S. 9).

Mit der Steigerung der Sensibilität auch für die weniger offensichtlichen Formen diskriminierender Rede sinkt die Bereitschaft, irritierende Äußerungen als normalen Bestandteil freier akademischer Debatten zu akzeptieren. Nach dem berühmten Schadensprinzip von John Stuart Mill darf die individuelle Freiheit nur insoweit begrenzt werden, als sie „niemand anderen Schaden zufügen darf" (Mill: Freiheit, 79). Es ging Mill um bedrohliche Situationen, in denen diejenigen, an die die Rede gerichtet ist, sie als unmittelbare Aufforderung zur physischen Gewaltausübung verstehen können. Scheinbar vertraute Begriffe der Alltagssprache für negativ bewertete Phänomene wie Gewalt, Vorurteile oder Hass haben jedoch ebenso wie die medizinischen und psychologischen Begriffe Trauma, Depression, Vulnerabilität u. a. im Gefolge der Sensibilisierung seit den 1990er Jahren eine schleichende semantische Ausdehnung erfahren *(concept creep),* mit der Auswirkung, dass der Bereich des Normalen und zu Akzeptierenden im Verhältnis zum Pathologischen und Schädlichen zunehmend schrumpft (Haslam 2016). Im Einzelnen gab es durchaus gute Gründe dafür. So spricht die Verletzbarkeit von Menschen für psychische Übergriffe dagegen, den Gewaltbegriff auf physische Attacken einzuengen; die ausgedehnte Erforschung der kulturellen und sozialen Ursachen beider Gewaltformen hat wiederum einen sehr weiten Begriff von Gewalt wie den der ‚strukturellen Gewalt' und der ‚kulturellen Gewalt' hervorgebracht, der auch politische oder ökonomische Strukturen bezeichnet, die zu einer eigentlich vermeidbaren Ungleichheit an Lebenschancen führen (Galtung 1975).

Was in den 1990er Jahren als Vorurteil bezeichnet worden wäre, kann darüber hinaus jetzt als *epistemische Gewalt* bezeichnet werden, allerdings nur, sofern es sich auf eine Gruppe bezieht, die als Opfer von Diskriminierung betrachtet wird; dafür spricht, dass sich Vorurteile gegenüber denen, deren sozialer Status prekär ist, von diesen in viel höherem Maße als bedrückend und das Selbstwertgefühl vermindernd erlebt werden. Da aber eine ganz vorurteilsfreie Form der Forschung ebenso ein Ding der Unmöglichkeit ist wie ein vollständig herrschaftsfreier Diskurs, wird auch unabhängig vom Inhalt Wissenschaft über Minoritäten, die nicht von diesen selbst stammt, in den *Postcolonial Studies* heute als eine Form der Verdrängung und intellektuellen Enteignung bewertet (Spivak 2007, Abschn. II). So führt die Ausweitung der Begriffe für negative Phänomene wie Gewalt, Enteignung etc. dazu, dass auch das Schadensprinzip letztlich auf alle Forschung ausgedehnt werden kann, die nicht das Selbstverständnis von Gruppen wiedergibt, die früher unter kolonialer Herrschaft oder vorurteilsbelasteter Wahrnehmung gelitten haben. Die Assoziation mit physischer Gewalt, die der Begriff erzeugt, verleiht einer wissenschaftlichen Untersuchung jetzt jedoch eine ganz neue Bedrohlichkeit und moralische Illegitimität. Über die Vermittlung des ausgedehnten Gewaltbegriffs kann sich die positive Forderung nach partizipativer Meinungsfreiheit daher recht schnell in die negative Forderung nach Einschränkung des Sagbaren zum Schutz vor ‚Gewalt' verwandeln. Wer Islamwissenschaftler*innen und Politologen, die sich kritisch mit dem politischen Islam auseinandersetzen, die Ausübung epistemischer Gewalt vorwirft, äußert daher oft keine wissenschaftliche Kritik an falschen oder einseitigen Thesen, sondern stellt einen illegitimen Übergriff fest, der verboten oder verhindert werden muss. Davon betroffen war auch die Kulturanthropologin Susanne Schröter, über die Forderungen zur Entlassung aus der Universität Frankfurt öffentlich geäußert wurden, als sie die Konferenz zum Thema „Das islamische Kopftuch – Symbol der Würde oder Unterdrückung?" organisierte. Schröter hatte Rednerinnen eingeladen, die eine Vielzahl von Positionen vertraten, darunter eine bekannte Verteidigerin des Kopftuchs als Symbol für weibliche Würde und Autonomie. Nach den Dogmen der Gruppe gegen antimuslimischen Rassismus verfügt eine Angehörige des weißen deutschen Bürgertums jedoch nicht über die Legitimität, sich kritisch mit islamischen Traditionen zu befassen. Die Dehnung des Gewaltbegriffs erleichtert es, physische Übergriffe als legitime Verteidigungsmaßnahmen gegen ‚epistemische Gewalt' zu betrachten, zu denen es dann auch bei einer anschließenden Veranstaltung kam.

Von Einschränkungen der Wissenschaftsfreiheit sind bei Weitem nicht nur Wissenschaftler*innen aus dem konservativen Spektrum betroffen. Als eine Arbeitsgruppe zu *Black Knowledges* an der Universität Bremen unter der Leitung der in den *Postcolonial Studies* renommierten Professorin Sabine Broeck 2015 einen DFG-Antrag als Forschergruppe stellte, stieß sie auf breite Ablehnung. Da diese Gruppe kein einziges schwarzes Mitglied hatte, fehlte ihr nach Ansicht der in diesem Bereich Forschenden Legitimation und Kompetenz. Eine breite Koalition formierte sich gegen die den Antragstellern unterstellte Absicht, *Black Studies* im Sinne einer klassischen Wissenschaft zu betreiben und protestierte „aufs Schärfste gegen die Einverleibung, Akademisierung und Entpolitisierung Schwarzer Studien an der Universität Bremen." Die implizite Annahme der Antragsteller*innen, sie könnten die für Kontexte wissenschaftlicher Arbeit geltende „Farbenblindheit" auch für die *Black Studies* in Anspruch nehmen, wurde als Versuch zurückgewiesen,

„die Inanspruchnahme weißer Definitionsmacht strukturell und personell zu rekonstruieren" (Black Communities in Deutschland und Österreich 2015). Darauf konnte die Forschergruppe offenbar nur noch mit moralisch-politischer Selbstbezichtigung reagieren. Sie verlautbarte, sie sei „eher ein Teil des Problems des Rassismus [...] statt ein Teil seiner Lösung", und forderte die Universität Bremen auf, „effektive Maßnahmen zur Schaffung von ausdrücklich antirassistischer Diversität" zu ergreifen (Böker 2015).

Neben dem Gewaltbegriff hat auch die schleichende Ausdehnung des Trauma-Begriffs von einer physischen Verletzung bis auf verstörende und irritierende Erfahrungen dazu beigetragen, die Auseinandersetzung mit irritierenden Thesen und Meinungen, die traditionell ein wichtiger Bestandteil wissenschaftlichen Arbeitens sind, als eine Gesundheitsgefahr erscheinen zu lassen. Die damit verbundene Forderung nach Opferschutz ist nicht mit dem moralischen Gebot der achtsamen, Kränkungen vermeidenden Rede zu verwechseln, das selbstverständlich auch in wissenschaftlichen Kontexten gilt. Die Codes der Höflichkeit und Achtsamkeit sind notwendige Bedingungen der freien und kontroversen Debatte; sie ermöglichen erst die Entwicklung einer Atmosphäre des Vertrauens, in der sich jeder darauf verlassen kann, bei aller Kritik nicht persönlich gedemütigt zu werden. Dies änderte sich mit der Ausdehnung des Trauma-Begriffs, aus dem Griechischen für „Wunde", der sich ursprünglich auf eine organische Störung bezog, die sich in psychologischen Symptomen manifestieren konnte, wie bei „traumatischen Hirnverletzungen". Seit 1980 wurde er auch für rein psychologische Störungen verwendet, wie die „Posttraumatische Belastungsstörung" (PTSD) von Veteranen, die in kausalem Zusammenhang mit einer verstörenden Erfahrung etwa bei Kriegshandlungen stand, die den gewöhnlichen Rahmen negativer Erfahrungen sprengt. Später wurde er auch auf Erlebnisse angewendet, die zum Leben gehören wie Geburten oder Trennungen. Inzwischen werden Angehörige von Gruppen, die strukturelle soziale und kulturelle Benachteiligungen erfahren haben, kollektiv für vulnerabel und leicht traumatisierbar erklärt. Das verlangt präventive Schutzmaßnahmen. Besonders an den amerikanischen Universitäten hat sich mit der schleichenden Ausdehnung der Begriffe für negative Phänomene wie Gewalt, Hass, Vulnerabilität und Trauma eine Kultur der Reglementierung der Sprache und der Bildungsinhalte und -formen entwickelt. So durfte das Schimpfwort „Nigger" nach dem expliziten Sprachcode der Stanford University in den 1980er Jahren nicht mehr in beleidigender Absicht eingesetzt werden (während es straffrei blieb, Weiße als „white trash" zu bezeichnen) (Fish 1994, S. 76). Bald wurde auch der noch von Martin Luther King und Malcom X deskriptiv verwendete Ausdruck „Neger" ausgesondert, weil sich die beleidigende Wirkung des Schimpfwortes auf ihn übertragen hatte. Inzwischen hat sich mehr oder weniger der von Malcom X bevorzugte Ausdruck „afroamerikanisch" durchgesetzt, der sich auf die ehemalige Herkunft der Vorfahren bezog; manche empfanden jedoch gerade diese Sprachneuerung als diskriminierend. Warum sollten sie sich als Amerikaner wegen ihrer Hautfarbe eine zweite Identität zuschreiben, die sich auf eine unbekannte, Generationen zurückliegende Herkunft bezog? Hautfarbenbezogene Ausdrücke wie „dunkelhäutig" (im Deutschen) sind ebenfalls negativ konnotiert, auch „schwarz" wird wegen der moralischen Assoziation der Begriffe *schwarz* (schlecht und verdorben) und *weiß* (unschuldig, rein) als problematisch empfunden; wann die negativen Konnotationen sich auf den im Moment noch als korrekt geltenden Ausdruck *people of color* übertragen, ist nur eine Frage der Zeit. So kann es passieren, dass mit Blick auf Gruppen, die historische Opfer von Diskriminierung sind, mitunter kein unstrittiger Ausdruck mehr zur Verfügung steht.

Während das berüchtigte N-Wort in wissenschaftlichen Kontexten um die Jahrtausendwende noch zu pädagogischen und wissenschaftlichen Zwecken als Inbegriff eines auf Afroamerikaner bezogenes Hassausdrucks genannt werden konnte, setzte sich etwas später die Vorstellung durch, dass dies aufgrund der potentiell traumatisierenden Wirkung nicht einmal für diese Zwecke erlaubt sein kann. Die Schwierigkeit, sich über das Für und Wider solcher Codes in einer freien Debatte zu verständigen, zeigte sich 2017, als Stanley Rosen, ein für antirassistisches Engagement bekannter Kulturanthropologe, an der Princeton University einen Kurs zum Thema „Cultural Freedoms: Hassrede, Blasphemie und Pornographie" hielt. Er begann den Kurs mit einer Frage, die den Studierenden die emotionale Wirkung von Worten verdeutlichen sollte: „Was ist schlimmer, ein weißer Mann, der einen schwarzen Mann schlägt, oder ein weißer Mann, der einen schwarzen Mann einen Nigger nennt?" (Edwards 2018). Das sorgte für Empörung bei vielen Studierenden, die es als eine Respektlosigkeit gegenüber den Verwundbarkeiten der schwarzen Teilnehmenden ansahen, wenn ein Weißer das Wort in Gänze benutzt. Da Rosen die geforderte Entschuldigung ablehnte, mit dem Argument, er habe niemanden unterdrückt und beleidigt, sondern das Word für Bildungszwecke verwendet, wurde die Klasse im Anschluss an eine Beschwerde der Studierenden abgesagt; offenbar konnte kein Bildungszweck die Verwendung des tabuisierten Ausdruckes rechtfertigen, was zur Folge hat, dass solche antirassistischen Übungen auch nicht mehr möglich sind (The Race Card 2018).

Längst sind die Tabus auch im deutschsprachigen Raum angekommen. Mittlerweile haben wohl alle Geisteswissenschaften die moralische

Pflicht verinnerlicht, die Grenzen des Sagbaren ständig neu auftretenden Vulnerabilitäten anzupassen: „Die Parameter dessen, was öffentlich gesagt werden kann, müssen ständig neu bestimmt werden, um Rücksicht auf die zu nehmen, die vorher nicht berücksichtigt wurden" (Baer 2017). Der Preis dafür ist eine Aufspaltung der Sprache und Moral in die kulturellen Codes einer kulturwissenschaftlich gebildeten akademischen Elite, die einer ständigen Kulturrevolution der moralischen Sensibilisierung unterliegen, und einer Bevölkerung, die die schleichende Ausweitung der Begriffe und die damit verbundene Sensibilisierung für die subtileren Formen von Unterdrückung und Diskriminierung nicht im selben Tempo mitvollzieht oder sich der Zumutung eines ständigen Neudenkens und Neusprechens verweigert. Was aber wird dadurch gewonnen?

Die an sich wünschenswerte moralische Sensibilisierung für die Grausamkeiten auch des scheinbar gewöhnlichen Sprachgebrauchs führt aufgrund der destabilisierenden Nebenwirkungen einer ständigen Kulturrevolution von neuen Codes, deren Befolgung moralisch eingefordert wird, eher nicht zu einem kultivierteren Umgang. Da der Sprachgebrauch weder der unreglementierten Entwicklung überlassen, noch zentral organisiert wird, sondern Neuerungen dezentral von moralischen Entrepreneuren je nach Einfluss durchgesetzt werden, ist es auch den Vertretern einer ‚antikolonialistischen' Wissenschaft nicht möglich, den Code fehlerfrei zu befolgen. (Auch der Bremer Amerikanistin Sabine Broeck wurde die Verwendung des tabuisierten N-Wortes vorgeworfen.) Über Änderungen, die nie unstrittig sind, werden sie aber erst durch schmerzhafte soziale Sanktionen informiert. So ist das paradoxe Phänomen entstanden, dass ein erhöhtes Bewusstsein für die verletzenden Möglichkeiten der Sprache nicht zu einer kultivierteren Kommunikation führt, noch, aus demselben Grund, zu einer Selbstermächtigung der potentiellen Opfer. Stattdessen erhöht sie die Vulnerabilität auf allen Seiten. Gewöhnlich kann man sich bei kommunikativen Unfällen, wie sie überall passieren, *ad hoc* verständigen, ob ein Missverständnis vorliegt, indem man deutlich macht, wie man es gemeint hat. Missverständnisse kann es jedoch dort nicht mehr geben, wo es auf die subjektive Absicht der Sprecher*innen gar nicht mehr ankommt, sondern auf die subjektive Wahrnehmung der Angesprochenen. Die Deutungshoheit über die Sprache wird im intellektuellen Resonanzraum der Intersektionalitätstheorien zum Schuldausgleich denen zugesprochen, die (als Mitglieder eines oder mehrerer Opferkollektive) Opferstatus beanspruchen können. (Bzw. faktisch wird sie von denen ausgeübt, die sich spontan zu Stellvertretern der potentiell gekränkten Gruppen ernennen.) Damit aber wird die Unterscheidbarkeit zwischen einer rationalen und einer rein psychologischen Bedeutung von Demütigung aufgehoben. Man kann man als Adressatin einer Äußerung oder Geste einen rationalen Grund haben, sich gedemütigt zu fühlen; man kann sich aber gedemütigt fühlen, ohne einen rationalen Grund zu haben, oder umgekehrt einen Grund haben, sich gedemütigt zu fühlen, ohne emotional entsprechend zu reagieren (Margalit 2012, S. 23). Die Frage, ob jemand mit einer Sprachhandlung eine andere Person gedemütigt hat, kann jedoch nur dann durch einen rationalen Austausch über das, was gesagt und getan wurde, geklärt werden, wenn man diese Unterscheidung zulässt.

Wenn das Gebot, potentielle Kränkungen zu verhindern, Vorrang vor allen anderen Gütern beansprucht, insbesondere der parrhesiastischen Redefreiheit, erweist man aber auch dem eigentlichen Ziel einer partizipativen Redefreiheit einen Bärendienst, denn auch diskriminierte Gruppen sind, um sich die Sprache anzueignen und ihrer selbst mächtig zu werden, auf einen freien akademischen Austausch und die Ausbildung von eigener Konfliktfähigkeit angewiesen. Dass eine echte Förderung partizipativer Redefreiheit auf die freie Debatte angewiesen ist, hat die amerikanische Psychologin Lisa Feldman Barrett an einem Beispiel beschrieben:

> Early in my career, I taught a course that covered the eugenics movement, which advocated the selective breeding of humans. Eugenics, in its time, became a scientific justification for racism. To help my students understand this ugly part of scientific history, I assigned them to debate its pros and cons. The students refused. No one was willing to argue, even as part of a classroom exercise, that certain races were genetically superior to others. So I enlisted an African-American faculty member in my department to argue in favor of eugenics while I argued against; halfway through the debate, we switched sides. We were modeling for the students a fundamental principle of a university education, as well as civil society: When you're forced to engage a position you strongly disagree with, you learn something about the other perspective as well as your own. The process feels unpleasant, but it's a good kind of stress – temporary and not harmful to your body – and you reap the longer-term benefits of learning (Feldmann Barret 2017).

Feldman Barrett zufolge können diejenigen, die vormals wenig zu sagen hatten, ihre Stimme nicht dadurch entwickeln, dass über nichts gesprochen wird, was sie herausfordern oder kränken könnte. Für alle ist die Beteiligung an der freien und kontroversen Debatte der bewährte Weg, um die eigenen argumentativen und rhetorischen Fähigkeiten zu entwickeln und mentale Hindernisse zu überwinden, was erforderlich ist, um echtes Selbstvertrauen zu entwickeln. Auf die Position des Opfers festgenagelt zu werden, hat den gegenteiligen Effekt. Auch Michel Foucault und insbesondere Judith Butler, die Ikonen der kritischen Kulturwissenschaften, gingen davon aus, dass die Selbstermächtigung machtloser Individuen und Gruppen nicht durch autoritäre Regelungen möglich ist, sondern kreativer eigenständiger Formen der Aneignung der Sprache bedarf. Auch Butler hat in ihrer Analyse rassistischer, sexistischer und homophober Beleidigungen stets betont, dass Beleidigungen und andere ‚Verwundungen' durch Sprache, auch wenn wir zu ihrer Beschreibung physische Metaphern verwenden, anders als physische Verwundungen verstanden werden müssen (Butler 1997, S. 4). Wie die erfolgreichen Emanzipationsbewegungen gezeigt haben, kann die Beleidigte sich ihnen gegenüber als Opfer oder auch kreativ und produktiv verhalten, etwa durch Aneignung und positive Uminterpretation von Schimpfworten. So ist es heute nicht mehr möglich, einen Homosexuellen als Schwulen zu beleidigen (oder in Nordamerika als „queer"), weil sich die Homosexuellenbewegungen das frühere Schimpfwort angeeignet und es positiv umgewertet haben. Solche selbstermächtigenden Reaktionen, mit denen Wertbegriffe, die die eigene Identität betreffen, umgewertet werden, und die entsprechenden Personen oder Gruppen sich der Opferrolle entziehen, wären jedoch in einer Kultur der Sprachkontrolle gar nicht mehr möglich. Zudem verfestigt die Tabuisierung von Begriffen ihre Macht und nimmt den Opfern die Möglichkeit, sich an ihnen abzuarbeiten und damit auch ihre Vulnerabilität abzubauen, wie Butler argumentiert:

> Keeping such terms unsaid and unsayable can also work to lock them in place, preserving their power to injure, and arresting the possibility of a reworking that might shift their context and purpose. That such language carries trauma is not a reason to forbid its use (Butler 1997, S. 38).

Wenn potentielle Opfer abwertender Reden dazu ermutigt werden, sich als hilflose Opfer zu sehen, die durch Verbote vor Verletzungen geschützt werden müssen, wird ihnen eine Macht offeriert, die nichts mit freier Selbstermächtigung zu tun hat. Es ist die Macht, die einem moralischen Verschuldungsmechanismus entspringt und an ihn bindet: Wer ein Unrecht erleidet oder ein Narrativ durchsetzen kann, das ihn als Opfer etabliert, erwirbt damit einen Anspruch auf Wiedergutmachung. Eine Macht, die dem Schuldbewusstsein der anderen entspringt, ist jedoch nur aufrechtzuerhalten, solange dieses Schuldbewusstsein geschürt wird, man weiterhin die Rolle des Opfers übernimmt und es als Aufgabe der Privilegierten betrachtet, Benachteiligungen auszugleichen. Das bleibt nicht ohne Auswirkungen auf die Wahrnehmung oder Nichtwahrnehmung der eigenen

Handlungsmöglichkeiten. Die Macht, die sich auf den Opferstatus stützt, kostet den Antrieb, der für jeden Prozess der Selbstermächtigung nötig ist; das Bewusstsein, dass niemand als man selbst Verantwortung für das eigene Leben unter nicht perfekten Bedingungen übernehmen kann, und den entschiedenen Willen, selbst Widerstände zu überwinden. Schon Franz Fanon warnte daher in seinem Klassiker des Antikolonialismus vor der Versuchung, sich auf die Schuldgefühle der Weißen zu stützen und dadurch „Sklave der Versklavung, die meine Väter entmenschlicht hat" zu bleiben (Fanon 2015, S. 196).

Wer sich umgekehrt als schuldig versteht und die Wissenschaft als imaginäre Wiedergutmachung praktiziert, kann sich davon ent-schulden, in dem er Selbstkritik an seiner kulturellen Identität (weiß, Mann etc.) übt. Darüber hinaus beweist er sogar besondere Tugendhaftigkeit, denn die Schuld, zu der er sich bekennt, ist ja nicht die eigene, sondern die eines Kollektivs, dem er sich aufgrund von Hautfarbe, Geschlecht oder Klassenzugehörigkeit zurechnet, ohne dafür etwas zu können. So findet ein Tauschgeschäft statt: (abhängige) Macht gegen Schuldablass und moralische Läuterung bzw. moralische Selbstoptimierung. Malcom X sah schon in den sechziger Jahren auf der Seite der Weißen die Gefahr der Erosion der moralischen Selbstständigkeit und Verantwortungsfähigkeit durch solche Schuldgeschäfte, welche die Aufmerksamkeit darauf fixieren, wie die eigenen Bewegungen in dem Minenfeld einer moralisch als rassistisch diskreditierten Gesellschaft wahrgenommen werden. Anstatt sich um eine Veränderung der politischen Verhältnisse zu bemühen, werden dann eher symbolische Aktivitäten unternommen, die den eigenen Nichtrassismus demonstrieren – er bezeichnete dies als eine Form „weißen Eskapismus". Diesem Eskapismus sollten die Humanwissenschaften nicht geopfert werden.

Literatur

Baer, U. (2017). What 'Snowflakes' Get right about free speech. *The New York Times* vom 24. April 2017. https://www.nytimes.com/2017/04/24/opinion/what-liberal-snowflakes-get-right-about-free-speech.html. Zugegriffen: 20. Okt. 2020.

Barkan, E. (2000). *The guilt of nations. restitution and negotiating historical injustice.* New York: Norton.

Black Communities in Deutschland und Österreich. (2015). *Community Statement: ‚Black' Studies an der Universität Bremen.* https://blackstudiesgermany.files.wordpress.com/2015/02/communitystatement_blackstudiesbremen_dt_unterz815.pdf. Zugegriffen: 20. Okt. 2020.

Butler, J. (1997). *Excitable speech. A politics of the performative.* London: Routledge.

Böker, A. (2015). Black Studies ohne Schwarze? In *taz, die tageszeitung* vom 26. Februar 2015. https://taz.de/Postkolonialismus-und-Wissenschaft/!5018924/. Zugegriffen: 20. Okt. 2020.

Deutscher Hochschulverband. (2018). *Stellungnahme vom 12.10.2018*. www.forschung-und-lehre.de/dhv-verurteilt-afd-prangerportal-1099/. Zugegriffen: 20. Okt. 2020.

Edwards, B. (2018). Princeton students walk out of lecture after professor allegedly used the n-word: Report. *The Root* vom 8. Februar 2018. https://www.theroot.com/princeton-students-walk-out-of-lecture-after-professor-1822830983. Zugegriffen: 20. Okt. 2020.

Fanon, F. (2015). *Schwarze Haut, weiße Masken*. Wien: Turia & Kant.

Feldmann Barrett, L. (2017). When is speech violence? *The New York Times* vom 14. Juli 2017. https://www.nytimes.com/2017/07/14/opinion/sunday/when-is-speech-violence.html. Zugegriffen: 20. Okt. 2020.

Fish, S. (1994). *There is no such thing as free speech and it's a good thing, too*. New York: Oxford University Press.

Fish, S. (2014). *Versions of academic freedom: From professionalism to revolution*. Chicago: University of Chicago Press.

Foucault, M. (2002). Nietzsche, die Genealogie, die Historie. In M. Foucault (Hrsg.), *Dits et Ecrits. Schriften* (Bd. 2, S. 166–190). Frankfurt a. M.: Suhrkamp.

Foucault, M. (2010). *Der Mut zur Wahrheit. Die Regierung des Selbst und der anderen*. Berlin: Suhrkamp.

Galtung, J. (1975). Strukturelle Gewalt Beiträge zur Friedens- und Konfliktforschung. *Cultural Violence. Journal of Peace Reasearch, 1990*(27), 291–305.

Gümüşay, K. (2020). Die Sprachkäfige öffnen. Gedanken zur Bedeutung von „freier Rede". *Aus Politik und Zeitgeschichte: Freie Rede. Zeitschrift der Bundeszentrale für politische Bildung, 70*, 12–13.

Haidt, J. (2012). *The Righteous mind. Why good people are divided by politics and religion*. London: Allen Lane.

Haidt, J. (2016). Why universities must choose one telos: Truth or social justice. *Blog der Heterodox Academy* vom 21. Oktober 2016. https://heterodoxacademy.org/one-telos-truth-or-social-justice-2/. Zugegriffen: 20. Okt. 2020.

Haslam, N. (2016). Concept creep: Psychology's expanding concepts of harm and pathology. *Psychological Inquiry, 27*(1), 1–17.

Hampe, M. (2019). Empathie und Sprache. *Kunst und Empathie. Schwerpunktthema der Zeitschrift für Ästhetik und Allgemeine Kunstwissenschaft, 63*(1).

Kempen, B. (2019). Vorwort. In W. Hopf (Hrsg.), *Die Freiheit der Wissenschaft und ihre ‚Feinde'*. Lit: Münster.

Korn, S. Y. L. (2014). Let's give up on academic freedom in favor of justice. *The Harvard Crimson* vom 18. Februar 2014. https://www.thecrimson.com/column/the-red-line/article/2014/2/18/academic-freedom-justice/. Zugegriffen: 20. Okt. 2020.

Margalit, A. (2012). *Politik der Würde*. Frankfurt a. M.: Suhrkamp.

Mill, J. S. (2009). *Über die Freiheit, in der Übersetzung von Else Wentscher*. Hamburg: Meiner.

Perinelli M. (2015). Triggerwarnung! *Weißabgleich. Critical Whiteness#Rassenkunde#Anti-Rassismus. Phase 2. Zeitschrift gegen die Realität, 51*.

Petersen, T. (2020). Die Forschung ist frei, aber… In *Forschung und Lehre, 2020*(3), 194–197.

Roetz, H. (2020). Springer-Verlag und China: Viel Verständnis für Zensoren. *Frankfurter Allgemeine Zeitung* vom 8. Juli 2020. https://www.faz.net/aktuell/karriere-hochschule/springer-und-china-das-geschaeft-mit-zensoren-wird-geduldet-16849367.html. Zugegriffen: 20. Okt. 2020.

Schmermund, K. (2018). Zensur aus China. Professoren trennen sich von Springer Nature. *Forschung und Lehre*. https://www.forschung-und-lehre.de/politik/professoren-trennen-sich-von-springer-nature-1071. Zugegriffen: 20. Okt. 2020.

Spivak, G. C. (2007). *Can the Subaltern Speak? Postkolonialität und subalterne Artikulation*. Wien: Turia & Kant.

The Race Card. (2018). Students storm out of class after white Princeton Professor repeatedly uses N-word. *Afropunk* vom 11. Februar 2018. https://afropunk.com/2018/02/students-storm-class-white-princeton-professor-repeatedly-uses-n-word/. Zugegriffen: 20. Okt. 2020.

Torpey, J. (2001). Making whole what has been smashed': Reflections on reparations. *The Journal of Modern History., 73*(2), 333–358.

Meinungsfreiheit und ihre Grenzen: Eine Auseinandersetzung in Zeiten des Rechtspopulismus

Christoph Horn

Wie soll man mit der neuen politischen Rechten an den Universitäten umgehen? Sind die Auftritte ihrer Hauptvertreter durch das Recht auf Meinungsfreiheit gedeckt? Einerseits bildet Meinungsfreiheit in der Tradition des politischen Liberalismus – etwa bei John Locke, Immanuel Kant und John Stuart Mill – eines der zentralen Freiheitsrechte überhaupt, einschließlich ihrer Teilaspekte wie Gedanken-, Rede- und Publikationsfreiheit (inbegriffen die Abwesenheit von Zensur) und ihrer Teilbereiche wie Kunst- oder Wissenschaftsfreiheit. Um sie einzuschränken, bedarf es äußerst gewichtiger Gründe. Westliche liberale Demokratien stehen ihrem Selbstverständnis nach fest in dieser Tradition. Andererseits wird gerade in Zeiten des Rechtspopulismus deutlich, wie leicht sich das Insistieren auf Meinungsfreiheit missbräuchlich verwenden lässt. Es ist kennzeichnend für dessen Protagonisten, die freie Rede für gezielte rhetorische Grenzüberschreitungen zu nutzen und sich anschließend – bei kritischer Reaktion – über die angebliche liberale Meinungsdiktatur zu beschweren.

Dass die Meinungsfreiheit nicht nur Spielräume eröffnet, sondern auch Regeln kennt und ihren Nutzern Grenzen auferlegt, wird m. E. nicht häufig genug betont. Von diesem fundamentalen Aspekt soll im Folgenden die Rede sein. Die Schlüsselfrage lautet: Wo liegen die Grenzen der freien Meinungsäußerung, und weshalb sollte der Gebrauch von Meinungs-

---

C. Horn (✉)
Institut für Philosophie, Universität Bonn, Bonn, Deutschland
E-Mail: chorn@uni-bonn.de

freiheit überhaupt eingeschränkt sein? In erster Annäherung scheint es mir vernünftig, an Kants allgemeines Rechtsprinzip zu denken, wonach „eine jede Handlung recht (ist), die oder nach deren Maxime die Freiheit der Willkür eines jeden mit jedermanns Freiheit nach einem allgemeinen Gesetz zusammen bestehen kann" (Kant: Metaphysik der Sitten, VI.230). Recht ist nach Kant allgemein gesprochen deswegen mit Einschränkungen verbunden, weil es als ein regelförmiges System der Kompatibilisierung der Freiheitsspielräume aller Rechteteilhaber(innen) zu verstehen ist. Die Grenze meines Freiheitsgebrauchs ergibt sich demnach aus der Wahrnehmbarkeit der gleichen größtmöglichen Freiheitsrechte durch alle anderen Personen innerhalb eines Rechtssystems.

Was aber bedeutet dies genau? Welche Grenzziehungen ergeben sich, wenn man die Rechtsordnung mit Kant als System von gleichen und möglichst großen Freiheitsspielräumen aller Mitglieder einer Rechtsordnung auffasst? Ich beginne damit, einige Grenzlinien zu beschreiben, die mir intuitiv und theoretisch plausibel erscheinen (1). Um zu verstehen, was es mit diesen Grenzen der Meinungsfreiheit auf sich hat, wende ich mich sodann dem ‚Vorrangproblem' zu (2). Es schließen sich am Ende noch Überlegungen zum ‚Invarianzproblem' an, die auch den hier häufig bemühten Toleranzbegriff streifen (3).

1 Grenzen des individuellen Rechts auf freie Meinungsäußerung

Der Kantische Grundsatz enthält zunächst eine doppelte Pointe: Der Gedanke der *gleichen* Wahrnehmbarkeit von Freiheitsspielräumen durch alle Mitglieder schließt zum einen aus, dass die Kompatibilisierung von Rechten asymmetrisch konzipiert sein darf: Ein Rechtssystem könnte widerspruchsfrei ja auch so funktionieren, dass man z. B. den Individuen einer unterdrückten Minderheit weniger Rechte zugesteht als der privilegierten Mehrheit. Das ist aber nach dem Egalitätsprinzip abzulehnen. Ebenso ausgeschlossen ist zum anderen, dass die dem Individuum rechtlich zugestandenen Freiheitsspielräume geringer als *größtmöglich* sind. Alle verfügbaren Freiheitsspielräume müssen jedem vorbehaltlos zugestanden werden, soweit sie nicht mit den Freiheitsspielräumen aller anderen in Konflikt geraten. Man könnte dies als Maximalitätsprinzip bezeichnen.

Nun ist es nicht mehr allzu schwierig anzugeben, wie sich aus diesen beiden – dem Geist nach Kantischen – Prinzipien Grenzen des Gebrauchs von Meinungsfreiheit formulieren lassen. Man denke vergleichsweise an die Unzulässigkeit eines Rechts des Individuums *A*, die Person *B* zu versklaven; die Illegitimität ergibt sich hier einfach daraus, dass es im Fall der Wahrnehmung eines solchen Rechts durch *A* für *B* unmöglich wäre, ihrerseits *A* zu versklaven. Die Inanspruchnahme des Rechts durch *A* hebt ja die Möglichkeit der Inanspruchnahme durch *B* unmittelbar auf; denn *B* verliert durch die Versklavung den Status als Rechteinhaber. Aber natürlich muss keine komplette Aufhebung vorliegen: Wenn *A* – um im Feld der Meinungsfreiheit zu bleiben – doppelt so viel Redezeit wie *B* zugestanden bekommt, löst dies zwar nicht *B*'s Recht auf freie Meinungsäußerung insgesamt auf; aber es lädiert dieses doch empfindlich. Unzulässig ist eine fremde Freiheitseinschränkung durch eigenen Freiheitsgebrauch ferner auch dann, wenn nicht ein gleichartiger, sondern ein anderer Freiheitsaspekt betroffen ist: Verletzt *A* durch freie Meinungsäußerung etwa das Ansehen von *B*, so kann z. B. dessen öffentliche Wahrnehmung beschädigt werden und damit vielleicht seine Chancen mindern, für ein politisches Amt zu kandidieren.

Hier sind wir beim Thema angekommen. Wenn man von diesen Überlegungen ausgehend das Recht auf Meinungsfreiheit und seine Grenzen näher bestimmen möchte, scheinen mir fünf Grenzziehungen zur Kompatibilisierung der individuellen Freiheitsspielräume besonders wichtig zu sein:

a) *Moralitätskriterium:* Der Schutz von grundlegenden Persönlichkeitsrechten; niemand darf sich auf das Recht zur freien Meinungsäußerung berufen, um dann Andere etwa herabzusetzen, zu beleidigen oder zu verleumden.

b) *Reziprozitätskriterium:* Jede Person, die das Recht auf freie Meinungsäußerung in Anspruch nimmt, muss adäquate (und das heißt in der Regel: äquivalente) Äußerungsbedingungen für alle anderen Debattenteilnehmer anerkennen.

c) *Legalitätskriterium:* Das Recht auf freie Meinungsäußerung schützt nicht diejenigen, die zu Straftaten aufrufen oder einen Verrat von Amts- oder Dienstgeheimnissen begehen (bestimmte Fälle von Whistleblowing bilden eine diskussionswürdige Ausnahme hiervon).

d) *Republikanisches Gemeinwohlkriterium:* Überdies darf durch das Recht auf Meinungsfreiheit nicht das friedliche Zusammenleben von Völkern oder von Bevölkerungsgruppen innerhalb einer Gesellschaft gefährdet werden; entwürdigende und herabsetzende Äußerungen über bestimmte Personengruppen sind nicht durch das Recht gedeckt.[1]

e) *Relevanzkriterium:* Ebenso wenig legitimiert das Recht sachfremde Auftritte, die mit dem Ziel des jeweiligen Meinungsforums nicht in ausreichender Verbindung stehen. Beispielsweise wären in einer kommunalen Bürgeranhörung Reden von Lobbyisten oder kommerzielle Werbeauftritte inadäquat. Bei der Inanspruchnahme des Rechts auf Meinungsfreiheit muss es sich um die Artikulation einer echten persönlichen Meinung in einem kontextrelevanten Sinn handeln.

Ich unterscheide die Kriterien (a) von (d) in folgender Weise: Während das Moralitätskriterium ausschließt, dass jemand das Recht auf freie Meinungsäußerung zur direkten Beleidigung oder Rufschädigung eines anderen nutzt, steht das Republikanische Gemeinwohlkriterium für die Unzulässigkeit der Nutzung von Meinungsfreiheit zum Zweck der (weiter gefassten) Diskriminierung von Gruppen. Somit ist (a) individualethisch („moralisch') gemeint und gehört im politischen Kontext eher in die *liberale* Theorietradition. Das Moralitätskriterium zeigt zudem eine klare Akteur-Adressaten-Relation: *A* schädigt *B* etwa durch beleidigende Äußerungen. Dagegen ist das Reziprozitätskriterium (b) offener und schwerer zu bestimmen: Eine Akteurin setzt fremde Gruppen, etwa politische, ethnische, sexuelle oder religiöse Minderheiten, für ihre (angeblich minderen) Eigenschaften oder Lebensformen herab und schädigt so deren allgemeine öffentliche Wahrnehmung; das kann so weit gehen, dass der soziale Konsens gefährdet und die gesellschaftliche Atmosphäre schleichend vergiftet wird. Als normativer Bezugspunkt steht hier im Hintergrund ein *republikanisches* Ideal des Gemeinsinns und Zusammengehörigkeitsgefühls. Idealerweise bestünde demgegenüber in einer *versöhnten Gesellschaft* ein ausreichendes Anerkennungsverhältnis zwischen allen Gruppen.

Natürlich ist es eine komplexe Frage, wann und wodurch genau das republikanische Ideal verletzt wird. Ich denke, es lässt sich immerhin eindeutig der Grundsatz formulieren, dass die Probleme bei der *Bestimmung* der Demarkationslinie das *Ziehen* der Demarkationslinie nicht generell unsinnig machen. Es existieren hinreichend viele eindeutige Verletzungsfälle, so dass die uneindeutigen Fälle nicht den Sinn des Kriteriums ins-

---

[1] Eine Besonderheit der deutschen Rechtslage bezieht sich auf die Leugnung des NS-Holocaust. In diesem Fall gilt auch – m. E. ganz zu Recht – eine Grenzziehung beim Gebrauch der Meinungsfreiheit in Bezug auf historische Tatsachen.

gesamt aufheben. Es braucht einfach Augenmaß und Urteilskraft zur Gewichtung der dabei konfligierenden Freiheitsgüter. Besonders schwierig ist es zugegebenermaßen, die Grenzen der Meinungsfreiheit im Feld der Kunst anzugeben, weil man geneigt sein mag, etwa der Satire eine radikale Freiheit der Expressivität zuzugestehen, die keinerlei Schranken unterworfen ist. Aber auch hier gibt es mehr als nur die Grenzen des guten Geschmacks.

Das Relevanzkriterium (e) ist für unseren Zusammenhang entscheidend; es wirft allerdings auch Schwierigkeiten auf. Man assoziiert das Recht auf freie Meinungsäußerung natürlich zunächst mit der Freiheit zur unbehinderten Thesenbildung in der Wissenschaft. Hierbei ist das Relevanzkriterium einigermaßen deutlich: Wer sich nicht an die methodischen, begrifflichen oder argumentativen Standards der jeweiligen Wissenschaft hält, darf sich nicht wundern, unter Umständen weitgehend ignoriert zu werden. Etwas anders liegt der Fall für diejenigen Teile der Öffentlichkeit, welche die Wissenschaft nur (falls überhaupt) als eine einzelne Quelle von Meinungen neben anderen (vielleicht wichtigeren) ansehen mögen – in zugespitzter Form etwa radikale religiöse oder politische Gruppen, die Verschwörungstheorien verbreiten. Solche Bewegungen lassen sich vermutlich weder sinnvoll verbieten noch mit wissenschaftlichen Mitteln bekämpfen (weil deren Anhänger ja Argumente gerade verachten), sondern nur tolerieren. Aber auch Toleranz hat klare Grenzen (s. unten Abschn. 3).

Selbstverständlich darf man, gerade innerhalb der akademischen Philosophie und gerade an den Universitäten, alles in Frage stellen, auch den politischen Liberalismus oder das republikanische Ideal des Gemeinsinns. Man darf beispielsweise die mehr oder minder große Plausibilität der Aristotelischen Theorie der Sklaverei ebenso verteidigen wie Nietzsches aristokratischen Elitarismus. Aber hierfür sollten dann die Spielregeln der akademischen Auseinandersetzung gelten: etwa die (selbst-)kritische Wahrheitsorientierung, der Rekurs auf überprüfbare Fakten sowie Sorgfalt und Konsistenz in der Begriffs- und Theoriebildung. In der akademisch-wissenschaftlichen Auseinandersetzung sollten unbedingt die ‚dianoetischen Tugenden' gelten, an die die neuere *virtue epistemology* erinnert hat: Neugier und Offenheit, Objektivität und Neutralität, begriffliche und argumentative Genauigkeit, Phänomenorientierung und die Einbeziehung fremder Standpunkte.

Man fragt sich, welche Rolle die Vertreter der äußersten politischen Rechten, wenn man sie im akademischen Zusammenhang auftreten lässt, sinnvollerweise spielen könnten. Warum sollte man ausgerechnet diejenigen als Referenten einladen, die sich erfahrungsgemäß nicht an die reflektierten Prinzipien wissenschaftlicher Diskurskultur halten? Typisch für sie scheint eher die gewollte Zuspitzung zu sein, der kalkulierte Tabubruch und die emotionalisierte Zurückweisung einer als lästig empfundenen Kultur ‚politischer Korrektheit'. Was können etwa Studierende bei solchen Auftritten lernen – außer dass sich mit ihnen eine Art Rhetorikstudium zum sophistischen Paradigma fragwürdiger Argumentationsmuster verbinden ließe?

Im viel diskutierten Fall der Einladung von Marc Jongen und Thilo Sarrazin an die Universität Siegen durch den Kollegen Dieter Schönecker, handelt es sich um eine spezielle Variante der Wahrnehmung des Rechts auf Meinungsfreiheit: um Wissenschaftsfreiheit, genauer um die Freiheit zur Einladung von Vortragenden. Hier verändern sich die zuvor genannten fünf Kriterien ein wenig (entsprechend den besonderen Bedingungen des gesellschaftlichen Subsystems Wissenschaft), und es kommen weitere hinzu. Wissenschaft funktioniert zum einen strenger, zum anderen aber auch weiter und offener als öffentliche oder politische Debatten. Wer sich im Rahmen der Wissenschaft äußert, muss sich einerseits stärker an die einschlägigen Spielregeln und Methodenstandards halten (während öffentlich-politische Diskussionen dies nicht voraussetzen); sie oder er muss eigene Vorarbeiten und eine gewisse Expertise in dem Feld aufweisen können, zu dem man ihn oder sie einlädt. Andererseits ist es wissenschaftstypisch, dass man eine gewisse Grundlagenskepsis an den Tag legen darf, die auch Inhalte in Frage stellen darf, die im öffentlichen Diskurs nicht problemlos diskutierbar sind. Der wissenschaftliche Anti-Dogmatismus darf auch soweit gehen, die zentralen normativen Grundlagen liberaler Staaten zu problematisieren: also Menschenrechte und Menschenwürde, Vernunft und Egalität, Demokratie und Liberalismus, Moralität und Reziprozität.

Im normativ eindeutigen Fall hat eine Gastreferentin eine genuin wissenschaftliche Sozialisation durchlaufen und zum betreffenden Themengebiet langjährig gearbeitet; sie hat bei ihrer Thesenbildung eine gewisse Neutralität und Objektivität gewahrt und fremde Standpunkte angemessen berücksichtigt. In lockerer Aufzählung denke ich, dass ein Rederecht bei wissenschaftlichen Veranstaltungen – neben dem bereits erwähnten Relevanzkriterium – an folgende zusätzliche Grundsätze gebunden sein sollte:

f) Sozialisationskriterium
g) Expertisekriterium
h) Einschlägigkeitskriterium
i) Methodenkriterium
j) Qualitätskriterium
k) Objektivitätskriterium

Lädt man hingegen Vertreter der äußersten politischen Rechten unter Berufung auf das Recht auf freie Meinungsäußerung ein, so unterliegt man m. E. im Grunde einer Verwirrung: man begeht eine Art von einladungspolitischem Kategorienfehler. Wenn man ein Seminar über Meinungsfreiheit abhält und dazu beispielsweise Texte von John Stuart Mill liest, schiene es doch mit Sicherheit passender, zusätzlich zeitgenössische Theoretikerinnen und Theoretiker der Meinungsfreiheit dazu zu bitten, etwa Kolleginnen und Kollegen aus politischer Philosophie, Politikwissenschaft, Soziologie oder Zeitgeschichte. Welche Expertise haben hier Jongen oder Sarrazin? Die bloße Tatsache, dass sie von der aktuellen Diskussion um Meinungsfreiheit betroffen sind, macht sie noch längst nicht zu reflektierten Debattenteilnehmern – so wenig wie Herzpatienten *eo ipso* die bestgeeigneten wissenschaftlichen Vortragenden auf einem Kardiologen-Kongress sein dürften. Sicher, man muss sie als Betroffene in die Theoriebildung einbeziehen. Aber sie selbst sind in der Regel nicht zugleich diejenigen, die die relevantesten Theorien zu bilden vermögen.

Das Siegener Seminar über Meinungsfreiheit beruht auf diesem Kategorienfehler: Es verkehrt gleichsam die Idee der wissenschaftlichen Politikberatung in ihr Gegenteil. Nähme ein AfD-Politiker wissenschaftlichen Rat an, dann ergäbe sich für ihn im Idealfall ein sachlicher Informationsgewinn, der bis zur Revision seiner politischen Position führen könnte. Wunschdenken, gewiss. Aber die Frage ist: Was könnte sich umgekehrt ein universitäres Publikum im Idealfall von einem Referenten neurechter Prägung zur Wahrheitsfindung, etwa beim Thema Migration, erhoffen? Mehr als die Lieferung von Anschauungsmaterial für fragwürdige Überzeugungen? Einen Stimmungsindikator für die Befindlichkeit eines gewissen Prozentsatzes der Bevölkerung? Zugegeben, auch wissenschaftliche Politikberatung kann grundsätzlich in die Irre gehen; sie kann etwa auf tendenziösen Interpretationen beruhen oder in Gefälligkeitsgutachten einmünden. Aber das sind Entstellungsformen von Wissenschaft. Grundsätzlich sind die Chancen darauf, mit einer ausführlich diskutierten oder wissenschaftlich geprüften These richtig zu liegen, weitaus höher als auf der Basis von bloß ‚gefühlten' Wahrheiten. Man muss die Vertreter der neuen Rechten von universitärer Seite aus daher keineswegs als „toxisch und unberührbar" klassifizieren, um sie dann ausschließen zu können, wie Thomas Thiel dies in einem Artikel anprangerte (Thiel 2019). Es genügt völlig, darauf zu verweisen, dass sie dann ernsthaft einladenswert wären, wenn sie akademisch diskutierbare, potentiell wahrheitsfähige Überzeugungen entwickeln würden. Aber auch erst dann.

2 Die Meinungsfreiheit und das Vorrangproblem

Viele Vertreter(innen) der neuen Rechten reklamieren zwar das Recht auf freie Meinungsäußerung lautstark für sich selbst, nehmen es aber offenkundig nicht ebenso ernst, wenn es darum geht, es anderen zu konzedieren, und insbesondere akzeptieren sie häufig nicht die mit ihm verbundenen Grenzen und Pflichten (besonders die Pflicht zur Sorgfalt und Faktenorientierung). Eine solche konkret vollzogene Ablehnung von Egalität, Reziprozität und den Tugenden der *virtue epistemology* muss nicht und sollte nicht toleriert werden; aber dazu komme ich im nächsten Abschnitt. Was m. E. zunächst einen – wenigstens kurzen – Blick lohnt, ist das sogenannte ‚Vorrangprinzip'.

Das Prinzip eines Vorrangs menschlicher (oder bürgerlicher) Grundrechte und Grundfreiheiten findet sich bei allen klassischen und modernen Theoretikern des politischen Liberalismus. Dabei werden Freiheitsrechte so verstanden, dass sie gegenüber allen anderen normativen oder wertbesetzten Aspekten des Politischen in einem starken Sinn (vielleicht sogar ‚kategorisch' oder ‚lexikalisch') prioritär sind. Kant spitzt seinen, wie man ihn nennen könnte, ‚deontologischen Liberalismus' sogar dahingehend zu, dass er Freiheit, verstanden als angeborenes Recht, als einzigen normativ relevanten Gesichtspunkt im rechtlich-politischen Feld überhaupt interpretiert; er kennt nicht nur keine anderen Rechte (etwa Sozial- oder Teilhaberechte), sondern weist auch die Idee rechtlich-politischer Güter insgesamt zurück.

Auch wenn dies zweifellos zu stark ist, die Grundfreiheiten müssen nach liberaler Auffassung doch dem politischen Tagesgeschäft entzogen sein. Sie bilden vielmehr dessen Spielregeln oder Voraussetzungen und sind in dieser Funktion unantastbar. Sie dürfen durch das, was politisch entschieden oder gesetzlich festgelegt wird, nicht tangiert oder unterminiert werden. Vielmehr müssen sie als stabiler, invarianter Kern der liberalen Grundordnung anerkannt werden. Doch was genau kann als philosophische Legitimation für den Vorrang der Grundfreiheiten in politischen Ordnungen dienen?

Betrachtet man das liberale Vorrangprinzip aus der Perspektive der älteren Theoriegeschichte der politischen Philosophie, so stößt man auf mindestens drei verschiedene Strategien zur Rechtfertigung ihrer Priorisierung: i) auf die naturrechtliche Begründung unveräußerlicher Freiheiten (etwa mit einem theologischen Bezug wie bei Locke), ii) auf die Begründung auf der Basis allgemeiner Handlungsfreiheit (wie in Kants *Rechtslehre* bezogen auf den Begriff der ‚freien Willkür') und iii) auf die Begründung auf der Basis utilitaristischer Prinzipien (wie bei J. St. Mill, wenn auch die genaue Verbindung der Schriften *On Liberty* [1859] und *Utilitarianism* [1861] einigermaßen interpretationsbedürftig ist).

Eher modernitätstypisch wäre eine Position (iv), wonach man gemäß einem höherstufigen ‚epistemischen Pluralismus' anerkennen würde, dass auch die Gegenposition zu meiner eigenen richtig sein könnte oder dass zumindest hinreichend gute Gründe dafür sprechen mögen, sie zu vertreten – obwohl sie meiner eigenen zuwiderläuft. Zudem kann man noch (v) an eine Rechtfertigung des Primats unantastbarer Freiheiten auf der Grundlage des Menschenwürdebegriffs denken oder (vi) an den ‚rationalen' Vorrang negativer gegenüber positiven Freiheiten wegen deren Symmetrie- und Reziprozitätseigenschaften (im Sinn eines Kontraktualismus). In der Gegenwart ist (vii) Rawls' Lösung besonders prominent; Rawls hat sowohl in *Eine Theorie der Gerechtigkeit* (1971) als auch später, in den *Tanner Lectures* (1981) und in *Politischer Liberalismus* (1993), konstruktivistische Lösungen vorgeschlagen: nämlich einerseits eine Begründung des Vorrangs der Grundfreiheiten mithilfe einer Theorie der rationalen Wahl und andererseits eine Begründung mithilfe eines politisch-liberalen Personenbegriffs. Ich selbst würde dagegen (viii) eine transzendentale Handlungstheorie favorisieren, in der grundlegende Freiheiten (die unsere vernünftige Handlungsfähigkeit ausmachen) als Bedingungen der Möglichkeit aller rationalen Zielverfolgung gedeutet und damit priorisiert werden.

Zur Rechtfertigung des liberalen Vorrangprinzips liegen also eine Reihe von Begründungen vor:

i) naturrechtliche Begründung
ii) allgemeine Handlungsfreiheit
iii) utilitaristische Prinzipien
iv) höherstufiger epistemischer Pluralismus
v) Primat unantastbarer Freiheit auf Grundlage des Menschenwürdebegriffs
vi) rationaler Vorrang negativer Freiheiten gegenüber positiven Freiheiten
vii) konstruktivistische Lösung
viii) transzendentale Handlungstheorie

Aber offenbar sind auch einige Verknüpfungen oder Koalitionen zwischen diesen Begründungen möglich, denn es besteht zwischen ihnen nicht durchgängig ein striktes Ausschlussverhältnis. Worauf es mir hier aber lediglich ankommt, ist allerdings, dass der Vorrang der Grundfreiheiten allgemein als philosophische Kerndoktrin des politischen Liberalismus aufgefasst wird. Ich verwende daher als Definition eines illiberalen Weltbilds, dass in diesem das Vorrangprinzip nicht anerkannt wird.

3 Wie tolerant sollte man gegenüber illiberalen Auffassungen sein?

Es scheint mitunter eine gute Empfehlung zu sein, auch denen öffentliche Auftritte zu konzedieren, die dies anderen im umgekehrten Fall nicht zugestehen würden. Diese Empfehlung mag tatsächlich etwa dann sinnvoll sein, wenn jemand mit akademisch-philosophischen Mitteln – im schon erwähnten Beispiel – Nietzsches aristokratischen Elitarismus aus der kleinen Schrift *Der griechische Staat* (1872) verteidigen wollte (die sich wegen ihres unverblümten Plädoyers für die Wiedereinführung der antiken Sklaverei reichlich problematisch ausnimmt). Solange dies Teil eines akademischen Diskurses bleibt und mit wissenschaftlichen Mitteln geschieht, steht dem m. E. nichts im Weg. Es ist ja immer interessant zu sehen, was jemand zugunsten einer anstößigen Idee vorbringen mag und ob ihm oder ihr wenigstens eine gewisse Plausibilisierung gelingt. Wollte man daraus aber ein politisches Programm ableiten, in dem die Versklavung bestimmter Teile der Bevölkerung verlangt wird, dann sehe ich nicht, warum man dem Betreffenden eine Bühne bieten sollte. Natürlich bleibt es jedem unbenommen, diese Position privat zu vertreten. Aber man muss ihm kein Forum bereitstellen, etwa in der Absicht, auf diese Weise das gegebene politische Meinungsspektrum bis zu den extremen Rändern abzubilden.

Natürlich mag man einwenden, dass Jongen und Sarrazin nichts annähernd so Extremes verträten wie der Sklaverei-Befürworter meines Beispiels. Das mag richtig sein, jedoch bildet die konkrete Beurteilung ihrer politischen Standpunkte nicht den Gegenstand dieses Beitrags. Thema sind vielmehr die Grenzen des Rechts auf freie Meinungsäußerung. An eindeutig illiberalen Fällen lässt sich deutlich erkennen, was auch für andere Positionen gelten würde, sollten sich diese ebenfalls als illiberal erweisen.

Doch müsste man als liberales Auditorium nicht hinreichend gefestigt sein, sich jemanden anzuhören, der eine illiberale Position vortragen will? Fällt dies nicht unter Toleranz? Ich denke, man muss hier genauer hinsehen, um keine begriffliche Verwirrung zu begehen.

Daher zunächst einige Bemerkungen zum Toleranzbegriff: Es scheint mir wichtig zu betonen, dass Toleranz überhaupt erst ins Spiel kommen kann, wenn eine Person *A* gegenüber den Ansichten oder Verhaltensweisen einer Person *B* eine Haltung einnimmt, die auf eigentümliche Weise aus Ablehnung und Akzeptanz gemischt ist. Nach einer Terminologie, die auf Preston King zurückgeht, muss man im Toleranzbegriff zwischen einer Ablehnungskomponente *(objection component)* und einer Akzeptanzkomponente *(acceptance component)* unterscheiden. Unter Toleranz versteht man entsprechend eine Bereitschaft zur Selbstrelativierung (hier von *A* gegenüber *B*), die ziemlich schwer zu leisten ist: *A* hält das Verhalten oder die Meinung von *B* für falsch, setzt sich aber für deren Ausführbarkeit oder Äußerbarkeit ein. Vielleicht ist die Toleranzforderung deswegen sogar paradox und oft geradezu unmöglich. Das ‚Paradox der Toleranz' ergibt sich aus der Frage, wie man die Überzeugungen, Identitäten oder Lebenshaltungen anderer Personen oder Gruppen auch dann akzeptieren können sollte, wenn diese mit den eigenen Standpunkten nicht nur nicht zur Deckung zu bringen sind, sondern sich geradezu als mit ihnen unvereinbar erweisen.

Näher betrachtet scheint mir nun eine Beobachtung hilfreich zu sein, die auf Joseph Raz zurückgeht (Raz 1987). Nach Raz gleicht Toleranz, verstanden als individuelle Tugend, der Aristotelischen Selbstbeherrschung *(enkrateia)*, indem sie die Haltung einer Person beschreibt, die ihren feindseligen Impuls gegenüber einem Anderen, welcher sich (aus Sicht von *A*) defektiv verhält, nicht handlungswirksam werden lässt. Der feindselige Impuls, so Raz, würde mich sonst vielleicht dazu führen, dass ich den anderen verfolge, strafe, schädige, verletze, beschimpfe usw. – was ich aufgrund meiner Toleranz unterlasse. Tolerant ist nach Raz also niemand, der auf aggressives Verhalten gegenüber jemanden verzichtet, weil er ihn im Grunde bewundert oder für gut hält, im Augenblick aber auf ihn gerade wütend ist. Vielmehr kommt stets der Aspekt dazu, dass der Tolerante *A* glauben muss, der betreffende andere, also *B*, *verdiene* wegen seiner Verfehlung eigentlich Verfolgung, Strafe, Schädigung, Beschimpfung etc.; der Tolerante unterlässt die Schädigung also in dem Bewusstsein, dass sie berechtigt wäre. Toleranz stellt somit keine mit innerer Harmonie vollzogene Tugend dar, sondern drückt eine komplexe innere Gespaltenheit aus (eben wie die *enkrateia*). Hierbei muss das defektive Verhalten des Anderen nach Raz nicht unbedingt *moralisch defektiv* sein. Aber moralische Defektivität ist natürlich der zentrale Fall für Toleranz.

Was bewegt Akteure dazu, tolerant zu sein? Warum sollte man dazu bereit sein, die unilaterale, anspruchsvolle Haltung der Toleranz einzunehmen (und in sich das Verlangen nach Schädigung des anderen niederzukämpfen)? Zunächst, ausgeschlossen wäre hier das Motiv eines ‚epistemischem Pluralismus', bei dem man konzediert, auch der andere könnte recht haben – denn dann läge ja bei *A* eine kognitive Unsicherheit vor, die mit Toleranz unvereinbar ist. Toleranz setzt doch gerade voraus, dass sich *A* der Richtigkeit seiner Position und der Falschheit von *B*s Haltung sicher ist, aber diese Verfehltheit hinnimmt. Überzeugende Gründe oder Motive für das Tolerieren fremden Fehlverhaltens (aus Sicht des Tolerierenden) sind *Gleichgültigkeit* oder Indifferenz gegenüber der fremden Person und ihrer Lebensweise, *Nachsicht* (vielleicht mit einem gewissen Maß an Herablassung) mit einer irgendwie als fehlgeleitet empfundenen fremden Position und *pragmatische Erwägungen,* die den eigenen Vorteil ins Zentrum rücken (die z. B. auf die Wahrung des sozialen Friedens und auf einen *modus vivendi* abzielen). Die bestmögliche Motivation scheint die von Voltaire empfohlene moralisch orientierte Toleranz zu sein; sie liefe auf eine Haltung der *höherstufigen Humanität* oder der moralischen ‚Billigkeit' *(epieikeia, aequitas)* hinaus.

Sicher, solange Gleichgültigkeit, Nachsicht und Pragmatismus mögliche Haltungen gegenüber einer (vielleicht im Grunde harmlosen oder randständigen) illiberalen Position sind, ist gegen Toleranz nichts einzuwenden. Aber warum sollte sich jemand dem moralischen Aufwand unterziehen, die unilaterale Motivation von Humanität aufzubringen, um einer illiberalen Position Gehör zu verschaffen? Ich denke nicht, dass dies unter einen sinnvoll verwendeten Toleranzbegriff fällt.

Gemäß meiner Definition von ‚Illiberalität' ist eine Position dann illiberal, wenn sie den Vorrang der Grundfreiheiten nicht anerkennt. Kann man also jemanden vom Gebrauch von Grundrechten ausschließen, wenn der Betreffende das Vorrangprinzip nicht teilt? Nein, denn offenbar wäre dies mit der Idee des politischen Liberalismus unvereinbar, wonach jeder Person die betreffenden Rechte in gleichem und möglichst großem Umfang zuerkannt werden müssen. Die Zuerkennung von Grundrechten fällt aber ohnehin nicht unter Toleranz, sondern muss grundsätzlich invariant und toleranzunabhängig gelten (von Sonderfällen wie dem Freiheitsentzug für Straftäter einmal abgesehen). Aber der Toleranzbegriff hat hier dennoch seinen Platz: Denn zur Praxis der Meinungsfreiheit gehört natürlich, wie aktiv jemand in deren öffentliche Ausübung einbezogen wird. Und hier gilt nach meiner Meinung: In der Regel verdienen illiberale Positionen *keine Toleranz,* wenn es darum geht, ihnen aktiv einen öffentlichen Raum zu bieten.

Ich denke an folgende Begründung: Mit Raz sei vorausgesetzt, dass der Toleranzbegriff nur dann angemessen gebraucht wird, wenn man dabei die beschriebene spannungsreiche moralpsychologische Dimension in Rechnung stellt; dann lässt er sich wie folgt auf unseren Fall anwenden. Eine Person *A* steht vor der Frage, ob sie einer Person *B* eine Meinungsplattform für die Propagierung eines illiberalen Weltbilds bieten sollte oder nicht. Mit

Blick auf die soeben skizzierte Deutung des Toleranzbegriffs kommen hier drei Komponenten ins Spiel. Erstens, die Komponente des *inneren Konflikts,* d. h. das Ausmaß dieser Nichtübereinstimmung mit dem fremden Standpunkt; sie beruht auf der Wahrnehmung von *A,* dass zwar sie selbst, nicht aber *B* den Vorrang der Grundrechte anerkennt. Zweitens, die Komponente des *Rekurses auf eine höhere Geltungsebene,* d. h. die tolerante Person *A* muss für einen Moment ihren eigenen Standpunkt zurücklassen und ihn im Licht einer übergeordneten Perspektive relativieren; angenommen, dies wäre die humanitär-moralische Gesinnung der Billigkeit. Dann schlösse dieser Schritt eine spürbare partielle Selbstnegation ein, von der man nicht sieht, wie *B*s Verhalten diese rechtfertigen könnte. Und drittens kommt hinzu die Komponente von *Einseitigkeit* und *Selbsttranszendenz,* die mit diesem Rekurs verbunden sind. Denn die höhere Geltungsebene kann ja keine zwischen dem Tolerierenden und dem Tolerierten geteilte sein, ansonsten könnte man ja einen Konsens anstreben und bräuchte keine Toleranz. Diese einseitige Selbsttranszendenz wäre aber unangemessen, weil sie als Entgegenkommen gegenüber dem Standpunkt der Illiberalität erschiene und auf eine Selbstpreisgabe moralischer Humanität hinausliefe.

Wenn es wahr ist, dass eine Komponente von Verurteilung im Vollzug von Toleranz immer präsent bleiben muss, dann kann sich *A* im vorliegenden Fall nicht auf Voltaires Menschheitsideal stützen. Für Toleranz ist es konstitutiv, dass die andere Person oder Personengruppe sich aus Sicht des Tolerierenden inadäquat verhält oder Unwerte vertritt, die der Tolerierende verurteilt, ohne dass er Grund zu der Annahme hat, dass der zu Tolerierende selbst eine ähnliche Werthaltung einnimmt. Toleranz ist kein Einigungsszenario, sondern eine unilaterale Leistung, ja vielfach geradezu eine moralische Supererogationsleistung. Illiberale Positionen verdienen diese nicht.

Literatur

Kant, I. (1968). *Die Metaphysik der Sitten.* Akademieausgabe (Bd. VI). Berlin: De Gruyter.
Raz, J. (1987). Autonomy, Toleration, and the Harm Principle. In R. Gavison (Hrsg.), *Issues in contemporary legal philosophy. The influence of H.L.A. Hart* (S. 313–333). Oxford: Clarendon Press.
Thiel T. (2019). Unsere Debattenkultur liegt im Fieber. *Frankfurter Allgemeine Zeitung* vom 27. Februar 2019.

Cordon Sanitaire: Epistemische Geschlossenheit als Wagnis

Julian F. Müller

1 Einleitung

In seinem 2016 erschienen Buch *What is Populism?* wendet sich der Politologe Jan-Werner Müller entschieden gegen den Populismus. Nach Müller negiert der Populismus eine der zentralen normativen Grundprinzipien liberaler Demokratie: die Affirmation des Pluralismus. Kritisch steht Müller jedoch dem Umgang mit Populisten in Europa gegenüber. In seinem Buch argumentiert der Politologe, dass etablierte Parteien und Medien einen Cordon Sanitaire errichten würden, um der Epidemie des Populismus Herr zu werden. Die Bildung eines Cordon Sanitaire beinhaltet auf politischer Ebene ein Verbot mit Populisten zu koalieren und zu kooperieren. Auf gesellschaftlicher Ebene etabliert sich damit eine Praxis, in der die Mehrheit einer Minderheit den Status abspricht, ein vernünftiger Gesprächspartner zu sein. Die Anliegen, Argumente und Ängste von Populisten und ihren Sympathisanten werden damit zu einem gewissen Grad tabuisiert. Müller spricht sich dabei klar gegen die Errichtung so eines Cordon Sanitaire aus, da er ihn für wenig zweckdienlich hält. Inwieweit die Bildung eines Cordon Sanitaire zweckdienlich, moralisch zulässig oder – zumindest unter bestimmten Bedingungen – gar gefordert ist, ist eine schwierige Frage, die an anderer Stelle diskutiert werden muss. In diesem Beitrag

---

J. F. Müller (✉)
Philosophischen Seminar, Universität Hamburg, Hamburg, Deutschland
E-Mail: julian.mueller@uni-hamburg.de

möchte ich mich dem Spannungsverhältnis zwischen der Errichtung eines Cordon Sanitaire und der Integrität der Wissenschaften widmen. Zu diesem Zweck möchte ich in einem ersten Schritt einige Überlegungen zu den epistemischen Kosten eines Cordon Sanitaire vorstellen. Im zweiten Schritt werde ich mich dann der Rolle der Wissenschaften innerhalb der liberalen Demokratie widmen. Hierbei werde ich auch den besonderen Stellenwert der Wissenschaftsfreiheit für die Politische Philosophie herausarbeiten. Weiter werde ich argumentieren, dass die Idee inner-universitäre Gremien einzurichten, die zentral über die Einladung von heterodoxen Denkern/innen entscheiden, den Sinn der Wissenschaftsfreiheit konterkariert. Auf Basis dieser Überlegungen, widme ich mich dann der Frage, ob und inwieweit es vertretbar ist, mit Populisten innerhalb akademischer Formate zu debattieren. In drei Argumenten spreche ich mich dafür aus, mit Populisten zu diskutieren, solange jene sich auf dem Boden des Grundgesetzes befinden. Zuerst werde ich aufzeigen, dass gerade in der Politischen Philosophie Diskussionen mit heterodoxen Denkern/innen pädagogisch gewinnbringend sind. Die beiden darauffolgenden Argumente führen die Diskussionen aus dem zweiten und dritten Abschnitt zusammen. Im Kern argumentiere ich, dass es für die Integrität der Wissenschaft unverzichtbar ist, dass sie sich nach innen hin immer wieder des Primats der Wahrheitssuche versichert. Nach außen dagegen muss die Wissenschaft um Vertrauen werben. Beide Ziele können jedoch nur erreicht werden, wenn die Universität das Primat der Wahrheitssuche in ihrem eigenen Geltungsbereich sicherstellt und selbstbewusst verteidigt.

2   Cordon Sanitaire

Der Ausdruck „Cordon Sanitaire" stammt ursprünglich aus einem medizinischen Begriffsfeld und bezeichnet laut Duden einen „Sperrgürtel zum Schutz gegen das Einschleppen epidemischer Krankheiten". Bei einem Cordon Sanitaire handelt es sich also um eine geographisch definierte Sperrzone, die dazu dient, bestimmte hoch infektiöse Seuchen zu isolieren. Im Zuge der COVID-19 Epidemie hat sich die Regierung der Volksrepublik China etwa entschieden, die Millionenstadt Wuhan vom restlichen Staatsgebiet zu isolieren. Ein Grund dafür gesamte Gebiete abzusperren, liegt darin, dass es am Anfang einer Epidemie oftmals unklar ist, wie sich ein Virus genau verbreitet. Es stellt sich etwa die Frage, ob das Virus sich durch direkten Körperkontakt oder auch über Aerosole verbreitet. Weiter ist es zu Beginn einer Pandemie meist eine offene Frage, ob das Virus auch Gegenstände kontaminieren kann, so dass man sich durch bloße Berührung von kontaminierten Flächen – Kaffeetassen, Türklinken, Geldscheine – infiziert. Der Begriff des Cordon Sanitaire wurde dabei schon früh, d. h. Anfang des 20. Jahrhunderts, politisch umgemünzt. Der Westen Europas bemühte sich damals, sowohl geographisch als auch ideologisch einen Bannkreis um die erstarkende Sowjetunion zu errichten. Jan-Werner Müller hat den Begriff jüngst wiederbelebt in der Diskussion um den gesellschaftlichen Umgang mit populistischen Parteien. Als direkte Reaktion auf die Herausforderung durch den Populismus hätten etablierte Parteien und Medien einen Cordon Sanitaire um Populisten gebildet ((Müller 2017, S. 82 f.). Es ist ein Wesensmerkmal von populistischen Parteien, dass sie für sich in Anspruch nehmen, die einzige Alternative zu sein in einem weitgehend homogenen und korrupten Parteiengefüge. Müller macht darauf aufmerksam, dass die Bildung eines Cordon Sanitaire den Populisten damit direkt in die Hände spielt. Die vermeintliche politische Ausgrenzung von Populisten wird durch den Schulterschluss der Eliten zum Fakt.

Mit der Errichtung eines politischen Cordon Sanitaire gehen weitere Konsequenzen einher. Nicht nur erfolgt eine Stigmatisierung der politischen Akteure, sondern auch eine Stigmatisierung der Sympathisanten dieser Parteien. Eine der zentralen Themen der Politischen Philosophie seit der Veröffentlichung von John Rawls' Opus Magnum *Political Liberalism,* ist die Frage, wie man mit tiefen politischen Meinungsverschiedenheiten gesellschaftlich am besten umgehen soll. Eine wesentliche Einsicht der jüngeren Diskussion ist meines Erachtens, gelingenden gesellschaftlichen Diskurs als Verkettung politischer Diskurse zu verstehen. Die Grundidee ist simpel: Um einen fruchtbaren Diskurs herzustellen zwischen zwei politisch antagonistischen Gruppen A und C, ist oftmals eine Gruppe B notwendig, die sowohl normative als auch lebensweltliche Schnittflächen mit Gruppen A und C aufweist. Die Gruppe B fungiert insofern als Mittler, Transmissionsriemen und Übersetzer zwischen A und C.

Anhand dieses einfachen Modells können wir uns schematisch einige weitere Konsequenzen eines Cordon Sanitaire verdeutlichen. Machen wir uns zunächst Folgendes bewusst. Die Errichtung eines Cordon Sanitaire ist kein präzises Instrument: Mit einem präzisen Instrument auf die einzudämmende Pandemie zu reagieren, würde bedeuten, dass man zuerst einmal zwischen den Personen unterscheidet, die infiziert sind, die möglicherweise infiziert sind und denjenigen, die gesund sind. Weiter würde man sorgsam unterscheiden zwischen Flächen, die kontaminiert sind, solchen, die möglicherweise kontaminiert sind, und denjenigen, die nicht kontaminiert sind. Auf diese Weise ließen sich allerhand Kollateralschäden vermeiden.

Die Errichtung eines Cordon Sanitaire dagegen ist eine Brachialmethode – und als solche bringt sie Kollateralschäden mit sich. Die Freiheitsrechte der Gesunden werden ebenso eingeschränkt wie die der Kranken, und das Risiko der Gesunden sich zu infizieren, steigt dramatisch.

Ähnliches gilt auch für einen politischen Cordon Sanitaire. Einen Cordon Sanitaire um eine Partei zu ziehen, bringt mit sich, dass zuerst einmal alle Parteimitglieder als Infizierte stigmatisiert werden. Wie bei einer Pandemie wird aber nicht nur ein Bannkreis um all jene gezogen, die krank sind, sondern auch um die Dinge und Personen, die mit den Kranken in Kontakt gekommen sind. Unter den Dingen befinden sich hier zunächst einmal abstrakte Gegenstände wie Begriffe, Themen, und Argumente. Ganze Themenfelder werden so leicht als kontaminiert identifiziert. Auf unser Modell zurückgebunden bedeutet dies, dass gerade Bs, die Vermittler zwischen As und Cs, in Verdacht kommen selbst infiziert zu sein. In Deutschland war dies etwa im organisierten Liberalismus zu beobachten. So kam es etwa in den vergangenen Jahren durch die Diskussion über die Abgrenzung zur AfD in der FDP und der Hayek-Gesellschaft zum Bruch. Die Wahl in Thüringen 2020 zeugt dabei davon, dass die FDP immer noch mit sich ringt. Nach einer Tagesschau-Umfrage sind nur 25 % der FDP-Parteihänger dafür, dass mit der AfD nicht zusammengearbeitet werden soll, bei der CDU sind es 69 % und bei der SPD 79 % (ARD-Deutschlandtrend extra 2020).

Der deutsche Soziologe Armin Nassehi stellte jüngst in einem Interview klar, dass politischer Protest kein Hauptseminar mit „differenzierten Argumentationsstrukturen und Abwägungsformen" (Poschardt 2020) sei. Was für politischen Protest gilt, gilt in ähnlicher Form auch für die Errichtung eines politischen Cordon Sanitaire. Er ist eine klare Nein-Positionierung der kulturellen Elite gegenüber einer politischen Minderheit. Inwieweit solche politischen Mittel legitim oder auch nur zweckrational sind, ist nicht Gegenstand dieses Essays. Es geht hier darum, die epistemische Dimension dieses politischen Mittels hervorzuheben. Indem man einen Cordon Sanitaire errichtet, erklärt die Elite eine ganze Gruppe, samt ihren politischen Positionen und Begriffe, für potentiell kontaminiert. Dies findet unter anderem Ausdruck darin, dass in einer repräsentativen Umfrage 63 % der Deutschen folgender Behauptung zustimmen: „Heutzutage muss man sehr aufpassen, zu welchen Themen man sich wie äußert. Es gibt viele ungeschriebene Gesetze, welche Meinungen akzeptabel und zulässig sind und welche eher tabu" (Köcher 2019). Eine Studie von Ekins findet ähnliche Werte für die USA, demnach gaben 62 % der amerikanischen Bevölkerung an, dass sie im gegenwärtigen politischen

Klima Angst hätten, bestimmte politische Überzeugungen kundzutun (Ekins 2020).

In einer Epidemie unterdrückt man den Hustenreiz, weil man nicht in Verdacht geraten möchte, infiziert zu sein. Wer Viruswirt ist, dem droht schließlich die Quarantäne. Gibt es einen politischen Cordon Sanitaire, möchte man ebenfalls nicht in Verdacht geraten, Virusträger zu sein. Denn auch hier drohen Sanktionen. Diese Sanktionen gehen von Rufschädigung, Ausgrenzung bis hin zu Jobverlust. Um nicht fälschlicherweise als Virusträger – oder gar als Superspreader – in Verdacht zu kommen, gebietet es die instrumentelle Rationalität, persönliche Kontakte zu Infizierten (C) und auch zu den möglicherweise Infizierten (B) zu minimieren. Die Errichtung eines Cordon Sanitaire verstärkt damit die politische Polarisierung, weil er den diskursiven Transmissionsriemen zwischen As und Cs kappt. Epistemisch hat dies zuerst einmal folgende negative Effekte. Zum einen wird der Informationsfluss zwischen As und Cs gestört, zum anderen sind Radikalisierungseffekte in Gruppe A und C durch den von Cass Sunstein beschriebenen *Echo Chamber Effekt* zu erwarten. Weiterhin gebietet die instrumentelle Rationalität, kontaminierte politische Themen, Argumente und Positionen weiträumig zu umschiffen. Themen, Argumente und Positionen werden oft dadurch kontaminiert, dass Rechtspopulisten sie aufgreifen oder auch nur aufgreifen könnten. Um hier nur ein prominentes Beispiel zu nennen: Am 28. Mai postete der Daten-Analyst und Sozialdemokrat David Shor, der unter anderem für Barack Obamas Wiederwahl-Kampagne gearbeitet hat, eine kurze Zusammenfassung eines wissenschaftlichen Artikels des Princeton Professors Omar Wasow auf Twitter. Der Tweet im Wortlaut liest sich folgendermaßen:

> Post-MLK-assasination [sic!] race riots reduced Democratic vote share in surrounding counties by 2 %, which was enough to tip the 1968 election to Nixon. Non-violent protests *increase* Dem vote, mainly by encouraging warm elite discourse and media coverage.

Dass ein sozialdemokratischer Daten-Analyst, der darum bemüht ist, die Wiederwahl Trumps zu verhindern, gute Gründe hat, diese Information über den Äther zu verteilen, ist verständlich. Was darauf folgte war ein schwer nachzuvollziehender Shitstorm, in dem David Shor unterstellt wurde, heimlich eine rassistische Agenda zu betreiben: „YOU need to stop using your anxiety and 'intellect' as a vehicle for anti-blackness". Auch wurde Civic Analytics, der Arbeitgeber von Shor, aufgefordert diesen umgehend zu entlassen. Die Firma kam diesem Wunsch wenige Tage später nach. Es sei hier nur am Rande angemerkt, dass es u. a. dieser Fall war, der zu einem – auch in Deutschland weitflächig diskutierten – offenen Brief von 150 Intellektuellen gegen die Cancel Culture führte.

Aus der Kommunikationsforschung wissen wir, dass es zwei Effekte gibt, die verhindern, dass Gesprächsgruppen das vorhandene Wissen innerhalb einer Gruppe optimal nutzen. Der *Common Knowledge Effect* beschreibt den Umstand, dass Gruppen dazu tendieren, vor allem den Informationen Beachtung zu schenken, die allgemein bekannt sind. Der *Social Comparison Effect* beschreibt dagegen den Umstand, dass Diskussionsteilnehmer tendenziell eine große Abneigung dagegen haben, Informationen zu teilen, oder gar Argumente zu führen, die nicht der Mehrheitsmeinung entsprechen. Während es beim *Common Knowledge Effect* also darum geht, dass die vorhandenen Informationen nicht optimal genutzt werden, geht es bei dem *Social Comparison Effect* darum, dass einige Informationen gar nicht erst mit der Gruppe geteilt werden aus Furcht vor Sanktion. Die epistemischen Kosten der Errichtung eines Cordon Sanitaire sind dann u. a. darin zu sehen, dass sie die genannten zwei Effekte weiter verstärken.

Ein weiterer epistemischer Nachteil, der durch die Errichtung eines Cordon Sanitaire zu erwarten ist, hat mit der epistemischen Tugend des Verstehens zu tun. Man unterscheidet innerhalb der Epistemologie zwischen veritistischen und nicht-veritistischen epistemischen Zielen. Veritistische epistemische Güter haben allesamt etwas damit zu tun, dass sie einen Beitrag zur Wahrheitsfindung liefern. Wenn Informationen frei verfügbar sind und ungehindert diskutiert werden können, erhöht dies die Chance, dass wir zu wahren Überzeugungen kommen und richtige Urteile fällen. Wie Michael Hannon in Anlehnung an Catherine Elgin geltend macht, gibt es jedoch auch nicht-veritistische Güter, hierzu gehört das emphatische Verstehen *(emphatic understanding)* des politischen Gegenübers (Hannon 2019). Die Minimalbedingungen des emphatischen Verstehens sind, der Gegenseite zuzuhören und die Fähigkeit, die Perspektive des anderen einnehmen zu können. Die Errichtung eines Cordon Sanitaire erschwert jedoch das emphatische Verstehen der Gegenseite. Wer eine kontaminierte Position wohlmeinend diskutiert, der steht schnell in Verruf sie salonfähig zu machen, oder sie insgeheim zu befürworten. Dies ist etwa jüngst der Darmstädter Soziologin Cornelia Koppetsch widerfahren. In ihrem Buch *Die Gesellschaft des Zorns: Rechtspopulismus im globalen Zeitalter* versucht sie mit einer Methode, die sie theoriegeleitete Empathie nennt, erst einmal zu verstehen, aus welchen Sorgen und Erfahrungen sich das rechte Ressentiment gegen den Status Quo nährt. Die Reaktion folgte prompt. In der Folge wurde Koppetsch unterstellt – z. B. in einem Artikel von Tom Uhlig mit der Überschrift *Empathy for the devil* –, dass sie sich nicht nur nicht genug gegen die AfD abgrenze, sondern insgeheim Sympathie für diese hege. Der Fall Koppetsch ist im Weiteren instruktiv, da Koppetsch zunächst auch Zuspruch von etablierten Medien erfuhr, so wurde ihr Buch etwa für den Bayrischen Buchpreis nominiert (eine Nominierung, die nachher wegen Plagiatverdachts, der sich inzwischen erhärtet hat, zurückgezogen wurde). Es ist demnach schlicht falsch zu behaupten, wie Populisten es gerne tun, dass es in Deutschland keine rege und plurale Diskussion gäbe. Gleichzeitig – und auch davon zeugt der Fall – ist die Gesellschaft dabei, die Grenzen des Sag- und Diskutierbaren sowie die Sanktionen für Übertretung selbiger in einem dialektischen Prozess neu auszuhandeln.

3 Das Ethos der Wissenschaft und die Bedeutung von Wissenschaftsfreiheit für die (Politische) Philosophie

Bei Julian Nida-Rümelin findet sich eine selbstbewusste Charakterisierung des Ethos der Wissenschaften: Das Ziel der Wissenschaften ist die Wahrheitsfindung, ihre Methode ist der Austausch von Argumenten. Nida-Rümelin hebt dabei hervor, dass wissenschaftliche Ergebnisse unter verschiedenen Blickwinkeln betrachtet werden können; so mögen manche Ergebnisse von besonderem ökonomischen Nutzen sein, während andere nur für einen Spezialistenkreis Relevanz besitzen. Wieder andere Ergebnisse mögen besonders unterhaltsam sein, während wir manche Befunde „lieber gar nicht erst erfahren" hätten (Nida-Rümelin 2018, S. 14). All diese Gesichtspunkte werden jedoch erst einmal von außen an die Wissenschaft herangetragen. Die Erkenntnisse wissenschaftlicher Forschung werden hier unter wissenschaftsfremden Maßstäben bewertet. Da die Wissenschaft nicht im luftleeren Raum existiert, sondern in das gesellschaftliche Gefüge integriert ist und von jener finanziert wird, muss die Wissenschaft natürlich Stellung nehmen zu den aus der Gesellschaft herangetragenen Forderungen und Fragen. Vieles kann diskutiert werden: Wie kann man wissenschaftliche Ergebnisse besser kommunizieren? Wie kann der Dialog zwischen Wissenschaft, Politik und Wirtschaft für alle Seiten nutzbarer gestalten werden? An den Grundfesten der Wissenschaft darf jedoch nicht gerüttelt werden. Eine Grundüberzeugung moderner, demokratischer Staaten ist es, dass eine gerechte, freie und stabile Gesellschaft nur dann funktionieren kann, wenn die Subsysteme – z. B. Wissenschaft, Wirtschaft und Recht – ihren je eigenen Systemimperativen gerecht werden. In diesem Spiel kommt der Wissenschaft die Rolle zu, auf Erkenntnisfortschritt hinzuarbeiten und somit auch die Pflicht, die Geltung des Primats des Erkenntnisfortschritts innerhalb ihres eigenen Geltungsbereichs sicherzustellen und selbstbewusst gegen die Interessen und Begehrlichkeiten anderer Subsysteme, wie Wirtschaft, Politik und Religion, zu verteidigen. Ob das Primat des Erkenntnisfortschritts gilt, zeigt sich jedoch nicht in Fällen, in denen Konsens herrscht, sondern gerade in den Fällen in denen Uneinigkeit besteht. Anders formuliert: Ob dieses Primat gilt, zeigt sich immer nur an Härtefällen. Der Sinn des Rechts auf Wissenschaftsfreiheit ist es letztlich, diesem Primat eine rechtliche Basis zu geben. Das Recht auf Wissenschaftsfreiheit schafft Raum für Forschung und Debatten, gegen die erst einmal etwas spricht, seien es ästhetische, soziale, kulturelle, moralische oder politische Gründe. Wenn sich immer alle einig wären, oder wenn sich zumindest in gesellschaftlich relevanten Fällen immer alle einig wären, dann bräuchte es kein Recht auf Wissenschaftsfreiheit. Das Recht auf Wissenschaftsfreiheit basiert auf der geronnenen Erfahrung, dass es gesellschaftlich von Vorteil ist, wenn in einem Subsystem das Primat der Wahrheitssuche gilt.

Neuerdings wird diskutiert, ob nicht inner-universitäre Gremien, wie zum Beispiel an der *Central University of Europe* üblich, eingerichtet werden sollten, die zentral über die Einladung von heterodoxen Denkern/innen entscheiden. Eine solche Praxis ist meines Erachtens strikt abzulehnen, da sie den Sinn der Wissenschaftsfreiheit konterkariert. Der Witz der Wissenschaftsfreiheit ist ja gerade, der individuellen Forscherin ein Vetorecht einzuräumen, damit sie im Zweifel ihre Forschungs- und Lehragenda auch gegen den Willen der Mehrheit verfolgen kann.

Dabei sollte man sich vor Augen halten, dass das Recht auf Wissenschaftsfreiheit von besonderer Bedeutung ist für den Erkenntnisfortschritt in denjenigen Disziplinen, deren Resultate dazu angetan sind, politischen oder gesellschaftlichen Unwillen hervorzurufen. So ist es auch nicht überraschend, dass einer der zentralen Streitpunkte in der Entwicklung des Rechts auf Wissenschaftsfreiheit war, ob sich dieses Recht auch auf die Sozial- und Geisteswissenschaften erstrecken soll. Die preußische Regierung ließ Juden etwa noch 1847 nur für medizinische und naturwissenschaftliche, nicht aber für geisteswissenschaftliche Lehrämter zu. Begründet wurde dies mit der besonderen, auf christlichen Fundamenten beruhenden, sittlichen Erziehungsaufgabe dieser Lehrämter. „Die wichtigste hier in Betracht kommende Disziplin", so befand das preußische Ministerium sei dabei „die Philosophie". Das Ministerium wollte damit sicherstellen, dass die Philosophie (aber auch etwa die Geschichtswissenschaft) sich zumindest in ihren

Resultaten in „Übereinstimmung mit den christlichen Wahrheiten" befände (Zwirner 1973, S. 319).

Philosophen und Philosophinnen haben sich zu jeder Zeit dadurch hervorgetan, allgemeingültige Überzeugungen in Frage zu stellen. Mary Wollstonecraft trat für das Recht von Frauen auf Bildung ein, Jeremy Bentham forderte die Entstigmatisierung von Homosexualität und Peter Singer machte Schlagzeilen dadurch, dass er dem Speziesismus entgegentrat. Auch gegenwärtig ecken Philosophen und Philosophinnen an, so setzen sie sich auf Basis guter Argumente für die Legalisierung harter Drogen ein, fordern Reformen des Sozialsystems, setzen sich ein für regulierte Organmärkte ein, argumentieren für offene Grenzen oder verteidigen – wie der Autor dieses Artikels – den kommerziellen Menschenschmuggel gegen unzulässige Pauschalvorwürfe von Seiten der Politik (Müller 2018). Dabei kann es eigentlich auch niemanden verwundern, dass das Recht auf Wissenschaftsfreiheit einen besonderen Stellenwert hat für eine Disziplin, deren Urvater Sokrates einst wegen geistiger Brandstiftung zum Tode verurteilt wurde.

4 Warum epistemische Geschlossenheit ein Wagnis darstellt

Im zweiten Abschnitt habe ich argumentiert, dass die Errichtung eines Cordon Sanitaire signifikante epistemische Kosten mit sich bringt. Im dritten Abschnitt habe ich in Anlehnung an Nida-Rümelin unter anderem argumentiert, dass in der Wissenschaft das Primat des Erkenntnisfortschritts gilt und gelten muss. Aus dieser Gegenüberstellung wird deutlich, dass ein Cordon Sanitaire, der in die Hallen der Universität hineinreicht, im Widerspruch zu dem wissenschaftskonstituierenden Anspruch auf Wahrheitssuche steht.

In diesem Abschnitt möchte ich drei Argumente für das Sprechen mit Populisten/innen und heterodoxen Denkern/innen vorstellen. Erstens argumentiere ich, dass mit Hinsicht auf die pädagogischen Ziele der Praktischen Philosophie einiges für die Einladungen von heterodoxen Denkern/innen spricht. Die folgenden beiden Argumente führen die Diskussionen im zweiten und dritten Abschnitt zusammen, um zu zeigen, dass epistemische Geschlossenheit ein Wagnis darstellt. In nuce argumentiere ich, dass sich die Wissenschaft sowohl nach innen des Primats des Erkenntnisgewinns versichern, als auch nach außen hin Vertrauen schaffen muss dafür, dass die Standards der Wissenschaftlichkeit in ihren Hallen Anwendung finden. Das kann die Wissenschaft jedoch nur, indem sie selbstbewusst und offensiv die Geltung wissenschaftlicher Standards innerhalb der Universität verteidigt.

4.1 Praktische Philosophie und Pädagogik

Der epistemischen Tugend der Gelassenheit wird in der Praktischen Philosophie ein ganz besonderer Stellenwert beigemessen. Dies hat mit dem Gegenstandsbereich der Praktischen Philosophie zu tun. Allgemein gefasst, geht es in der Praktischen Philosophie darum, partikulare moralische Urteile, allgemeine sittliche Konventionen, eingespielte gesellschaftliche Praxen wie auch soziale, wirtschaftliche und politische Regelsysteme auf ihre normative Gültigkeit hin zu überprüfen. Teil der Ausbildung in der Praktischen Philosophie ist es deshalb, eine kritische Distanz zu den eigenen moralischen Urteilen aufzubauen. Dazu gehört es, seine eigenen moralischen Urteile und reaktiven moralischen Haltungen *(reactive attitudes)* als fallibel zu begreifen.

Abstand zu seinen eigenen moralischen Urteilen zu gewinnen ist dabei psychologisch deutlich schwieriger, als Abstand zu anderen evaluativen und nicht-evaluativen Überzeugungen zu gewinnen. So ist es etwa schwer für Liberale, sich darauf einzulassen, dass es aus normativer Sicht gute Gründe gibt, den Marktmechanismus ganz grundsätzlich in Frage zu stellen, während es für Linke oft schwer ist, sich darauf einzulassen, dass eben auch einiges für die Marktwirtschaft spricht. Dagegen ist es für konservative Christen z. B. schwer von der moralischen Überzeugung Abstand zu nehmen, dass Abtreibung verwerflich ist. Bei anderen evaluativen Überzeugungen tun wir uns weniger schwer. Wenn jemand der Meinung ist, dass ein bestimmter Film A unter ästhetischen Gesichtspunkten wertvoller ist als Film B und darum gebeten wird, dieses Urteil zu überdenken auf Grundlage von bestimmten Gründen, so löst dies gemeinhin wenig psychologischen Widerstand aus. Auf noch weniger Widerstand trifft man gemeinhin, wenn es darum geht Überzeugungen zu revidieren, die in keiner Weise mit dem politischen Weltbild zusammenhängen. Es ist z. B. zu erwarten, dass nur wenige wissen, dass der Siedepunkt von Wasser auf dem Mount Everest 70 Grad beträgt. Es ist jedoch schwer vorstellbar, dass B sich dagegen sträuben wird, diese Tatsache anzuerkennen, wenn A ihm dafür gute Gründe liefert. Warum es uns so schwer fällt, Abstand zu unseren moralischen Urteilen zu gewinnen, ist eine interessante Frage. Sicherlich hat dies zum einen damit zu tun, dass unsere moralischen Urteile oft sehr fest mit unserer sozialen Identität verwoben sind, so dass die Infragestellung von moralischen Urteilen psychologisch der Infragestellung (von Teilen) der sozialen Identität gleichkommt. Unsere moralischen Urteile stehen meist nicht für sich, sondern stehen in logischer Beziehung zu einem moralischen Überzeugungssystem, so dass die Infragestellung eines spezifischen Urteils leicht dazu führen kann, dass ganze Abschnitte des eigenen Überzeugungssystems neu überdacht werden müssen.

In der Philosophie stehen uns eine ganze Reihe von Mitteln zur Verfügung, um das Abstandnehmen von den eigenen Überzeugungen einzuüben. Die Politische Philosophie setzt etwa auf eine ganze Reihe von Gedankenexperimenten, die uns helfen zu simulieren, was es heißt, unvoreingenommen über moralische Fragen zu reflektieren. Man denke etwa an John Rawls' Urzustandsmodell oder Adam Smiths Modell des unparteiischen Beobachters. Um Studierende mit der Idee vertraut zu machen, dass moralische Urteile insgesamt fallibel sind, lohnt sich oft auch ein Blick in die Geschichte. In *Whether from Reason or Prejudice* von Martha Nussbaum (1998) werden wir etwa damit konfrontiert, dass es noch bis in die Moderne hinein als unmoralisch galt, für Philosophieunterricht Geld zu nehmen. Daneben gibt es in der Philosophie noch eine Reihe weiterer formaler Methoden, zum Beispiel die Argumentrekonstruktion. Urteile in der Praktischen Philosophie sind oftmals Konklusionen, die auf einer ganzen Reihe von normativen und empirischen Prämissen beruhen. Das normative Urteil als Konklusion eines oft mehrstufigen Arguments zu rekonstruieren, hilft deutlich zu machen, welche Voraussetzungen wir eigentlich eingehen, wenn wir Urteile fällen. Oft hilft es bereits zu visualisieren, welche empirischen und normativen Voraussetzungen wir eingehen, wenn wir ein bestimmtes Urteil fällen, um Studierenden die Fallibilität moralischer Urteile deutlich zu machen. Weiter lehrt uns die Hermeneutik, dass moralische Urteile oft verschieden verstanden werden können. Das gilt für das Urteil selbst und noch mehr für die Argumentation, auf der selbiges Urteil beruht. Hermeneutische Werkzeuge sind geeignete Mittel, um in der Lehre zu verdeutlichen, dass es meist verschiedene Möglichkeiten gibt, das moralische Urteil eines Gesprächspartners zu verstehen.

Eine weitere wichtige Unterscheidung, die in jeder Propädeutik gelehrt wird, ist die von Erklären und Zustimmen. Man kann eine moralische Position vorstellen und erklären, ohne ihr zuzustimmen. Diese Unterscheidung in der Philosophie zu lehren ist eine Sache, eine andere ist es, ein pädagogisches Umfeld zu schaffen, in dem die Praxis dieser Unterscheidung gelebt wird. D. h. ein Umfeld, in dem Studierende, die eine Extremposition vortragen, nicht befürchten müssen, von anderen Studierenden, die diese Unterscheidung nicht kennen oder den epistemischen Wert dieser Praxis nicht verstehen, abgestraft zu werden. Dies ist vor allem deswegen zu betonen, weil diese Seminar-Praxis ganz wesentlich von der Alltagspraxis abweicht. Die Ergebnisse der modernen Verhaltensökonomie lehren, dass Menschen ihre Interpretations- und Schlussschemata nicht einfach an der Tür abgeben, wenn sie ins Labor eintreten. Gleiches gilt, wenn Studierende sich daran machen, das Handwerk der Politischen Philosophie zu erlernen. Die Praxis, den Standpunkt des anderen erst einmal zu verstehen und nicht gleich zu verteufeln, muss eingeübt werden. Auch wenn diese Regel akademisch unumstritten ist, so wird sie doch im außerakademischen Umfeld selten praktiziert. Jedermann weiß, dass der Neoliberalismus (oder der Kommunismus) zu verteufeln ist, obgleich kaum jemand die Philosophien des Neoliberalismus (oder Kommunismus) auch nur ansatzweise adäquat darzulegen weiß. Im Alltag gilt wie John Locke bereits in seinem *Letter on Toleration* schrieb, "every church is orthodox to itself, to others erroneous or heretical" (Locke: Letter, 21). Ein paar Jahrhunderte später brachte Walter Lippman das Problem von öffentlicher Meinung und Meinungsverschiedenheiten folgendermaßen auf den Punkt: „He who denies my version of the facts is to me perverse, alien, dangerous. How shall I account for him? The opponent has always to be explained, and the last explanation that we ever look for is that he sees a different set of facts" (Lippman 1997, S. 82). Die einfachste Erklärung für Meinungsverschiedenheiten ist, dass das Gegenüber schlicht dumm oder einfach nur böse ist. Hillary Clinton gab dem Populismus der Mitte eine Stimme, als sie im Wahlkampf Trump-Sympathisanten als „Deplorables" brandmarkte. Ein Fehler, den die Welt seitdem ausbaden muss.

Was sind nun also die Gründe, die für eine Einladung von heterodoxen Denkern/innen an ein philosophisches Seminar sprechen? Zuerst einmal unterstreicht so eine Einladung, dass innerhalb des philosophischen Seminars besondere, durch ihre Erkenntnisförderlichkeit gerechtfertigte Konventionen gelten, so z. B.:

- Eine Idee vorzutragen oder zu erklären, heißt nicht, ihr zuzustimmen.
- Eine Referentin einzuladen, heißt nicht, ihr zuzustimmen.
- Der politische Hintergrund eines Sprechers ist für die Gültigkeit und Beweiskräftigkeit seiner Argumente irrelevant.

Die Einladung und Diskussion mit heterodoxen Denkern/innen dient gleichsam der Einübung der Praxis des Abstandnehmens von den eigenen politischen Überzeugungen, der Einübung des emphatischen Verstehens und der Einübung von hermeneutischen Prinzipien. Weiter werden Studierende darin geschult, im besten Sinne kritische Diskussionen zu führen.

Selbstverständlich muss die Einladung von heterodoxen Denkern/innen pädagogisch und gut vorbereitet sein. Da Romy Jaster und Geert Keil in ihrem Beitrag auf die Frage eingehen, welche Mindestkriterien einzuladende Denker/innen zu erfüllen haben, verzichte ich an dieser Stelle auf eine genauere Untersuchung. Klar ist, dass eingeladene Gäste sich in ihren politischen Meinungsäußerungen innerhalb des weitgesteckten Rahmens des Grundgesetzes befinden müssen.

Noch kurz erwähnen möchte ich überdies, dass ich keine Aussage dazu treffen will, ob die Alltagspraxis, moralische Meinungsverschiedenheiten in der Tendenz mit Böswilligkeit oder Dummheit zu erklären, oder die Alltagspraxis, den Unterschied zwischen Erklären und Rechtfertigen einzuebnen, gerechtfertigt werden kann. Gerd Gigerenzer erinnert uns schließlich daran, dass unsere Heuristiken – unsere Alltagsschlussschemata – meist adaptiv sind. Es mag also sein, dass unsere politischen Heuristiken auf der Makro-Ebene zu Stabilität führen oder dazu, dass die Gesellschaft besonders effizient gegen gefährliche Ideologien mobilisiert werden kann. Ob dem so ist, weiß ich nicht. Es ist insofern wesentlich, darauf aufmerksam zu machen, dass nicht alle Denk-Praktiken, die im Philosophie-Unterricht eingeübt werden, auch unter pragmatischen Gesichtspunkten im Alltag Anwendung finden sollten. Selbiges gilt im Übrigen auch für das Prinzip der wohlwollenden Interpretation.

4.2 Selbstvergewisserung

Die Universität hat eine Sonderstellung innerhalb der demokratischen Subsysteme. In den Hallen, Türmen, Forschungslaboren, Seminar- und Hörsälen der Universität geht es um Wahrheitsfindung. Dabei ist es meines Erachtens von zentraler Bedeutung, dass die Universität sich ihres eigenen Primats vergewissert. Ob das Primat der Wahrheitssuche gilt, zeigt sich aber, wie erwähnt, immer nur an Härtefällen. Ob das im Primat der Wahrheitssuche begründete Recht auf Forschungs- und Lehrfreiheit gilt, zeigt sich nur, wenn die Universität sich im Konfliktfall gegen politische Begehrlichkeiten von innen oder außen wehrt – und das Vetorecht der einzelnen Forscherin achtet. Wenn wir an den Wert der Wissenschaftsfreiheit denken, dann taucht wohl vor dem inneren Auge der meisten das Antlitz von Galileo Galilei auf. Das ist insofern problematisch, als dass durch diesen kognitiven

Link der Eindruck entsteht, dass Wissenschaftsfreiheit besonders wichtig für die Naturwissenschaften wäre. Richtig ist, dass die Naturwissenschaften sich lange Zeit gegen die christliche Orthodoxie zu Wehr setzen mussten. Doch seit der Aufklärung scheint es keine besonderen Bemühungen mehr von Staats- oder von religiöser Seite zu geben, naturwissenschaftliches Erkenntnisstreben einzuschränken. Das Gegenteil ist der Fall. Demgegenüber hat das Recht auf Wissenschaftsfreiheit nie seine Bedeutung für die Sozial- und Geisteswissenschaften verloren. Man denke nur daran, dass selbst im Totalitarismus russischer und chinesischer Fasson die Naturwissenschaften unter wesentlich weniger Einschränkungen zu leiden hatten als die Geistes- und Sozialwissenschaften. Vor diesem Hintergrund wird deutlich, dass das Recht auf Wissenschaftsfreiheit sich gerade in den Geistes- und Sozialwissenschaften beweisen muss. Dabei muss das Vetorecht des einzelnen Wissenschaftlers nicht nur gegen die politischen Begehrlichkeiten von außen und inneruniversitäres, administratives Rumoren verteidigt werden, sondern sich im Zweifel auch gegen den Zorn der Studierendenschaft bewehren. Wie aus einer Allensbach-Studie hervorgeht, sind 79 % der Hochschullehrer/innen der Meinung, dass es erlaubt sein müsse, Rechtspopulisten auf Podiumsdiskussionen einzuladen. Zugleich erwarten 74 % der Hochschullehrer/innen, damit auf erheblichen Widerstand bei Studierenden und der Universitätsleitung zu stoßen (vgl. Menkens 2020).

Natürlich gibt es auch einige Argumente, die sich gegen die Einladung von Rechtspopulisten wenden. Hier möchte ich zumindest einige dieser Argumente kurz besprechen. In ihrem Buch *Mit Rechten Reden* suggerieren Per Leo, Maximilian Steinbeis und Daniel-Pascal Zorn, dass man dem Rechtsextremismus beikommen könne, indem man ihn argumentativ stellt und diskursiv entlarvt (Leo et al. 2018). Der Soziologe Floris Biskamp argumentiert dagegen in einer beißenden Rezension, dass die Frage, inwiefern der Rechtsextremismus durch öffentliche Diskussionen eingehegt werden kann, eine empirische Frage sei, die empirisch beantwortet werden müsse (Biskamp 2018). Zudem demonstriert Biskamp anhand eines Gedankenexperiments, in dem er eine Debatte zwischen Zorn und Björn Höcke vor einem Test-Publikum simuliert, was uns allen theoretisch bewusst ist: Um zu überzeugen, braucht es Rhetorik und Logik. Biskamp resümiert das Resultat seines Gedankenexperiments in einer Reihe von rhetorischen Fragen: „Glaubt irgendjemand, dass diejenigen, die eine Affinität zur AfD haben, sich von einem liberal-pluralistischen Argumentationslogiker stärker beeindruckt zeigen als von einem neurechten Rhetoriker? Glaubt irgendjemand ernsthaft, dass eine solche Sendung mehr geleistet hätte als Gratiswahlwerbung für die AfD?" Biskamp scheint mir hier vollkommen richtig zu liegen. Ob mit Rechten geredet werden soll, kann meines Erachtens deswegen auch nicht pauschal beantwortet werden. Es kommt auf das Wo, Wie, vor Wem, mit Wem und das Warum an.

Eine Einladung an ein philosophisches Institut oder auch auf eine universitäre Podiumsdiskussion ist meines Erachtens ein geeigneterer Ort für fruchtbare Debatten. In einer TV-Show zieht Rhetorik. In einem philosophischen Seminar zieht Logik. Innerhalb einer philosophisch angeleiteten Diskussion ist es für Populisten deutlich schwieriger, sich Fragen zu entziehen oder mit Scheinargumenten zu punkten. Der epistemische Wert akademisch moderierter Diskussionen sollte deshalb auch deutlich höher sein als der von TV-Formaten aller Art. Nun mag man skeptisch sein, ob von Rechtspopulisten überhaupt etwas zu lernen sei. Müller bejaht diese Frage und weist in diesem Zusammenhang daraufhin, dass beispielsweise „Figuren wie Evo Morales oder Erdoğan nicht einfach nur böse Autoritäre seien, die aus dem Nichts aufgetaucht sind." „Morales", so weiß der Politologe zu berichten,

> setzte sich zu Recht für die indigenen Völker Boliviens ein [...] und Erdoğan tat etwas Demokratisches, als er Partei für die oft ‚als schwarze Türken' abgetanen – das heißt, die armen und frommen anatolischen Massen – ergriff und sich so gegen das einseitig verwestlichte Bild der türkischen Republik stellte, das von den Kemalisten zelebriert wurde (Müller 2017, S. 85. Übersetzung des Autors).

Nun mag man einwenden, dass man doch Populisten nicht einladen müsse, um ihre Ideen zu verstehen oder von ihnen zu lernen, was zu lernen ist. Dieser Einwand scheint mir ins Leere zu laufen. Die Praxis von Institutskolloquien, Symposien und Workshops spricht eine klare Sprache. Wir gehen üblicherweise davon aus, dass *Face-to-face*-Diskussionen einen epistemischen Mehrwert bieten. Man mag weiter einwenden, dass es zumindest aus moralischer Sicht problematisch sei, Populisten innerhalb der Universität eine Bühne zu bieten. Auch dieser Einwand kann kaum überzeugen. Geladene AfD-Politiker erreichen über die verschiedenen Diskussionsformate bei den Öffentlich-Rechtlichen Millionen Menschen. Der Werbe-Grenznutzen einer Philosophie-Veranstaltung dagegen sollte für Populisten nahe bei Null liegen. Niemand wird zum AfD-Sympathisanten, weil er auf der Facebook-Seite eines AfD-Politikers gelesen hat, dass er an einer universitären Veranstaltung teilgenommen hat.

4.3 Vertrauen schaffen

Die Wissenschaft muss nach außen signalisieren, dass sie sich gegen politische Vereinnahmung wehrt und dass sie ihrem eigenen Erkenntnisanspruch treu bleibt. Um Vertrauen zu schaffen, muss Wissenschaft ihre Unabhängigkeit demonstrieren. In konservativen und liberalen Kreisen wird seit Langem gemutmaßt, dass es in den Sozial- und Geisteswissenschaften eine linke Hegemonie gäbe. Diese Vermutung wird gerne abgetan, in dem man etwa von „gefühlter linker Hegemonie" spricht. Die Datenlage ist dabei recht eindeutig. Eine jüngst veröffentlichte Studie etwa beschäftigt sich mit der Frage, wie in den USA das Verhältnis zwischen Demokraten und Republikanern innerhalb der Professorenschaft ausfällt. In der Anthropologie ist das Verhältnis von Demokraten zu Republikanern etwa 42:1, in der Soziologie liegt es bei 27:1 und in der Philosophie immerhin noch bei 11:1. Der Studie zu Folge gibt es dabei einen klaren Langzeit-Trend hin zu einer Verschärfung dieses Ungleichgewichts. In den Naturwissenschaften gibt es ebenfalls ein Ungleichgewicht, dieses ist jedoch deutlich weniger stark ausgeprägt (Langbert & Stevens 2020). Eine Studie zweier Sozialpsychologen der Universität Tilburg widmet sich der Frage, wie ideologisch heterogen die Forscher/innen in der Sozialpsychologie sind. Die Studie mit 800 Teilnehmer/innen kam zu folgenden Ergebnissen: Nur 6 % der Interviewten gaben an konservativ zu sein, auch unterschätzen die Befragten die Anzahl von Konservativen in ihren eigenen Reihen signifikant. Die Studie von Inbar und Lammers kommt darüber hinaus zu dem Ergebnis, dass Konservative negative Folgen befürchten und befürchten müssen, wenn sie ihren Kollegen ihre politischen Überzeugungen offenbaren: „In decisions ranging from paper reviews to hiring, many social and personality psychologists said that they would discriminate against openly conservative colleagues. The more liberal respondents were, the more they said they would discriminate" (Inbar und Lammers 2012, S. 496).

Die Psychologie ist nicht die Philosophie. Eine jüngst erschienene Studie in *Philosophical Psychology* mit dem Titel „Ideological diversity, hostility, and discrimination in philosophy" zeichnet jedoch ein ähnliches Bild für die Philosophie. Das Abstract der Studie fasst die Ergebnisse der Studie prägnant zusammen:

> Using the familiar distinction between the political left and right, we surveyed an international sample of 794 subjects in philosophy. We found that survey participants clearly leaned left (75 %), while right-leaning individuals (14 %) and moderates (11 %) were underrepresented. [...] Finally, while about

half of the subjects believed that discrimination against left or right-leaning individuals in the field is not justified, a significant minority displayed an explicit willingness to discriminate against colleagues with the opposite ideology (Peters et al. 2020).

Die Wissenschaft ist ein integraler Bestandteil einer funktionierenden Demokratie. Damit die Sozial- und Geisteswissenschaften ihre Rolle in der Demokratie erfüllen können, ist es von zentraler Bedeutung, dass die Öffentlichkeit Vertrauen darin setzt, dass innerhalb der Wissenschaften das Primat der Wahrheitssuche gilt. Liberale und Konservative befürchten seit langer Zeit – und wie wir gesehen haben zu Recht –, dass es gerade in den Sozial- und Geisteswissenschaften eine gewisse linke Hegemonie gibt. Wenn man Rechte nicht einlädt, bedient man eben nicht nur den rechten Opfermythos, man sendet auch das Signal an die Öffentlichkeit, dass politische Erwägungen an der Universität eine größere Rolle spielen als sie es tun sollten. Vor diesem Hintergrund ist es meines Erachtens von zentraler Bedeutung, dass die Wissenschaft nach außen signalisiert, dass innerhalb der Hallen der Universität das Primat des Erkenntnisfortschritts gilt und dass politische Erwägungen im Ringen um Erkenntnis keine Rolle spielen. Die Wissenschaft muss im Zweifel auf der Seite von Offenheit irren.

Literatur

ARD-DeutschlandTrend extra. (2020). Mehrheit befürwortet Kemmerichs Rückzug. *Tagesschau* vom 6. Februar 2020.

Biskamp, F. (2018). *I'd show you everywhere you're wrong but I'm never talking to you again. Über „Mit Rechten reden".* https://blog.florisbiskamp.com/2018/01/02/id-show-you-everywhere-youre-wrong-but-im-never-talking-to-you-again-ueber-mit-rechten-reden/. Zugegriffen: 15. Aug. 2020.

Ekins, E. (2020). Poll: 62 % of Americans say they have political views they're afraid to share. *cato institute.* https://www.cato.org/publications/survey-reports/poll-62-americans-say-they-have-political-views-theyre-afraid-share. Zugegriffen: 15. Aug. 2020.

Hannon, M. (2019). Empathetic understanding and deliberative democracy. *Philosophy and Phenomenological Research, 101*(3), 591–611.

Köcher, R. (2019). Grenzen der Freiheit. Eine Dokumentation des Beitrags von Prof. Dr. Renate Köcher in der Frankfurter Allgemeinen Zeitung Nr. 119 vom 23. Mai 2019. *Institut für Demoskopie Allensbach.* https://www.ifd-allensbach.de/fileadmin/user_upload/FAZ_Mai2019_Meinungsfreiheit.pdf. Zugegriffen: 20. Okt. 2020.

Langbert, M., & Stevens, S. (2020). Partisan registration and contributions of faculty in flagship colleges. *National Association of Scholars*. https://www.nas.org/blogs/article/partisan-registration-and-contributions-of-faculty-in-flagship-colleges. Zugegriffen: 15. Aug. 2020.

Leo, P., Steinbeis, M., & Zorn, D.-P. (2018). *Mit Rechten reden. Ein Leitfaden*. Stuttgart: Klett-Cotta.

Lippmann, W. (1997). *Public opinion*. New York: Free Press Paperbacks.

Locke, J. (2010). *A Letter Concerning Toleration and Other Writing*. Indianapolis: Liberty Fund.

Menkens, S. (2020). Universitäten: Hochschullehrer sehen Meinungsfreiheit in Gefahr. *WELT* vom 2. Februar 2020. https://www.welt.de/politik/deutschland/article205768557/Universitaeten-Hochschullehrer-sehen-Meinungsfreiheit-in-Gefahr.html. Zugegriffen: 15. Aug. 2020.

Müller, J.-W. (2017). *What Is populism?* London: Penguin Books Ltd.

Müller, J. F. (2018). The Ethics of Commercial Human Smuggling. *European Journal of Political Theory, 20*(1) 138–156.

Nida-Rümelin, J. (2018). *Unaufgeregter Realismus. Eine philosophische Streitschrift*. Paderborn: mentis.

Nussbaum, M. C. (1998). "Whether from reason or prejudice": Taking money for bodily services. *The Journal of Legal Studies, 27*(S2), 693–723.

Peters, U., Honeycutt, N., de Block, A., & Jussim, L. (2020). Ideological diversity, hostility, and discrimination in philosophy. *Philosophical Psychology, 33*(4), 511–548.

Poschardt, U. (2020). Die Tragik des Protests. Interview mit Armin Nassehi. *WELT* vom 8. Mai 2020.

Zwirner, H. (1973). Zum Grundrecht der Wissenschaftsfreiheit. *Archiv des öffentlichen Rechts, 98*(3), 313–339.

Singer und Sarrazin. Eine vergleichende Studie zur Wissenschaftsfreiheit

Dieter Schönecker

Die Wissenschaftsfreiheit an deutschen Universitäten gerät zunehmend unter genau den Druck akademischer Diskriminierung, der seit Jahren an US-amerikanischen Hochschulen mit einem inquisitorischen Furor auftritt, der in manchen Hinsichten den Auswüchsen anderer Epochen in nichts nachsteht und von dem Hans Ulrich Gumbrecht am 8. August 2020 in der *Neuen Zürcher Zeitung* zutreffend schrieb, er habe jetzt „an den amerikanischen Universitäten ein Regime des Meinungsterrors etabliert". Solche Fälle akademischer Diskriminierung gab es in Deutschland schon vor Jahrzehnten, aber in jüngerer Zeit häufen sie sich; erinnert sei nur an Jörg Baberowski, Günther Beckstein, Eugen Gomringer, Bruno Klauk, Sandra Kostner, Ulrich Kutschera, Hermann von Laer, Bernd Lucke, Axel Meyer, Herfried Münkler, Werner Patzelt, Heiner Rindermann, Susanne Schröter, Ralf Schuler und Rainer Wendt (Hopf 2019; Schönecker 2020). Sie alle hatten und haben mit Repressalien zu kämpfen, die im Kern darauf hinauslaufen, jemandes Freiheit zu beschneiden. Auch die Geschehnisse um ein Seminar, das im Wintersemester 2018/2019 an der Universität Siegen mit dem Titel „Denken und denken lassen. Zur Philosophie und Praxis der Meinungsfreiheit" stattfand, sind hier einzuordnen. Es fand statt, immerhin; aber die Versuche, es in seinen Realisierungsmöglichkeiten zu beschränken oder ganz zu verbieten, waren erheblich. Der Grund dafür

---

D. Schönecker (✉)
Philosophische Fakultät I, Universität Siegen, Siegen, Deutschland
E-Mail: dieter.schoenecker@uni-siegen.de

war in erster Linie die Einladung des AfD-Politikers und Philosophen Marc Jongen und des ehemaligen SPD-Politikers und Publizisten Thilo Sarrazin; und es war vor allem die Vorstellung, dass der Reizfigur Sarrazin an einer deutschen Universität ein Forum gegeben wird, seine Meinungen kundzutun, die Studierende und Lehrende gleichermaßen in Aufruhr versetzte – gilt Sarrazin ihnen doch als Paradebeispiel für einen im bürgerlichen Gewande daherkommenden Rassisten. Im Falle des Ethikers Peter Singers waren die Versuche, seine Vorträge zu verhindern, dagegen erfolgreich; das war so 1989 (und auch danach), als Singer zu Vorträgen nach Deutschland eingeladen wurde und diverse Behindertengruppen (aber nicht nur diese) erfolgreich dagegen protestierten, und es war wieder so 2015, als Singer auf der *phil.cologne* auftreten sollte und nach Protesten wieder ausgeladen wurde. Bemerkenswerterweise hatten und haben viele von denen, die das Seminar mit Sarrazin scharf kritisierten oder zumindest ablehnten, dieses zu verteidigen, keine Schwierigkeiten damit, Singers Recht auf Redefreiheit zu verteidigen. So traten weder die *Deutsche Gesellschaft für Philosophie* (DGPhil) noch die *Gesellschaft für Analytische Philosophie* (GAP) im Falle des Siegener Seminars öffentlich für die Wissenschaftsfreiheit ein. Dabei hält die Satzung der DGPhil in § 3 (b) fest, dass die Gesellschaft durch „den erweiterten Vorstand seine Mitglieder in allen sie berührenden gemeinsamen Fragen, welche die Belange der Philosophie, besonders diejenigen an den Schulen und Hochschulen, betreffen, öffentlich zu vertreten" hat. Und die GAP zählt gemäß ihrer Satzung (§ 2) den „Einsatz für Freiheit von Forschung und Lehre" sogar *expressis verbis* zu ihren Aufgaben. Das ist kein Zufall. Denn zu den Gründungsanlässen der GAP gehören eben die besagten Kontroversen um Singer und (u. a.) Georg Meggle (Meggle ist Mitbegründer der GAP und heute ihr Ehrenpräsident). Und es war im Hintergrund die GAP, deren damaliger Vizepräsident (und späterer Präsident) Thomas Grundmann zusammen mit anderen prominenten Philosophinnen und Philosophen öffentlich die Ausladung Singers von der *phil. cologne* kritisierte und ihn später nach Köln einlud, um einen Vortrag über Meinungsfreiheit zu halten, für die er selbst in seiner einleitenden Rede eine Lanze brach.

Hier soll gezeigt werden, dass dies inkonsistent ist. Meine argumentative Strategie ist es nicht, den Nachweis zu führen, die Einladungen Singers und Sarrazins seien durch die Wissenschaftsfreiheit gedeckt oder, etwas weiter gefasst, Reden der beiden im Allgemeinen oder an einer Universität seien durch die Meinungsfreiheit legitimiert. Es soll nur gezeigt werden, dass es keinen substantiellen Unterschied zwischen dem Fall Sarrazin und dem Fall Singer gibt, der es rechtfertigen würde, in dem einen Fall (Singer) eine Einladung zu verteidigen, in dem anderen Fall (Sarrazin) aber nicht. Wer denkt, Singer dürfe an eine Universität eingeladen werden, muss auch denken, Sarrazin dürfe an eine Universität eingeladen werden; und wer denkt, Sarrazin dürfe nicht an eine Universität eingeladen werden, muss auch denken, Singer dürfe nicht an eine Universität eingeladen werden.

Selbstredend geht es hier letztlich weder um den Fall Singer noch um den Fall Sarrazin; all das ist Vergangenheit. Traurige Gegenwart sind aber die anhaltenden und neuerdings immer aggressiver werdenden Versuche, die Wissenschaftsfreiheit Anderer aus angeblich moralischen, in Wahrheit aber ideologischen Gründen einzuschränken. Es geht daher auch darum, diejenigen, die für sich selbst die Wissenschaftsfreiheit in Anspruch nehmen, daran zu erinnern, dass sie nur bei Strafe des Selbstwiderspruchs Anderen bei strukturell gleichen Umständen das Recht auf freie Ausübung ihrer wissenschaftlichen Tätigkeit streitig machen können. Wer Singer sagt, muss auch Sarrazin sagen; und wer Freiheit sagt, muss Freiheit für alle sagen.

1 Singer und Sarrazin: Was ist passiert?

Legen wir zunächst in aller Kürze dar, was sich zugetragen hat.[1] Im Wintersemester 1989/90 wollte Hartmut Kliemt ein Seminar zu Peter Singers *Praktische Ethik* anbieten, musste aber die Veranstaltung aufgrund wiederholter Störungen abbrechen. Im Sommer 1989 wurde Singer selbst zu einem Vortrag auf eine Tagung nach Marburg u. a. durch den Verein „Lebenshilfe" eingeladen sowie zudem von Christoph Anstötz zu einem Vortrag nach Dortmund, der einige Tage später stattfinden sollte (der Titel des Dortmunder Vortrags sollte lauten „Haben schwerstbehinderte Neugeborene ein Recht auf Leben"?, Singer 1994, S. 430). Dann aber wurde die Einladung Singers nach Marburg aufgrund von Protesten vor allem von Behindertengruppen zurückgezogen; schließlich wurde die ganze Marburger Veranstaltung abgesagt, und auch der Vortrag in Dortmund fand nicht statt. Georg Meggle lud dann Singer zu einem Vortrag nach Saarbrücken ein; die

---

[1] Wie nicht anders zu erwarten, sind solche Vorgänge kompliziert, und ich kann sie hier nur grob wiedergeben, zumal ich die Vorgänge um Peter Singer nur aus zweiter Hand kenne. Ich beziehe mich bei der Darstellung vor allem auf das Buch von Anstötz, Hegselmann & Kliemt 1995, auf den Band von Hegselmann & Merkel 1991 sowie auf Singers eigene Ausführungen in der zweiten Auflage seines Buches *Praktische Ethik*, in dem er einen Anhang veröffentlicht hat („Wie man in Deutschland mundtot gemacht wird", Singer 1994, 425–451); es gab noch weitere Vorfälle ähnlicher Art im Zusammenhang mit Singers Thesen (etwa mit Hartmut Kliemt, Norbert Hoerster und Helga Kuhse), aber diese lasse ich hier außen vor.

Veranstaltung fand, wenn auch anders als geplant und unter erheblichen Störversuchen, statt, aber auch Meggle selbst wurde zur Zielscheibe massiver Kritik (Meggle 2005). 1991 wurde Singer zu einem Vortrag an die Universität Zürich eingeladen; wieder kam es zu Protesten, Singer wurde körperlich attackiert, die Veranstaltung wurde abgebrochen. Ein für den Sommer 1991 geplantes Wittgenstein-Symposium, auf dem u. a. Singer sprechen sollte, wurde abgesagt. Obwohl dann viele Jahre verstrichen waren und seine Thesen in der Zwischenzeit Singer weltweite Kritik, aber auch immense Aufmerksamkeit verschafft hatten, so dass klar war, worauf man sich einlässt, wurde Singer als Redner auf die *phil.cologne* 2015 eingeladen – um ihn dann u. a. unter Verweis auf ein Interview, das Singer am 24.5.2015 der *Neuen Zürcher Zeitung* gegeben und in dem Singer aber nichts gesagt hatte, was er nicht schon andernorts etwa über den moralischen Status schwerstbehinderter Neugeborener gesagt oder geschrieben hätte, wieder auszuladen. Man darf davon ausgehen, dass der wahre Grund wieder im erneuten Druck durch Behindertenverbände und andere Gruppen lag und in der Sorge vor möglichen Störungen. Es gab eine öffentliche Stellungnahme zur Verteidigung Singers und des Rechts auf Redefreiheit, zu deren Unterzeichnern unter anderem Thomas Grundmann, Reinhard Merkel, Manfred Frank und einige mehr gehörten.

Nun zum Fall in Siegen. Es war u. a. das Ziel des Siegener Seminars, unter Einbindung linker und rechter Personen die Philosophie und Praxis der Meinungs- und Wissenschaftsfreiheit zu erörtern. Die Tatsache, dass neben 15 Personen aus dem (eher) linken Spektrum mit Norbert Bolz, Egon Flaig, Marc Jongen, Thilo Sarrazin auch vier dezidiert rechte Denker eingeladen wurden, führte zum Skandal. Eine Vielzahl von Kolleginnen und Kollegen, die eingeladen waren, einen Vortrag zu halten, lehnten mit der Begründung ab, nicht mit „Rassisten" wie Jongen und Sarrazin in einer Reihe auftreten zu wollen. Die Universitätsleitung hat das Seminar zwar nicht verboten, aber sie wurde öffentlich dazu aufgefordert, die beiden auszuladen, was einem faktischen Verbot gleichgekommen wäre; die Veranstaltung durfte nicht über den üblichen Email-Verteiler der Universität beworben werden; es durfte nicht im Namen der Fakultät eingeladen werden; dem Veranstalter wurde öffentlich durch die Universitätsleitung vorgeworfen, er nähme bewusst einen ultrarechten Standpunkt ein (obwohl er wiederholt und mit großem Nachdruck betont hat, als Liberaler absolut nichts mit neurechtem, geschweige denn rassistischem oder völkischem Gedankengut zu tun zu haben); über diverse Internetmedien und später auch in einer Zeitschrift (Knobloch 2019, S. 31; Wiedemann 2019, S. 57; Strick 2019) wurde der Veranstalter, auch von Kollegen, als Rechter verunglimpft; einen Tag nach dem Sarrazin-Vortrag gab es gegen ihn eine Morddrohung, der Staatsschutz wurde eingeschaltet. Die bundesweiten Diskussionen wurden durch eine kritische Glosse in der FAZ ausgelöst, die vor allem die finanziellen Maßnahmen des Dekans kritisierte. Der genaue Ablauf muss hier nicht rekonstruiert werden (Schönecker 2019). Es ging jedenfalls nie darum, dem Veranstalter *weitere* Mittel zur Verfügung zu stellen (er hat nie welche beantragt), sondern ihm wurde untersagt, die *üblichen* Fakultätsmittel zu verwenden, die ohnehin regelmäßig zugewiesen und auch für solche Zwecke (Finanzierung externer Vorträge) genutzt werden. Der finanzielle Aspekt ist aus zwei Gründen wichtig: Erstens zeichnen sich die Ereignisse in Siegen gegenüber den allermeisten der anderen Fälle akademischer Diskriminierung dadurch aus, dass die Führungsstellen der Universität selbst nicht nur das Recht der Betroffenen auf Wissenschaftsfreiheit nicht verteidigt, sondern selbst aktiv beschnitten haben. Zweitens gehören zur Wissenschaftsfreiheit als Freiheit von Forschung und Lehre nicht nur negative Abwehrrechte gegenüber äußerer Einflussnahme, sondern auch positive Anspruchsrechte (vor allem auf Forschungsmittel; Wilholt 2012; Decken 2018). Insofern ist der Siegener Fall auch ein Gegenbeispiel für die von Wilholt beiläufig vertretene These, finanzielle Mitteleinforderung für Individuen sei im Grunde kein Thema der Philosophie der Wissenschaftsfreiheit (Wilholt 2012, S. 40).

In seiner Darstellung im besagten Anhang der *Praktischen Ethik* macht Singer noch einige weitere Punkte geltend, die eine erstaunliche Ähnlichkeit zur Causa Siegen aufweisen. Nur zwei äußerliche seien zunächst benannt: So beklagt Singer die „Unwissenheit" (Singer 1994, S. 436) seiner Kontrahenten, was eigentlich seinen Standpunkt anbelangt sowie die Tatsache, „daß die meisten das Buch *(Praktische Ethik),* auf das sie ihre ablehnende Haltung zu meiner Einladung gründeten, nicht gelesen hatten" (Singer 1994, S. 437, Anm.). Ganz ähnlich hat auch Sarrazin im Vorwort zur Paperback-Ausgabe seines Buches *Deutschland schafft sich ab* beklagt, dass die meisten seiner Kritiker sein Buch „nicht oder nur höchst oberflächlich gelesen hatten" (Sarrazin 2017, S. VI). Die Erfahrung aus sehr vielen Diskussionen mit Kolleginnen und Kollegen und Studierenden bestätigt dies: Von allen, mit denen ich gesprochen habe, war nur *ein Einziger* (nach eigenem Bekunden) mit Sarrazins umstrittenen Buch vertraut. Singer bemerkt auch, dass aus den Reihen der deutschen Professorenschaft „kein nennenswerter Widerstand in Namen der akademischen Freiheit" (Singer 1994, S. 443) kam, jedenfalls nicht im Falle Anstötz in Dortmund. Meggle konnte zwar 180 Unterschriften deutscher PhilosophInnen für eine Solidaritätserklärung gewinnen, aber sie wurde erst 1991 in dem Band von Hegselman und Merkel veröffentlicht (Hegselmann & Merkel 1991, S. 327–330).[2] Im Siegener Fall war es ähnlich oder eigentlich noch schlechter: Nur sehr wenige Kolleginnen und Kollegen waren bereit, sich für das Recht, Sarrazin einzuladen, öffentlich einzusetzen. Nicht nur wollten, wie eingangs bemerkt, die DGPhil und auch die GAP nicht für die Wissenschaftsfreiheit eintreten; der Versuch, einen bundesweiten Öffentlichen Brief zur Verteidigung des Veranstalters zu initiieren, schlug aufgrund fehlender Beteiligung fehl.

2 Singer und Sarrazin: Eine kurze rechtliche Bewertung

Werfen wir zunächst einen kurzen Blick auf die Frage, ob im Falle Singer und Sarrazins das grundgesetzlich verbürgte Recht auf Wissenschaftsfreiheit verletzt wurde. Vor dem Hintergrund der skizzierten Fälle müssen wir dabei zunächst etwas differenzieren: So wenig wie Singer unmittelbar ein Recht darauf hatte, bei der *phil.cologne* aufzutreten, so wenig hat Sarrazin unmittelbar ein Recht, an einer Universität Vorträge zu halten. Konzentrieren wir uns daher auf die Fälle, in denen Singer von einem Professor eingeladen wurde, einen Vortrag an einer deutschen Universität zu halten, der Vortrag aber aufgrund von Störungen nicht gehalten werden konnte; betrachten wir also etwa den Fall mit Anstötz oder Meggle. Im Falle Sarrazins an der Universität Siegen ging es ebenfalls um das Recht des Veranstalters, im Rahmen seiner Wissenschaftsfreiheit Sarrazin (und auch Jongen) einzuladen.

Nun ist diese Frage, ob Meggle das Recht hatte, Singer zu einem Vortrag einzuladen und Schönecker das Recht, Sarrazin, ohne jeden Zweifel positiv zu beantworten; *zweifellos* hatten sie dieses Recht. So schreibt der Wissenschaftsrechtler von Coelln mit Blick auf diverse Fälle und somit gewissermaßen *pars pro toto*:

> Der Schutz freier Lehre hängt auch nicht davon ab, wem die vertretenen Thesen oder auch nur die behandelten Themen missfallen, ob die Positionen als politisch inopportun gelten, wie meinungsstark, gut organisiert und empörungsaffin ihre Gegner sind oder mit welchem Anspruch

---

[2]Singer lässt allerdings, wenn ich recht sehe, unerwähnt, dass die *Aristotelian Society of Great Britain* im Rahmen ihrer Jahrestagung am 16. Juli 1989 eine Resolution angenommen hat, in der Besorgnis über die Aktionen gegen Singer ausgedrückt und der Forderung nach Redefreiheit und akademischer Freiheit Ausdruck verliehen wird (vgl. Anstötz et al. 1995, 11).

moralischer Überlegenheit sie antreten. Auf wissenschaftlicher Basis darf das Kopftuch ebenso als Instrument der Unterdrückung wie als Zeichen der Selbstbestimmung gewertet werden. Totalitarismusforscher dürfen die Schreckensherrschaft des Dritten Reiches mit dem Stalinismus vergleichen, Historiker der Frage nachgehen, ob die Vertreibung der Armenier durch die Türken nach heutigen Maßstäben einen Völkermord darstellte. Rechtswissenschaftler dürfen den Umgang mit den Flüchtlingsströmen im Herbst 2015 als rechtmäßig oder rechtswidrig beurteilen, Vertreter anderer Disziplinen den Brexit oder Scientology differenziert bewerten: Alle diese Entscheidungen sind von Art. 5 Abs. 3 GG geschützt (Coelln 2019, S. 9).

Und in expliziter Bezugnahme auf den Fall Sarrazin in Siegen heißt es entsprechend: „Die Inanspruchnahme dieses seines (des Einladenden) Grundrechts ist weder rechtfertigungs- noch verhandlungsbedürftig" (Coelln 2019, S. 10). Es verdient hervorgehoben zu werden, dass diese Auslegung sowohl in Bezug auf die rechtswissenschaftliche Deutung wie auch auf die ständige Rechtsprechung „juristisches Gemeingut" ist und eigentlich „keiner weiteren vertieften Behandlung" bedarf (Coelln 2019, S. 25; vgl. Hufen 2019). So wie es im normativen Rahmen der Wissenschaftsfreiheit lag, Singer einzuladen, so hatte auch der Veranstalter des Siegener Seminars das Recht, Jongen und Sarrazin einzuladen, und es ist weder die Aufgabe eines Dekans oder eines Rektors noch die Aufgabe etwa des Präsidenten oder erweiterten Vorstandes der DGPhil zu entscheiden, ob solche Einladungen politisch klug, didaktisch sinnvoll oder wissenschaftlich solide sind. „In den Schutzbereich der Lehre fällt auch die Entscheidung über Inhalt, Methoden und Ablauf der Lehrveranstaltungen seitens der Hochschullehrer" (Decken 2018, S. 351), und weiter: „Art. 5 Abs. 3 GG gewährt ein „Recht auf Abwehr jeder staatlichen Einwirkung auf den Prozess der Gewinnung und Vermittlung wissenschaftlicher Erkenntnisse" (BVerfGE 35, 79 (113)). Dazu gehören auch die Wahl des Gegenstandes, die Methode und der Ort der Erkenntnisgewinnung" (Decken 2018, S. 352). Auch haben solche AkteurInnen nicht darüber zu befinden, ob die moralischen Weltsichten Singers oder die politischen Positionen Jongens oder Sarrazins ihnen zusagen oder nicht. Es gehört zu ihren Aufgaben, die Wissenschaftsfreiheit als Recht zu verteidigen.

Die Einladungen Singers und Sarrazins waren also ohne jeden Zweifel durch das Recht auf Wissenschaftsfreiheit gedeckt. Dabei ist es (anders als Vogel 2019, S. 36 f., als einer unter vielen, nahelegt) *unbestritten,* dass jeder das Recht hat, die Einladung von Singer oder Sarrazin dennoch scharf zu kritisieren, da solche Einladungen ja nur erlaubt, aber nicht geboten sind – solange man bei aller Kritik nicht das Recht selbst, einzuladen, streitig macht. Streitig macht es, wer wie im Falle Singers versucht, einen Vortrag aktiv zu verhindern; denn zur Wissenschaftsfreiheit gehört auch das Recht auf Schutz der Lehre durch Dritte:

> Wiederholt hat das Bundesverfassungsgericht entschieden, dass der Gesetzgeber durch Art. 5 Abs. 3 Satz 1 GG gehalten ist, durch geeignete organisatorische Maßnahmen sicherzustellen, dass Störungen und Behinderungen der freien wissenschaftlichen Tätigkeit und auch der Lehrfreiheit der Hochschullehrer durch Einwirkungen anderer – auch studentischer – Gruppen soweit wie möglich ausgeschlossen werden (Bender 2019, S. 32).

Und Bender hält fest: „Wer Gestaltung und Durchführung von Lehre unterbinden und Lehrveranstaltungen unmöglich macht, dem stellt unsere Rechtsordnung keinerlei anerkennenswerte Rechtsposition zur Seite" (Bender 2019, S. 36). Streitig macht die Wissenschaftsfreiheit aber auch, wer, wie auch in Siegen geschehen, den Rektor auffordert, die Eingeladenen wieder auszuladen. Denn wäre der Rektor der Aufforderung gefolgt, hätte das Seminar nicht (wie geplant) stattgefunden; man wollte es also verhindern; folglich wäre das Recht auf Wissenschaftsfreiheit verletzt worden; folglich haben die Akteure dieses Recht bestritten. Es geht hier um den Unterschied zwischen Protest und *no platforming* (oder *disinvitation*) oder anderen Formen akademischer Diskriminierung wie „speech codes, speech guidelines and free speech zone", „bullying of academics by student activists, other academics and university administrators", „harassment, intimidation or abuse of academics by external actors", „formal sanctions imposed on academics by department heads, university administrators and academic journals" und „self-censorship" (Carl 2019).

Der aus dieser *cancel culture* erwachsende Versuch, die Rede einer Person (an einer Universität) effektiv zu verhindern, ist ein Angriff auf die Wissenschaftsfreiheit, Protest gegen Redner und Rede selbst Element und Praxis dieser Freiheit.

3 Gruppenbezogene Menschenfeindlichkeit: Singer und Sarrazin im Vergleich

Es soll hier, wie eingangs bemerkt, *nicht* der Nachweis geführt werden, dass es nicht nur rechtlich, sondern auch im weiteren Sinne moralisch legitim ist, sowohl Singer wie auch Sarrazin zu Vorträgen an die Universität einzuladen. Zwar bin ich davon überzeugt, dass es so ist, und ich habe in Bezug auf Sarrazin auch noch einmal zu belegen versucht, dass es legitim war, ihn einzuladen, weil der geltend gemachte Grund, es nicht zu tun (Sarrazin sei Rassist), nicht haltbar oder jedenfalls sehr zweifelhaft ist (Schönecker 2020). Hier aber geht es um etwas anderes: Es soll gezeigt werden, dass es inkonsistent ist, die Einladung Sarrazins für so problematisch zu halten, dass man denjenigen, der die Einladung ausspricht, in seinem zweifellos vorhandenen positiven Recht nicht unterstützt, dagegen aber die Einladung Singers für legitim hält und daher auch gegen seine Auslandung protestiert.

Welche Gründe könnte es geben, jemanden wie Singer und Sarrazin nicht an eine Universität einzuladen? Es ist unbestritten, dass es Grenzen der Wissenschaftsfreiheit gibt; abgesehen von den positivrechtlichen Grenzen (Treue zur Verfassung, Schranken), die hier, wie gesagt, außer Acht bleiben sollen, sind das vor allem *moralische Grenzen* und *Grenzen der Wissenschaftlichkeit* (ausführlicher dazu Schönecker 2020). Die Letzteren spielen hier keine Rolle: Die Wissenschaftlichkeit Singers ist unbestritten. Sarrazin ist selbst kein aktiver Wissenschaftler im engeren Sinne (wenngleich er promoviert wurde), aber das ist, erstens, insofern unerheblich, als die Wissenschaftsfreiheit des Einladenden davon unberührt ist. Um hier ein oft wiederholtes Missverständnis auszuräumen: Es ist für die Frage, wen der Lehrende in seine Lehrveranstaltung einladen darf und wie weit seine Wissenschaftsfreiheit reicht, völlig unerheblich, ob der Eingeladene selbst Wissenschaftler ist oder nicht; es

> fällt die Entscheidung für die Einbeziehung der – nicht notwendig wissenschaftsbasierten – Expertise eines Externen in eine Lehrveranstaltung in die Lehrfreiheit des regulären Dozenten, unabhängig davon, ob der punktuell dazu gebetene Gast den Schutz des Grundrechts genießt (Coelln 2019, S. 12).

Es macht also, anders gesagt, keinerlei Unterschied aus, ob jemand wie Singer selbst Wissenschaftler ist und jemand wie Sarrazin nicht, und es ist auch völlig unerheblich, ob ein Redner in eine Lehrveranstaltung oder in eine andere universitäre Veranstaltung eingeladen wird, solange es einen wissenschaftlichen Kontext gibt. Übrigens wurde Sarrazin auch nicht als Wissenschaftler eingeladen, sondern als jemand, der selbst Zielscheibe gravierender Einschränkungen von Meinungsfreiheit war und der daher etwas zur „Praxis" (wie es im Seminartitel heißt) der Meinungsfreiheit sagen konnte. Zweitens wäre es abwegig, Sarrazin in seinem Buch *Deutschland schafft sich ab* unwissenschaftliche Methoden vorzuwerfen. So schreibt auch Gerhard Schurz, selbst Philosoph mit dem Schwerpunkt Wissenschaftstheorie, in seiner Rezension, Sarrazins Buch sei ein seriöses Werk. Auf wissenschaftlichem Anspruchsniveau sind zwar gelegentliche vorschnelle Schlussfolgerungen oder unzureichende Absicherungen zu kritisieren, doch kenne ich kaum einen populären Autor, der Breitenwirkung und wissenschaftliche Standards so gut vereint. Sarrazins Buch hat es verdient, ernsthaft diskutiert zu werden (*Focus*, Nr. 1, 2011).

Sarrazin wurde auch für seine Thesen zur Intelligenz angegriffen. Aber das lag nicht daran, dass diese unwissenschaftlich wären, sondern daran, dass es immer noch den linken, selbst wiederum wissenschaftlich unhaltbaren Reflex gibt, angeborene Intelligenzunterschiede zu leugnen und diejenigen, die an diese Tatsache erinnern, des Elitismus oder gar der Eugenik zu bezichtigen.[3] Jedenfalls, so schreibt etwa der Evolutionsbiologe Axel Meyer, ist es so, „dass der Kenntnisstand zur genetischen Basis von Intelligenz in *Deutschland schafft sich ab* wissenschaftlich weitgehend korrekt dargestellt wurde" (Meyer 2015, S. 254). Was die von Sarrazin sehr häufig genutzten Zahlen etwa zum Bildungserfolg und zum Einkommen oder zur Arbeitslosigkeit und zur Geburtenrate (usw.) anbelangt, besteht kein Grund, diese grundsätzlich in Zweifel zu ziehen – Hans-Ulrich Wehler schrieb in *Die Zeit* vom 7. Okt. 2010, dass „die statistischen Befunde schwer zu widerlegen" seien –, wenn es auch gewiss unterschiedliche Auffassungen gibt und Statistiken die üblichen Probleme mit sich bringen; aber das ist ja immer so. Drittens sind wissenschaftliche Grenzen insofern grundsätzlich problematisch, als es keine allgemein anerkannten Kriterien dafür gibt, worin Wissenschaftlichkeit besteht. Was dem einen ernsthafte Wissenschaft ist (Theologie, Gender Studies, Intelligent Design), ist dem anderen „antiwissenschaftliche(r) Hokuspokus" (Meyer 2015, S. 18, über die Gender Studies). Aber (und dies ist der entscheidende Punkt) es geht in all den genannten Fällen akademischer Diskriminierung auch nicht um fehlende Wissenschaftlichkeit – wie man unschwer daran erkennen kann, dass auch in jüngerer Zeit WissenschaftlerInnen attackiert wurden, deren wissenschaftliche Qualifikation außer Frage steht (etwa Jörg Baberowski, Ulrich Kutschera, Heiner Rindermann, Susanne Schröter oder, um ein Beispiel aus dem Ausland zu nennen, John Finnis). Wer wie bei Sarrazin auf die fehlende Wissenschaftlichkeit verweist, betreibt nur ein Ablenkungsmanöver; wäre Sarrazin Professor an einer Universität, würde die Kritik nicht schwächer

---

[3]Vgl. auch die Kritik bei Pinker (2002) und Singer (1999) – beide und vor allem auch Singer gehören übrigens zur linksliberalen Tradition – an der immer noch vorherrschenden Tendenz unter Linken, angeborene Ungleichheiten bei Menschen (etwa bei der Intelligenz) zu bezweifeln.

ausfallen (wie man gut an Bernd Lucke erkennen kann).⁴ Es geht um den Vorwurf, dass jemandem, der moralisch und politisch angeblich verwerfliche, ja furchtbare Positionen vertritt, ein Forum geboten wird, sie zu verbreiten.

Betrachten wir nun die Gründe, welche die GegnerInnen Singers und Sarrazins geltend gemacht haben, um nicht nur gegen deren Vorträge zu protestieren, sondern sie auch, wie gezeigt, effektiv zu verhindern oder es jedenfalls zu versuchen. Sowohl gegen Singer wie auch gegen Sarrazin wurden jeweils unterschiedliche Vorwürfe erhoben. Singer wurden Rassismus, Personismus, Faschismus, Eugenik und vor allem Ableismus vorgeworfen, Sarrazin Xenophobie, Islamophobie, Antisemitismus, Biologismus, Faschismus, Eugenik und vor allem Rassismus. Um die Diskussion überschaubar zu halten, soll hier nur je ein Vorwurf thematisch sein: Bei Singer der Vorwurf, seine Thesen seien ableistisch, also behindertenfeindlich, bei Sarrazin der Vorwurf, seine Thesen seien rassistisch, und zwar sowohl im Sinne eines biologischen wie auch kulturellen Rassismus.

Singer fasst seine Position, um die es bei den beschriebenen Tumulten vor allem ging, so zusammen:

> daß nämlich die Eltern schwerstbehinderter Neugeborener zusammen mit einem Arzt über das Leben oder den Tod ihres Kindes entscheidungsbefugt sein sollten. Falls die Eltern und ihr medizinischer Berater darin übereinstimmten, daß das Leben des Neugeborenen so elend oder ohne minimale Befriedigungen sein würde, daß es unmenschlich oder vergeblich wäre, das Leben zu verlängern, dann sollte es erlaubt sein, einen raschen und schmerzlosen Tod herbeizuführen (Singer 1994, S. 430 f.).

Er trete also „für die Euthanasie […] bei schwerbehinderten Neugeborenen" ein, da „diese Säuglinge sich niemals haben bewußt werden können, daß sie Lebewesen mit Vergangenheit und Zukunft seien" (Singer 1994, S. 434); damit einher geht die These, dass es lebenswertes menschliches Leben gebe und solches, das nicht lebenswert sei. Es ist zu beachten, dass Singer nicht nur die aktive Tötung von Neugeborenen etwa mit Anenzephalie oder Spina bifida, sondern auch die von Neugeborenen mit Down-Syndrom und zusätzlichen Komplikationen wie einer Missbildung der Speiseröhre –

---

⁴Auch Vorwürfe der Art, das Siegener Seminar sei didaktisch unzureichend gewesen, hätte nicht genügend Literatur berücksichtigt, hätte einen widersprüchlichen Ankündigungstext gehabt usw., dienten allein dazu, vom eigentlichen Anliegen der Akteure abzulenken; es ist kein Zufall, dass Kliemt von ganz ähnlichen Vorwürfen bezüglich seines Singer-Seminars berichtet (Kliemt 1995, S. 69).

er verweist selbst auf das sog. „Baby Doe" (Singer 1994, S. 260 ff.) – oder einem Verschluss im Verdauungssystem (Singer 1994, S. 271) befürwortet; die Erlaubtheit von Abtreibung in diesen Fällen wie auch generell steht für ihn ohnehin außer Frage. Die all dem zugrundeliegende ethische Theorie ist der Präferenzutilitarismus, verbunden mit einem Personismus, der Wertzuschreibungen loslöst von menschlichen Eigenschaften, so dass die Zugehörigkeit zur Spezies Mensch weder notwendige noch hinreichende Bedingung für einen starken moralischen Status ist. Was Menschen mit Behinderungen anbelangt, so teilt Singer klar die „Grundvoraussetzung, daß ein Leben ohne Behinderung besser ist als ein Leben mit Behinderung" (Singer 1994, S. 79), eine Annahme, die als solche bereits als ableistisch verstanden werden kann (und wird), so wie analog dazu die These, dass es überhaupt menschliche Rassen gibt, bereits als rassistisch verstanden werden kann (und wird), selbst wenn damit keine normativen Implikationen verbunden sind.

Sarrazin fasst in seinem Buch über den von ihm sogenannten neuen Tugendterror seine „Kernthesen" (Sarrazin 2014, S. 56 ff.) aus *Deutschland schafft sich ab* selbst zusammen. Zwar sollte er in Siegen darüber gar nicht vortragen, und er hat es auch nicht getan, aber dennoch entzündete sich der Streit an seinen Thesen aus dem berüchtigten Buch von 2010 (bzw. daran, was man für seine Thesen hält). Noch einmal gekürzt besagen sie (u. a.), dass die insgesamt stark gesunkene, sozial aber geschichtete Nettoreproduktionsrate zu einer Absenkung des auch angeborenen intellektuellen Potentials in Deutschland führe, gegen die auch Einwanderung nicht helfe, da diese durch Menschen vorwiegend aus der Türkei, Afrika, Nah- und Mittelost erfolge, aus Regionen und Kulturen also, die überwiegend muslimisch geprägt seien, was sich negativ auf das Qualifikations- und Bildungsniveau auswirke, zumal diese Gruppen in weiten Teilen nicht integrationswillig seien. Nur hochqualifizierten Personen seien Aufenthaltsrechte zu gewähren, und gegebenenfalls seien Sozialleistungen zu verwehren. Da die Geburtenrate dieser Einwanderer aber deutlich höher liege, würde dies zu gravierenden kulturellen Veränderungen führen. Als Sarrazin ähnliche Thesen 2009 in einem Interview mit *Lettre International* äußerte, wurde er Gegenstand sehr massiver Kritik, die seit der Veröffentlichung von *Deutschland schafft sich ab* und dem islamkritischen Buch *Feindliche Übernahme* (2018) nie schwächer geworden ist und zuletzt auch zu seinem Ausschluss aus der SPD führte. In Siegen konnte Sarrazin nur unter massivem Einsatz von Polizei und Sicherheitskräften auftreten. Paradigmatisch ist die Kritik des *Türkischen Bundes in Berlin-Brandenburg e. V./Deutschland* (TBB), der sich in Bezug auf das *Lettre*-Interview nach einer erfolglosen Strafanzeige bei der Generalstaatsanwaltschaft an den UN-Rassendiskriminierungsausschuss (CERD) wandte, der Sarrazins Äußerungen als rassistisch im Sinne der ‚racial superiority' nach Art. 4 der *International Convention on the Elimination of All Forms of Racial Discrimination* (ICERD 1965) wertete und zudem entschied, dass nach Art. 6 ICERD kein wirksamer Rechtsschutz gewährleistet worden sei. Aber das Urteil des CERD war sehr umstritten, und die Generalstaatsanwaltschaft blieb bei ihrer Entscheidung (Schönecker 2020, S. 263 f.).

Oben habe ich bereits zwei (äußerliche) Gemeinsamkeiten zwischen der Causa Singer und der Causa Sarrazin benannt; eine dritte besteht darin, dass man in beiden Fällen die heftigen Reaktionen in Deutschland vor dem Hintergrund nationalsozialistischer Verbrechen verstehen muss, die rassistisch und oft auch ableistisch waren. Nun können Rassismus wie auch Ableismus als Formen der *gruppenbezogenen Menschenfeindlichkeit* verstanden werden, und das wurde in der Tat auch getan. Eine weitere Gemeinsamkeit besteht daher auch darin, dass es Gruppen gibt, die sich *de facto* diskriminiert fühlen oder denken, sie seien es (die Proteste von Behindertenverbänden bei Singer und die Proteste etwa des TBB bei Sarrazin belegen dies). Und so war es eben diese gruppenbezogene Menschenfeindlichkeit in der Gestalt des Rassismus, die man Sarrazin vorgeworfen hat, etwa im Gutachten von Gideon Botsch (2009) im Rahmen des Parteiausschlussverfahrens. Und die Kritik an Singer ging, wie schon bemerkt, von einzelnen Menschen mit Behinderungen aus sowie u. a. von politischen und kirchlichen Gruppen und Behindertenverbänden (Anstötz et al. 1995). Halten wir also fest: Bestimmte Personen meinen, das Recht und vielleicht sogar die Pflicht zu haben, Vorträge von Singer und Sarrazin zu verhindern, weil der eine ableistisch, der andere rassistisch sei; sie sehen also moralische Grenzen verletzt. Für unsere Zwecke können wir nun davon ausgehen, dass, *allgemein gesprochen,* Ableismus und Rassismus bei einem Redner in der Tat Gründe sein können, seine Redefreiheit (oder, wie gesagt, die Wissenschaftsfreiheit derer, die sie zu Vorträgen an eine Universität einladen) einzuschränken. Ich teile diese Auffassung wohlgemerkt nicht, u. a. aus strategischen Gründen im Umgang mit Links- und Rechtspopulismus. Wenn aber nun der Rassismus von Sarrazin ein Grund *ist,* ihn nicht einzuladen, wie sollte dann der Ableismus Singers *kein* Grund sein, auch diesen nicht einzuladen? Die Antwort kann gewiss nicht darin bestehen, dass Ableismus weniger schlimm ist als Rassismus (was immer genau das bedeuten würde; vielleicht könnte man an einen quantitativen Vergleich denken). Selbst wenn das so wäre, wäre die Verwerflichkeit des Ableismus immer noch ein hinreichender Grund – unter der Voraussetzung, wie gesagt, dass die diversen Ismen überhaupt ein solcher freiheitsbeschränkender Grund sind –, die Freiheit zu beschränken. Die Antwort kann aber, zweitens, auch nicht darin bestehen, dass Singer, anders als Sarrazin, eben *richtig liege* mit seinen Thesen, nicht alle Menschen seien Personen; es gebe Leben, das es wert sei, gelebt zu werden, und solches, das nicht so sei; und es gebe geborene Menschen, die kein lebenswertes Leben haben oder erwarten können und die deshalb getötet werden dürfen. Es mag sein, dass all dies stimmt (ich denke nicht). Aber natürlich ist es jedenfalls alles andere als selbst-evident; das Gegenteil ist der Fall, es ist höchst umstritten, und viele Philosophinnen und Nicht-Philosophen halten solche Thesen nicht nur für moralisch grenzverletzend, dammbrechend und gefährlich, sondern schlichtweg für falsch. (Übrigens ist die Inanspruchnahme von Dammbruch-Argumenten eine weitere Gemeinsamkeit; sie ist sowohl in der Singer- wie in der Sarrazin-Debatte zu finden.) Wenn aber die Redefreiheit als ein Menschenrecht höchstens dort eingeschränkt werden darf, wo moralische oder wissenschaftliche Grenzen verletzt werden, dann muss, wer für die Redefreiheit einer Person wie Singer eintritt, dessen Thesen sehr viele für falsch und moralisch grenzverletzend, dammbrechend und gefährlich halten und bei denen mindestens unausgemacht bleibt, ob sie es sind oder nicht, auch für die Redefreiheit einer Person wie Sarrazin eintreten. Denn es ist keineswegs klar, dass die Thesen Sarrazins falsch sind. Seine empirischen Thesen etwa über den Geburtenrückgang, Intelligenz oder das durchschnittlich schlechtere Bildungsniveau von Menschen mit muslimischem Migrationshintergrund sind alles andere als leicht zu widerlegen; und seine daraus geschlossenen moralisch-politischen Konsequenzen muss man zwar nicht teilen, aber sie sind nicht evident moralisch grenzverletzender als die Thesen Singers, wenn sie denn falsch sind. Niemand bei Verstand wird behaupten können oder wollen, eine These wie die, dass Neugeborene getötet werden dürfen, könne mehr Plausibilität für sich beanspruchen oder sei auch nur gemeinhin anerkannter als die These, die Zahl von Einwanderern aus muslimischen Ländern solle begrenzt werden. Schließlich kann, drittens, die Antwort auf die Frage, warum man Vorträge Singers nicht verhindern sollte, Vorträge von Sarrazin aber sehr wohl, nicht darin bestehen, dass der Vorwurf, Singer sei Ableist, falsch sei, der Vorwurf, Sarrazin sei Rassist, dagegen berechtigt. Hier ist eine weitere Gemeinsamkeit zwischen Singer und Sarrazin bemerkenswert: Sie besteht darin, dass beide diese Vorwürfe je für sich zurückweisen (Singer 1994, S. 77–81; Sarrazin 2014, S. 85–90). Singer hält, wie gezeigt, die Feststellung, ein

Leben ohne Behinderung sei besser als ein Leben mit Behinderung, für wahr und als solche nicht für ableistisch; analog dazu hält Sarrazin die Feststellung, Menschen mit muslimischem Migrationshintergrund hätten durchschnittlich ein schlechteres Bildungsniveau als Menschen mit einem nicht-muslimischen Migrationshintergrund, ebenfalls nicht für rassistisch. Ableistisch sei es, so Singer, behinderten Menschen, die ein lebenswertes Leben führen können, dieses Leben zu nehmen oder sie nicht entsprechend zu unterstützen, nur weil sie behindert sind. Es sei aber nicht ableistisch, neugeborenen Menschen mit Down-Syndrom und weiteren schweren Beeinträchtigungen das Leben zu nehmen, da sie keine Aussicht hätten auf ein Leben, das es wert sei, gelebt zu werden. Analog dazu Sarrazin: Rassistisch sei die Feststellung, dass es biologisch unterscheidbare Rassen gebe *und* dabei einer Rasse einen höheren moralischen Status zuzusprechen als einer anderen, so wie es rassistisch wäre anzunehmen, manche ethnischen Gruppen seien genetisch bedingt weniger intelligent als andere. Nicht rassistisch dagegen sei die Feststellung, dass es kulturell-religiös bedingte Unterschiede in Bildungserfolgen gebe und dass solche prognostizierbaren Bildungserfolge eine Rolle spielen sollten bei der Einwanderungspolitik. Die These jedenfalls, Singer sei Ableist, ist nicht mehr oder weniger plausibel als die These, Sarrazin sei Rassist.

Erinnern wir uns kurz an einige klassische Argumente für die freie Debatte in den Wissenschaften (Wilholt 2012; Himpsl 2017): Erstens ist die Freiheit der Wissenschaft ein Menschenrecht, das sich aus der Autonomie des Menschen ableiten lässt. Zweitens erwächst aus freier Wissenschaft das Wissen, das StaatsbürgerInnen in Demokratien brauchen, um sich fundierte Meinungen für politische Präferenzen und Entscheidungen bilden zu können. Drittens sind Menschen fallible Wesen. Es ist daher unabhängig von der möglichen Rechtsverletzung für den wissenschaftlichen Fortschritt nicht zweckdienlich, die freie Kundgabe von Meinungen einzuschränken, da diese entgegen unserer Annahme doch wahr oder zumindest teilweise wahr sein könnten; und selbst wenn sie falsch sind, ist die Auseinandersetzung mit ihnen ein Motor der Wissenschaft. Wissenschaft bedarf der intellektuellen Diversität (Whittington 2018). Wer sich für Singers Redefreiheit einsetzt, wird üblicherweise solche Argumente für stichhaltig halten; Singer selbst jedenfalls (2019) macht sie nicht minder geltend als Sarrazin (2014). Es ist aber kein Grund zu erkennen, warum diese Argumente Anwendung finden dürfen bei Singer, nicht aber Sarrazin.

4 Résumé

Ich habe für die These argumentiert, dass es keinen nachvollziehbaren guten Grund gibt, substantielle Unterschiede zwischen den Fällen Singer und Sarrazin festzustellen, die es erlauben würden, in dem einen Fall für die Rede- und Wissenschaftsfreiheit einzutreten und in dem anderen nicht. Wenn es erlaubt ist, Singer zu einem Vortrag an die Universität einzuladen, dann ist es auch erlaubt, Sarrazin zu einem Vortrag an die Universität einzuladen. Ob es nun erlaubt ist, Singer zu einem Vortrag an die Universität einzuladen, stand hier nicht zur Debatte; diejenigen, die aber meinen, es sei so, müssen es daher auch für erlaubt halten, Sarrazin zu einem Vortrag an die Universität einzuladen. Und daher muss, wenn eine philosophische Gesellschaft sich für das Recht einsetzt, Singer zu einem Vortrag an die Universität einzuladen, sie sich auch für das Recht einsetzen, Thilo Sarrazin zu einem Vortrag an die Universität einzuladen (usw.). Singer beklagte nach den Vorgängen um seine Person und Thesen „teilweise einen besonders ausgeprägten Fanatismus innerhalb der deutschen Euthanasie-Debatte", welcher „der Geisteshaltung zu ähneln beginnt, die den Nationalsozialismus ermöglichte" (Singer 1994, S. 444). Mir scheint, da ist viel Wahres dran, und zwar nicht nur in der Causa Singer.

Literatur

Anstötz, C., et al. (1995). *Peter Singer in Deutschland. Zur Gefährdung der Diskussionsfreiheit in der Wissenschaft.* Frankfurt a. M.: Peter Lang.

Bender, Ph. (2019). Die Schutzverantwortung des Staates für eine freie Lehre. *Wissenschaftsrecht, 52*(1), 27–48.

Botsch, G. (2009). *Gutachten im Auftrag des SPD-Kreisverbandes Spandau und der SPD-Abteilung Alt-Pankow zur Frage: ‚Sind die Äußerungen von Dr. Thilo Sarrazin im Interview mit der Zeitschrift Lettre International (deutsche Ausgabe), Heft 86, als rassistisch zu bewerten?* https://web.archive.org/web/20120131053733/http://www.sw.fh-koeln.de/agiksa/sarrazin/Sarrazingutachten.pdf.

Carl, N. (2019). Threats to free speech at university, and how to deal with them —Part 1. *aeromagazine.* https://areomagazine.com/2019/12/10/threats-to-free-speech-at-university-and-how-to-deal-with-them-part-1/. Zugegriffen: 20. Okt. 2020.

Damschen, G., & Schönecker, D. (2013). *Selbst philosophieren. Ein Methodenbuch.* Berlin: De Gruyter.

Hegselmann, R., & Merkel, R. (Hrsg.). (1991). *Zur Debatte über Euthanasie. Beiträge und Stellungnahmen*. Frankfurt a. M.: Suhrkamp.

Himpsl, F. (2017). *Die Freiheit der Wissenschaft. Eine Theorie für das 21. Jahrhundert*. Stuttgart: J. B. Metzler.

Hopf, W. (Hrsg.). (2019). *Die Freiheit der Wissenschaft und ihre ‚Feinde'*. Lit: Münster.

Hufen, F. (2019). „Wissenschaftsfreiheit": 13 Thesen zur Klarstellung. ‚Political correctness' und Neutralitätsgebot als Schranken wissenschaftlicher Lehre? Hopf 2019, 3–6.

Kliemt, H. (1995). Stellungnahme und Bericht zum ‚Singer-Seminar'. Anstötz 1995, 65–72.

Knobloch, C. (2019). Was sucht (und was findet) der Rechtspopulismus an der Universität? *Navigationen. Zeitschrift für Medien- und Kulturwissenschaften, 19*(2), 25–32.

Meggle, G. (2005). Schwierigkeiten der Medien mit der Philosophie. *Telepolis* vom 22. März 2005. https://www.heise.de/tp/features/Schwierigkeiten-der-Medien-mit-der-Philosophie-3439051.html. Zugegriffen: 20. Okt. 2020.

Meyer, A. (2015). *Adams Apfel und Evas Erbe. Wie die Gene unser Leben bestimmen und warum Frauen anders sind als Männer*. München: Bertelsmann.

Pinker, S. (2002). *The blank slate. The modern denial of human nature*. New York: Viking.

Sarrazin, T. (2009). Interview. *Lettre International*, Nr. 86 vom 1. Oktober 2009.

Sarrazin, T. (2014). *Der neue Tugendterror. Über die Grenzen der Meinungsfreiheit in Deutschland*. München: DVA.

Sarrazin, T. (2017). *Deutschland schafft sich ab. Wie wir unser Land aufs Spiel setzen*. München: DVA.

Schönecker, D. (2019). Fragen an Dieter Schönecker. *Information Philosophie, 2019*(1), 124–129.

Schönecker, D. (2020). Rassismus, Rasse und Wissenschaftsfreiheit. Eine Fallstudie. *Philosophisches Jahrbuch, 20*(2), 248–273.

Singer, P. (1994). *Praktische Ethik*. Stuttgart: Reclam.

Singer, P. (1999). *A Darwinian left. Politics, evolution and cooperation*. London: Weidenfeld & Nicolson.

Singer, P. (2018). Philosophy, controversy, and freedom of speech. In D. A. Downs & C. W. Surprenant (Hrsg.), *The value and limits of academic speech: Philosophical, political, and legal perspectives* (S. 21–30). New York & London: Routledge.

Strick, S. (2019). Sokal Squared, Jordan Peterson und die rechten Affektbrücken von Siegen. *Navigationen. Zeitschrift für Medien- und Kulturwissenschaften, 19*(2), 65–86.

Vogel, F. (2019). „Meinungsfreiheit" und ihre Grenzen an der Universität. Ein Kommentar. *Navigationen. Zeitschrift für Medien- und Kulturwissenschaften, 19*(2), 33–38.

von Coelln, C. (2019). Hochschullehre zwischen Äußerungsfreiheit, Political Correctness und Mäßigungsgebot. *Wissenschaftsrecht, 52*(1), 3–26.

von der Decken, K., et al. (2018). Art. 5: Recht der freien Meinungsäußerung, Medienfreiheit, Kunstfreiheit, Wissenschaftsfreiheit. In B. Schmidt-Bleibtreu (Hrsg.), *Kommentar zum Grundgesetz*. Carl Heymanns: Köln.

Wiedemann, C. (2019). Zensur! Oder: Wessen Freiheit? *Navigationen. Zeitschrift für Medien- und Kulturwissenschaften, 19*(2), 47–63.

Wilholt, T. (2012). *Die Freiheit der Forschung. Begründungen und Begrenzungen*. Berlin: Suhrkamp.

Whittington, K. E. (2018). *Speak freely: Why universities must defend free speech*. Princeton: Princeton University Press.

Wen sollte man nicht an die Universität einladen?

Romy Jaster und Geert Keil

Welche Beschränkungen sollten sich Wissenschaftlerinnen und Wissenschaftler bei der Entscheidung auferlegen, wen sie als Vortragende zu universitären Veranstaltungen einladen? Und von welchen Überlegungen sollten sie sich dabei leiten lassen? Gibt es Personen, die für einen Auftritt an der Universität schlechthin ungeeignet sind? Wenn ja, aufgrund welcher Eigenschaften oder aus welchen anderen Gründen?

Wir argumentieren zunächst, dass jüngere Kontroversen über die Einladung politisch exponierter Sprecher zu akademischen Veranstaltungen den Blick auf diese universitätspolitischen Fragen eher verstellt haben, insoweit sie als Streit um die *Rede-* und um die *Wissenschaftsfreiheit* geführt wurden (1). Im Anschluss erörtern wir die radikal liberale Auffassung, nach der sich Einladungsverbote überhaupt nicht begründen lassen (2). Häufiger wird heute vertreten, dass es durchaus kategorische Ausschlussgründe gebe: Einige Debattenteilnehmerinnen ziehen die rote Linie dort, wo bestimmte politischen Positionen vertreten werden, insbesondere solche, in denen Rassismus oder andere Arten gruppenbezogener Menschenfeindlichkeit zum Ausdruck kommen (3). Andere ziehen die rote Linie dort, wo zu erwarten

---

R. Jaster (✉) · G. Keil
Institut für Philosophie, Humboldt-Universität zu Berlin, Berlin, Deutschland
E-Mail: romy.jaster@icloud.com

G. Keil
E-Mail: geert.keil@hu-berlin.de

ist, dass der Inhalt eines Vortrags Zuhörende psychisch stark belastet (4). Wir werden in kritischer Auseinandersetzung mit diesen Auffassungen eine *tugendbezogene* Antwort auf die Titelfrage vorschlagen (5). Sie läuft darauf hinaus, dass man sich für eine Einladung an die Universität nicht durch bestimmte Meinungen oder durch bestimmte Wirkungen disqualifiziert, sondern durch einen Mangel an intellektueller Redlichkeit.

1 Worum es nicht geht: Wissenschafts- und Redefreiheit

Als Streit um Grundrechtsverletzungen sind einladungspolitische Fragen unpassend rubriziert. Die *Rede- und Meinungsfreiheit,* also das grundgesetzlich garantierte „Recht, seine Meinung in Wort, Schrift und Bild frei zu äußern und zu verbreiten" (Art. 5 GG), ist durch Kontroversen zur Einladungspolitik nicht berührt, solange man dieses Recht nicht mit anderen Rechten verwechselt. Die Meinungs- und Redefreiheit umfasst nicht das Recht, zu bestimmten Veranstaltungen eingeladen zu werden. Sie umfasst auch nicht das Recht, bestimmte Publikationsmöglichkeiten angeboten zu bekommen. Viele würden gern einmal im Bundestag sprechen oder in der *New York Times* gedruckt werden, aber wem dies nicht vergönnt ist, wird nicht in seinen Freiheitsrechten beschnitten. Vor allem umfasst die Meinungs- und Redefreiheit nicht das Recht, seine Meinung *unwidersprochen* zu äußern. Deshalb ist dieses Grundrecht in demokratischen Rechtsstaaten viel seltener tangiert, als in politisierten Debatten behauptet wird. Insbesondere der Diskurs darüber, was man ja wohl noch sagen dürfe oder eben nicht, wird unter dem Titel der Rede- und Meinungsfreiheit regelmäßig irreführend einsortiert.

Die *Wissenschaftsfreiheit* ist ebenfalls durch das Grundgesetz geschützt. Sie ist ein Grundrecht, das die eigenverantwortliche Tätigkeit in Forschung und Lehre vor wissenschaftsexternen Eingriffen schützt. Träger dieses Rechts sind eben diejenigen, die eigenverantwortlich wissenschaftlich tätig sind. Zur Wissenschaft zählt nach einer schönen Definition des Bundesverfassungsgerichts „jede Tätigkeit, die nach Inhalt und Form als ernsthafter planmäßiger Versuch der Wahrheitsermittlung anzusehen ist" (BVerfGE 35, 113). Die Wissenschaftsfreiheit wäre beispielsweise tangiert, wenn eine Universitätsleitung oder gar ein Ministerium die Durchführung bestimmter wissenschaftlicher Veranstaltungen untersagte oder auch nur Weisungen zur personellen Besetzung oder zur inhaltlichen Ausrichtung erteilte.

Übrigens ist auch die Forderung, eine missliebige Rednerin nicht ein- oder wieder auszuladen, kein Eingriff in die Wissenschaftsfreiheit, solange sie nur von Privatpersonen vorgebracht wird. Man versteht eine solche Forderung am besten als unerbetenen Ratschlag, der seinerseits durch die Meinungsfreiheit gedeckt ist. Der einladenden Wissenschaftlerin steht es frei, dem Rat zu folgen oder auch nicht. Sie wird ihm folgen, wenn sie die vorgebrachten Gründe überzeugend findet. Ist die Universitätsleitung der Adressat, so ist sie gut beraten, nicht einmal den Anschein zu erwecken, öffentlicher Druck könnte die Einschränkung von Grundrechten rechtfertigen. Die Wissenschaftsfreiheit wäre beispielsweise tangiert, wenn Räume für eine akademische Veranstaltung verweigert werden, weil eingeladene Redner, die Israels Palästinapolitik kritisieren, von Dritten aus strategischen Gründen des Antisemitismus bezichtigt werden.

Von obrigkeitlichen Eingriffen in die Rede-, Meinungs- und Wissenschaftsfreiheit handelt dieser Beitrag nicht. An deutschen Universitäten sind sie glücklicherweise selten. Wo sie doch einmal geschehen, haben die Betroffenen die Unterstützung der Gemeinschaft der Forschenden verdient.

Wenn die Frage, wer an einer Universität sprechen darf, nicht als eine nach den Grenzen der Rede- oder der Wissenschaftsfreiheit gemeint ist, wie kann sie dann gemeint sein?

Einige Teilnehmer der publizistischen Debatte haben die hohen sozialen Kosten betont, die mit der Äußerung bestimmter Positionen, aber auch mit der Einladung bestimmter Personen einhergehen. Maria-Sibylla Lotter zufolge „gehen die Einschränkungen der Meinungsfreiheit in demokratischen Gesellschaften eher vom konformistischen Druck durch die Meinung der Mehrheit aus. Wer mit der Äußerung abweichender Gedanken auf Empörung stößt, wird sie lieber für sich behalten" (Lotter 2018).

Diese Bedenken finden ihre Zuspitzung im *Harper's Letter*, einem offenen Brief, in dem 153 öffentliche Intellektuelle im Sommer 2020 eine um sich greifende „Intoleranz gegenüber anderen Sichtweisen, eine Mode öffentlicher Anschuldigungen und des sozialen Ausschlusses" beklagten (Harper's Letter 2020, Übersetzung der Autor*innen) – eine Praxis, die seit einiger Zeit unter dem Schlagwort „cancel culture" verhandelt wird.

Da wir auf die Debatte über die *cancel culture* durchaus reagieren möchten, soll im Mittelpunkt dieses Beitrags die Frage nach den Maßstäben dafür stehen, wen man definitiv *nicht* zum Vortrag an eine Universität einladen sollte. Diese Frage stellt sich regelmäßig Wissenschaftlerinnen und Wissenschaftlern, die eine Veranstaltung zu einem Thema planen, das in der Gesellschaft kontrovers diskutiert wird. Wir fokussieren die Frage so, dass sie den genannten grundrechtlichen Rahmen schon voraussetzt und ebenso dessen Begrenzung durch strafrechtliche Verbote. Volksverhetzung, Verleumdung, die Verwendung verfassungswidriger Symbole, der Aufruf zu Straftaten und die Leugnung des Holocaust sind auf dem Campus wie außerhalb verboten. Bei der Frage, wen man nicht zu universitären Veranstaltungen einladen sollte, geht es um selbstauferlegte Einschränkungen unterhalb der rechtlichen Relevanz.

Unsere Frage ist auch nicht, welche Gesichtspunkte bei der Einladung einer Sprecherin im Einzelfall eine Rolle spielen sollten. Es ist sehr gut möglich, dass zwar keine kategorischen Gründe dagegensprechen, eine in Betracht gezogene Kandidatin einzuladen, man aber in Abwägung aller Gründe doch auf jemand anders zurückgreift. Schließlich spielen bei Einladungen zu Konferenzen und Vorträgen eine ganze Reihe von Gesichtspunkten eine Rolle. Die Plätze sind begrenzt; für jede Person, die man einlädt, kann man eine andere nicht einladen. Neben Expertise, Originalität und anderen Faktoren, die direkt den erwartbaren Erkenntnisgewinn eines Vortrags betreffen, werden viele Einladende auch auf die Ausgewogenheit des Gesamtdiskurses und die Repräsentanz minoritärer Standpunkte achten. Auch die Nähe einer Sprecherin zu politisch extremen Positionen oder erwartbare psychische Belastungen für Zuhörende können eine Rolle spielen – aber nicht für die Erstellung schwarzer Listen von *personae non gratae*, sondern als abzuwägende Gesichtspunkte bei der Frage, wen man denn nun zu einer bestimmten Veranstaltung einlädt und wen nicht.

Wir haben mit diesem Beitrag keinen Leitfaden guter akademischer Praxis zur Einladungspolitik im Sinn. Uns interessiert, ob manche Personen sich *schlechthin* für eine Teilnahme am akademischen Diskurs disqualifizieren. Die Adressaten unserer Überlegungen sind dabei nicht Hochschulleitungen, Dekanate oder Fachgesellschaften, sondern einzelne Wissenschaftlerinnen und Wissenschaftler, die Veranstaltungen planen und zu ihnen einladen.

2 Die liberale Position

Nach der *liberalen* Position entscheiden einzelne Wissenschaftler in Ausübung der Freiheit von Forschung und Lehre nach eigenem Ermessen, wie sie universitäre Veranstaltungen gestalten und wen sie dazu einladen. Andere Akteure, die an der Einladung Anstoß nehmen, dürfen selbstverständlich öffentliche Kritik äußern, haben aber keine Handhabe für den Fall, dass die Einladenden die Abwägung anders vornehmen. Für die Entscheidung braucht es kein Placet irgendeiner Instanz und auch keinen gesellschaftlichen Konsens.

Was spricht für die liberale Position?

Dafür spricht zum einen das klassische Argument des politischen Liberalismus: Begründungsbedürftig ist stets das Einschränken von Freiheiten, nicht das Gewähren. Auf Fragen der Einladungspolitik angewandt: Die einladende Person muss als Trägerin des Grundrechts der Wissenschaftsfreiheit keinen allgemein akzeptierten Grund dafür vorweisen können, eine bestimmte Person einzuladen. Um ihr die Einladung zu *verbieten*, bräuchte es einen stärkeren Grund als den, dass ihre Pro-Gründe nicht allgemein geteilt werden.

Indem die liberale Position auf die Freiheit *der Einladenden* abstellt, unterläuft sie den Einwand, politische Meinungsäußerungen genössen auf dem Campus grundsätzlich keinen Schutz:

> Politische, weltanschauliche oder religiöse Meinungen und Orientierungen haben im Wissenschaftssystem keinen Anspruch darauf, artikuliert zu werden. [...] Deswegen dürfen in einer Universität auch nur Wissenschaftler und Wissenschaftlerinnen lehren, nicht Politikerinnen und Politiker (Lenzen 2019).

Diese Einlassung eines Universitätspräsidenten geht an der liberalen Berufung auf die Freiheit von Forschung und Lehre vorbei: Wissenschaftlerinnen und Wissenschaftler dürfen in Ausübung ihres Grundrechts entscheiden, wen sie zu Veranstaltungen einladen, und dazu mögen, wenn die Einladenden befinden, dass es der Wahrheitsfindung dient, auch politische Akteure gehören.

Für die liberale Position lässt sich weiterhin anführen, dass sie geeignet ist, *Meinungsvielfalt* zu stärken, die nach einem berühmten Argument von John Stuart Mill erkenntnisbefördernd ist: Menschen seien als fehlbare Wesen gut beraten, ihre Auffassungen, und seien es die einer großen Mehrheit, dem harten Test abweichender Auffassungen auszusetzen. Mills Plädoyer für die öffentliche Artikulation vielfältiger Meinungen ist nicht bloß gegen staatliche Zensur, sondern auch gegen Konformitätsdruck gerichtet, den gesellschaftliche Gruppen selbst erzeugen.

Die epistemischen Vorteile einer vielstimmigen Debatte machen Mills liberale Position weit über die Grenzen des *politischen* Liberalismus attraktiv. So ist das Echo von Mill in der zeitgenössischen Diskussion vielfach zu vernehmen. Die Wissenschaftsphilosophin Helen Longino argumentiert, dass die Wissenschaft ihrem Objektivitätsideal umso näher kommt, je stärker sie sich mit vielstimmiger Kritik auseinandersetzt (Longino 1990). Heather Douglas sieht den epistemischen Gewinn einer offenen, diversen Debatte darin, dass sich die idiosynkratischsten Vorurteile und Scheuklappen beseitigen lassen, indem man den wissenschaftlichen Diskurs für die Überprüfung offenhält. Auf diese Weise kann man andere Menschen dafür einspannen, sicherzustellen, dass man etwas nicht nur deshalb sieht, weil man es sehen will (Douglas 2004, S. 463–4; Übersetzung der Autor*innen).

Halten wir als Kernidee der liberalen Position die Ablehnung von Einladungsverboten fest: Wenn es keine rechtliche Handhabe dafür gibt, die Einladung einer bestimmten Person an die Universität zu verbieten, sollte es auch keine außerrechtlich begründete Handhabe geben.

Nun ist ohnehin nicht leicht zu sehen, was ein „Verbot" sein sollte, das nicht seitens einer mit Sanktionsgewalt ausgestatteten Obrigkeit ergeht, und sei es bloß ein Wissenschaftsministerium oder eine Hochschulleitung. Verlassen wir deshalb den Verbotsdiskurs. Unsere Titelfrage, wen man nicht an die Universität einladen sollte, lässt sich auch im Sinne anderer Arten von „sollen" interpretieren. Es könnte beispielsweise *moralische* Gründe dafür geben, von der Einladung bestimmter Personen prinzipiell abzusehen.

3 „Keine Rassisten an der Uni!"

Es ist nicht besonders schwierig, eine weitgehend konsensfähige Regel dafür aufzustellen, wodurch man sich für eine Vortragseinladung an eine Universität disqualifiziert. Zumindest in der deutschen Universitätslandschaft dürfte sich eine große Mehrheit der Akteure darüber einig sein, dass rassistische, antisemitische, misogyne, sexistische, homo- und transphobe Positionen an Universitäten kein Forum bekommen sollten – kurz: keine Auffassungen, die eine gruppenbezogene Menschenfeindlichkeit zum Ausdruck bringen.

Die breite Zustimmung zu dieser Linie bringt uns einem anwendbaren Ausschlusskriterium allerdings nicht näher. So einig man sich sein mag, dass Rassismus, Antisemitismus etc. an Universitäten nichts zu suchen haben, so kontrovers ist oft die Beurteilung von Einzelfällen. Es ist in einladungspolitischen Kontroversen typischerweise strittig, ob die Einstufung einer bestimmten Äußerung oder eines bestimmten Verhaltens als gruppenbezogen menschenfeindlich richtig ist. Ist die Äußerung „Women are adult female humans" transphob? Welche Kritik an Israel ist antisemitisch? Kommt es für die Einstufung einer Äußerung als rassistisch auf den Inhalt, auf die Absicht oder auf die Wirkung an? Und wie gehen wir damit um, wenn sich moralische Standards oder Wissensstände ändern? Als die Mütter und Väter des Grundgesetzes 1949 in unsere Verfassung schrieben, niemand dürfe „wegen seiner Rasse" benachteiligt werden, dürfte es ihnen nicht darum gegangen sein, sich auf die biologische Behauptung festzulegen, es gebe Menschenrassen. Was den Hobby-Rassenkundler Immanuel Kant betrifft, so wusste er nichts von der engen genetischen Verwandtschaft aller Speziesmitglieder und von der mangelnden Vererbbarkeit von Charaktermerkmalen. Nach heutigen Maßstäben hat Kant freilich rassistische Auffassungen vertreten.

Es ist wichtig zu sehen, dass bezüglich der *begrifflichen* Fragen, wo Rassismus, Antisemitismus, Transphobie etc. jeweils beginnen und enden, niemand qua Zugehörigkeit zu einer sozialen Gruppe eine Definitionshoheit besitzt. Zwar wird von sogenannten *Standpoint Epistemologists* behauptet, dass die soziale Position und insbesondere eigene Erfahrungen mit gruppenbezogener Diskriminierung ein epistemisches Privileg hinsichtlich des Identifizierens von Rassismus etc. verschafften. Das dürfte aber falsch sein.

In bestimmter Hinsicht sind Angehörige marginalisierter Gruppen durchaus Experten in eigener Sache: Viele von ihnen haben aus leidvoller Erfahrung eine höhere Sensibilität dafür entwickelt, gruppenbezogene Diskriminierung auch dort wahrzunehmen, wo ihr Charakter nicht offen zutage liegt. Diese Expertise ist allerdings keine begriffliche. Sobald eine *Kontroverse* über die Extension eines X-mus-Begriffes entsteht, ist der Zug „NN muss es am besten wissen, sie war schließlich schon von X-mus betroffen" zirkulär. Im Rahmen eines Dissenses über die Extension eines umstrittenen Begriffs sind Erfahrungen, deren Klassifizierung die Auflösung des Dissenses voraussetzt, nicht verwertbar. Es gibt eben neben klaren Fällen von Rassismus auch Grenzfälle.

Nun wird eine nichtweiße Person in einer mehrheitlich weißen Gesellschaft auch über umfassendere Erfahrungen mit Grenzfällen von „Rassismus" verfügen als eine weiße. Nicht zirkulär wäre das Argument: „NN hat oft genug Fälle von Rassismus erlebt, deshalb weiß NN besser, welche Grenzfälle unter ‚Rassismus' fallen". Allerdings wäre es ungültig, denn diese Erfahrungen erleichtern nicht die gesuchte begriffliche Abgrenzung. Eine erhöhte Sensibilität für gruppenbezogene Benachteiligungen verschafft nicht schon eine überlegene Urteilskraft hinsichtlich der Frage, ob ein bestimmtes Verhalten oder eine Äußerung unter den Begriff des Rassismus fallen oder nicht. Das epistemische Privileg hat eine begrenzte Reichweite: *Ob sie verletzt worden ist,* weiß die betroffene Person besser, als jemand anders es wissen kann. Ob das, was die Verletzung verursacht hat, rassistisches Verhalten war, kann durchaus strittig sein, in semantischer wie in empirischer Hinsicht.

Begriffliche Abgrenzungsfragen lassen sich allerdings auch *normativ* wenden. In einem Diskurs darüber, was man unter „Rassismus" vernünftigerweise *verstehen sollte,* ist der Verweis darauf, dass etwas von Betroffenen als rassistische Diskriminierung erlebt wird, ein wichtiger Gesichtspunkt. Er ist aber nicht autoritativ, hat also nicht das letzte Wort. Dagegen spricht schon, dass mit einer Rassismusdefinition unterschiedliche, untereinander abzuwägende Ziele verbunden werden, zu denen beispielsweise auch die richterliche Überprüfbarkeit von Streitfällen im Antidiskriminierungsrecht gehört.

Aus diesen Gründen ist eine Regel wie „Keine Rassisten/Antisemitinnen/Sexisten an der Uni!", die sich umkämpfter Begriffe bedient, wenig praktikabel. Man kann sie auf ein Protestplakat oder in eine Leitlinie schreiben, aber zur Beurteilung strittiger Fälle trägt sie nichts bei. Ob die kontroverse Person tatsächlich eine Rassistin, Antisemitin etc. ist, gehört regelmäßig zu den Fragen, die zwischen Befürwortern und Kritikern einer Einladung ihrerseits umstritten sind.

Es gibt noch einen weiteren Grund gegen Regeln dieser Art, der im Zustand moralischer Empörung leicht übersehen wird. Die genannten Ismen sind nicht immer Ausdruck moralischer Niedertracht, sondern haben meist kognitive Anteile. Nicht selten gehen sie mit einer partiellen moralischen Blindheit einher, etwa mit einer Wahrnehmungs- oder Urteilsschwäche. Wie konnten die Sklavenhalter Thomas Jefferson und Benjamin Franklin den kraftvollen Satz in die Unabhängigkeitserklärung schreiben, dass alle Menschen gleich geschaffen sind und die gleichen unveräußerlichen Rechte besitzen? War die Transferleistung so schwer? Und fallen Jefferson und Franklin wegen dieses eklatanten Widerspruchs als Diskurspartner aus? Haben sie dadurch etwa bewiesen, dass sie Argumenten gegenüber unzugänglich sind?

Historische Beispiele zeigen eindrücklich, dass eklatante moralische Vor- und Fehlurteile, blinde Flecken und Ideologien typischerweise themenspezifisch sind. Solche Defizite disqualifizieren die Person nicht für einen Diskurs über andere Gegenstände. So würde man Kant heute nicht wegen, sondern trotz seiner kruden Rassenlehre zum Vortrag einladen, Arthur Schopenhauer nicht wegen, sondern trotz seiner Misogynie, Gottlob Frege nicht wegen, sondern trotz seines Antisemitismus.

Wer das moralisch unerträglich findet, möge sich selbst in einer ruhigen Minute fragen, welche themenspezifische eigene Schwäche, welche Splitter im eigenen Auge für andere, Nachgeborene eingeschlossen, wie Balken aussehen könnten – und ihn seiner Regel entsprechend für eine Einladung an die Universität disqualifizieren. Empirisch sind partielle moralische

Wahrnehmungs- und Urteilsschwächen eher die Regel als die Ausnahme. Moralische Niedertracht ist eine andere Sache.

Stichwort *cancel culture*: Eine Regel wie „Keine Rassisten an der Uni!" stellt auf Personen statt auf Einstellungen ab. Der Ruf danach, jemanden wieder auszuladen, gilt nun einmal der Person und nur mittelbar der vertretenen Position. Solche Aufforderungen sind ihrerseits moralisch kritisierbar. Es zeugt, wie Navid Kermani im Streit um die Ausladung der Kabarettistin Lisa Eckhart eingeworfen hat, von enormer moralischer Selbstgerechtigkeit, anderen den öffentlichen Raum zu verweigern, den man für sich selbst in Anspruch nimmt (Kermani 2020).

Auch politisch ist es unklug: Rassismus bekämpft man in deliberativen Demokratien nicht durch das Aussperren von Personen, sondern durch das Ändern von Einstellungen. Das geht erfahrungsgemäß nicht, ohne ab und zu mit denen zu sprechen, die man als Träger solcher Einstellungen identifiziert hat. Dabei kann man dann auch die eigene Klassifizierung überprüfen und gegen Einwände verteidigen. Mit verblendeten Hasspredigern geht das freilich nicht – aber nicht wegen ihrer Einstellungen, sondern weil ihnen die erforderlichen Diskurstugenden fehlen. Mit Kant wäre es gegangen, obwohl er rassistische Auffassungen hatte.

4 „Niemanden verletzen!"

Es ist vergleichsweise leicht, liberalen Argumenten für ungehinderten Meinungsaustausch im Grundsatz zuzustimmen. Viel schwerer ist es, dem Liberalismus auch dann zu folgen, wenn eigene politische oder moralische Schmerzgrenzen erreicht sind. Mill selbst war hinsichtlich der Redefreiheit nicht radikal liberal. Er scheint vielmehr der Auffassung gewesen zu sein, dass die Freiheit der Rede dort an ihre Grenzen stößt, wo sie Schaden oder Leid (das englische ‚harm' ist hier nicht eindeutig) verursacht. In der Literatur zu Mills *On Liberty* ist allerdings umstritten, ob Mill die Freiheit der Rede verteidigte, *insoweit* sie kein Leid verursacht, oder *obwohl* sie es manchmal tut (vgl. Jacobson 2000; Schauer 2011).

In gegenwärtigen Debatten wird das Prinzip der Leidvermeidung in unterschiedlichen Weisen in Anschlag gebracht.

Eine Forderung lautet, grundsätzlich niemanden zum Vortrag einzuladen, dessen Position von bestimmten Personengruppen als verletzend empfunden wird oder werden könnte. Die Universität sollte dieser Auffassung zufolge ein Ort sein, an dem insbesondere Angehörige marginalisierter Gruppen vor traumatischen Erfahrungen sicher sind. Nun sollte die Universität aber, nimmt man die Argumente für den Liberalismus ernst, zugleich ein Ort des freien, ungehinderten Gedankenaustausches sein. Es liegt auf der Hand, dass beide Ziele miteinander in Konflikt geraten können.

Wir bestreiten nicht, dass es auch zum Auftrag einer Universität gehören mag, sogenannte *Safe Spaces* für Personengruppen zu schaffen, deren Möglichkeiten, gehört zu werden, durch bestehende Strukturen eingeschränkt sind. Insofern diese Räume Beiträge zum Diskurs begünstigen, die andernfalls nicht zum Ausdruck kämen, können Safe Spaces durchaus das akademische Ziel befördern, zum Erkenntnisgewinn beizutragen. Der Zielkonflikt entsteht erst, wenn es um die Universität als ganze geht: wenn ein Ruf nach Nichteinladung durch die Forderung begründet wird, alle bestmöglich vor Verletzungen zu schützen.

Die Universität als ganze kann ihrem Auftrag nach gerade kein Safe Space sein. Die Diskussion schwieriger, verstörender oder schmerzhafter Positionen auszuklammern, hieße nicht zuletzt, sich der Aufgabe zu verweigern, den inkriminierten Auffassungen ihre Unhaltbarkeit nachzuweisen. Diesen Schritt zu überspringen, weil man das allein akzeptable Ergebnis schon kennt oder zu kennen wähnt, ist im akademischen Kontext unzulässig. Wissenschaft erfordert als das Geschäft geduldiger, kooperativer, ergebnisoffener Erkenntnissuche in vielerlei Hinsicht Frustrationstoleranz.

Grundsätzlich ist der Schutz vor der Verletzung von Gefühlen ein abwägbares Gut. In der Moralphilosophie hat es das Prinzip *primum non nocere,* das aus der ärztlichen Standesethik stammt, nicht in den engeren Kandidatenkreis für ein hochstufiges Moralprinzip geschafft, von Schopenhauers Mitleidsethik einmal abgesehen. Von einem kategorischen Imperativ ist es weit entfernt, weil es sich nicht in eine universalisierbare Handlungsmaxime überführen lässt. Ähnlich in konsequentialistischen Ethiken: Das Zufügen oder Inkaufnehmen von individuellem Leid ist manchmal alles in allem das geringere Übel. Die utilitaristische Gesamtbilanz – die Berechnung des größtmöglichen Glücks aller – kann durchaus so ausgehen, dass aktuelles Leid durch einen anderen Nutzen aufgewogen wird, sei es spätere Leidvermeidung oder etwas anderes.

In Prinzipienethiken scheitert die Formulierung eines verallgemeinerbaren Imperativs der Leidvermeidung schon daran, dass Rücksicht auf den Schutz der Gefühle einer Personengruppe zulasten der Gefühle einer anderen Gruppe gehen kann. Wer soll im Konfliktfall Anspruch auf Schutz vor Leid genießen? Sollen bestimmte Arten von Leid privilegiert werden? Sind beispielsweise auch *religiöse* Gefühle im akademischen Raum zu schützen? Stellen wir uns einen zartbesaiteten Kreationisten vor, der sich durch ein bloßes Referat des evolutionsbiologischen Forschungsstands in seinen religiösen Gefühlen verletzt fühlt. Er könnte diese belastende Situation leicht vermeiden, indem er sich den Vortrag nicht anhört. Wenn in diesem Fall die Forderung abwegig erscheint, die Veranstaltung nicht stattfinden zu lassen, warum soll es dann in anderen Fällen geboten sein?

Wir stellen nicht in Abrede, dass sich relevante Unterschiede zwischen den Fällen finden lassen. Insbesondere dürfte eine Rolle spielen, ob diejenigen, die an einer Einladung Anstoß nehmen, zu einer besonders vulnerablen, von gesellschaftlicher Diskriminierung betroffenen Gruppe gehören. Gleichwohl bleibt der Schutz vor psychischem Leid ein abwägbares Gut. Zu den Gütern, gegen das es abzuwägen ist, gehört der freie akademische Austausch. Auch die Einschränkung des freien Diskurses hat nachteilige Folgen. *Ceteris paribus* sollte das Verursachen vermeidbaren Leids vermieden werden, aber dass bei dieser Abwägung die Gefühle einzelner Personen, die freiwillig einem Vortrag zuhören, den Ausschlag für eine Selbstzensur der Akademie geben, dürfte nur schwer zu begründen sein.

Plausibler ist das Nichtverletzungsgebot, wenn es auf der Ebene der *Rechte* verortet wird. Der freie Austausch unterschiedlicher Positionen findet demnach dort ihre Grenze, wo eine Äußerung direkt die Rechte anderer Personen verletzt. Dies ist allerdings eine sehr anspruchsvolle Bedingung. Dass ein akademischer Vortrag Zuhörende oder Dritte in ihren Grundrechten verletzt, wird sich in den seltensten Fällen, in denen Dissens über die Einladung einer bestimmten Person besteht, geltend machen lassen.

Die Philosophin Kathleen Stock wurde 2019 zu einem Vortrag bei der renommierten *Aristotelian Society* eingeladen. Stock vertritt unter anderem die Thesen, dass Selbstidentifikation kein hinreichendes Kriterium für die Zugehörigkeit zu einem bestimmten Gender sei und dass die eingeforderten Rechte von Transpersonen mit den Schutzansprüchen biologisch weiblicher Menschen konfligierten. Frauen sind Stock zufolge „adult human females". Zwei *Minorities and Philosophy*-Gruppen, die die Einladung kritisierten, schrieben in einem gemeinsamen Statement: „Die Rechte marginalisierter Gruppen und Individuen […] sind nicht verhandelbar" (MAP Statement, 2019; Übersetzung der Autor*innen).

In der Tat gehören Transpersonen zu den am stärksten von Diskriminierung betroffenen gesellschaftlichen Gruppen. Die Diskussion darüber, welche Rechte Angehörigen dieser Gruppe zukommen sollten, ist daher außerordentlich sensibel. Unverhandelbarkeitsdekrete sind dennoch problematisch. Wer in einer Gesellschaft welche Rechte hat, ist ein Aushandlungsprozess, der sich nicht abkürzen und dessen Ergebnis sich nicht vorwegnehmen lässt. Dass dieser Aushandlungsprozess für Betroffene psychisch belastend ist, gehört zu den Zumutungen der deliberativen Demokratie. Außerdem ist die Rede von der „Verletzung" oder „Missachtung" von Rechten oft vorschnell: Über ein Recht zu diskutieren ist etwas anderes, als das Recht zu verletzen.

Diesen Diskurs im akademischen Kontext zu führen hat gegenüber anderen Arenen unschätzbare Vorteile: der akademische Diskurs ist handlungsentlastet, die Diskursstandards sind höher, die Möglichkeiten der Gegenrede vielfältig, anonyme Hasskommentare lassen sich aussperren. An Universitäten bestehen vergleichsweise gute Chancen, den Diskursraum so zu gestalten, dass konfliktgeladene Debatten nicht entgleisen, sondern in klärungs- und aufklärungsorientierte Bahnen gelenkt werden.

5 Worauf es ankommt: Diskurstugenden

Zeit für eine Zwischenbilanz. Wir haben zunächst strafrechtlich relevante Fälle beiseitegelegt und dann dagegen argumentiert, die rote Linie für Vortragseinladungen bei bestimmten politischen Positionen (3) oder dort zu ziehen, wo der Inhalt eines Vortrags als psychisch belastend empfunden werden kann (4). Für den kategorischen Ausschluss einer Person vom universitären Diskurs haben sich in den bisherigen Überlegungen keine überzeugenden Gründe gefunden. Das macht die unter (3) und (4) erörterten Gesichtspunkte freilich nicht gegenstandslos. Es gibt bei jeder Vortragsladung vielerlei Gesichtspunkte abzuwägen. Diese Abwägung mag im Einzelfall dazu führen, dass eine bestimmte Person aus Gründen nicht eingeladen wird, die aus unserer Sicht keine *kategorischen* Ausschlussgründe darstellen.

Gleichwohl kann man sich auch nach unserem Dafürhalten für eine Einladung an die Universität schlechthin disqualifizieren – allerdings nicht durch den Inhalt oder die erwartbare Wirkung eines Vortrags, sondern dadurch, dass die Person es eklatant an bestimmten Diskurstugenden fehlen lässt. Eine Einladung an die Universität kommt nicht für Personen in Frage, die sich selbst vom akademischen Diskurs ausschließen, indem sie dessen konstitutive Normen missachten.

Der Kernbereich des akademischen Diskurses ist der wissenschaftliche. Wissenschaft ist auf Erkenntnis aus, sie ist die Tätigkeit der systematischen, methodisch kontrollierten, ergebnisoffenen, fehlbaren Erkenntnissuche. (Man sehe uns den dekretierenden Duktus nach. Wir könnten auch auf die eingangs zitierte Wissenschaftsdefinition des BVerfG verweisen.) Aus diesem Ziel ergeben sich eine Reihe von Diskursnormen und mit ihnen korrespondierenden Diskurstugenden, die sich unter dem Begriff der *intellektuellen Redlichkeit* zusammenfassen lassen. Zur Generaltugend der intellektuellen Redlichkeit gehören unter anderem die Bereitschaft, dem zwanglosen Zwang des besseren Arguments zu folgen, die Kosten der eigenen Position offenzulegen, neben Belegen für sie auch aktiv Gegengründe zu suchen, das Gegenüber wohlwollend zu interpretieren, einen einmal bezogenen Standpunkt im Lichte neuer Belege oder Argumente zu verändern sowie angesichts unwiderlegter Gegenargumente nicht einfach das Thema zu wechseln.

Diese Diskurstugenden sind nicht bloß „nice to have", sondern ergeben sich eben daraus, dass Wissenschaft auf Erkenntnis aus ist. Wir betreiben nicht Wissenschaft, um Recht zu behalten, sondern um herauszufinden, wie sich eine Sache wirklich verhält.

Nun ist Wissenschaft nicht das ganz Andere der außerwissenschaftlichen Wahrheitssuche. Wie Quine einmal geschrieben hat:

> Die Wissenschaft ist selbst eine Fortsetzung des gesunden Menschenverstandes. Der Wissenschaftler unterscheidet sich vom einfachen Mann nicht hinsichtlich seines Verständnisses von Belegen, bloß ist der Wissenschaftler sorgfältiger. Diese erhöhte Sorgfalt besteht [...] allein in der geduldigeren und systematischen Sammlung und Nutzung dessen, was jeder als Beleg ansehen würde (Quine 1966, S. 220; Übersetzung der Autor*innen).

In anderen wahrheitsorientierten Diskursräumen sind die für die wissenschaftliche Erkenntnissuche konstitutiven Normen in abgeschwächter Form wirksam. Ein Beispiel wäre der Journalismus. In nur *partiell* wahrheitsorientierten Diskursräumen werden diese Normen von anderen überlagert: In Bewerbungsgesprächen geht es primär um die erfolgreiche Selbstdarstellung, in der politischen Kommunikation um das Gewinnen von Mehrheiten, in Stammtischgesprächen oft um kollektive Selbstvergewisserung. In einigen Diskursräumen spielt Wahrheit auch überhaupt keine Rolle. Etwa sind „bull sessions" nach Harry Frankfurt Gespräche, bei denen jedem Teilnehmer eines Gesprächs völlig klar ist, „daß die dort gemachten Äußerungen nicht unbedingt auch die tatsächlichen Vorstellungen oder Gefühle ihres Urhebers zum Ausdruck bringen" (Frankfurt 2006, S. 43).

Aus unterschiedlichen Zielen ergeben sich jeweils unterschiedliche Diskursnormen. Aus diesem Umstand lässt sich für die Teilnahme am wissenschaftlichen Diskurs eine Anforderung extrahieren: Teilnehmen können nur Personen, die sich auf Minimalbedingungen der intellektuellen Redlichkeit verpflichten. Wer sich darauf nicht verpflichten möchte, nimmt sich selbst aus dem Spiel. Man könnte etwas spitz sagen, dass die Nichteinladung einer solchen Person lediglich die institutionelle Umsetzung dieses Selbstausschlusses ist.

Nun lautete unsere Titelfrage nicht, wen man nicht *zum wissenschaftlichen Diskurs* einladen sollte, sondern, wen man nicht *an die Universität* einladen sollte. Das ist eine wichtige Nuance, denn nicht jede akademische Veranstaltung dient unmittelbar dem Ziel der wissenschaftlichen Wahrheitssuche. Die Universität ist auch ein Ort der öffentlichen Auseinandersetzung über Themen, deren Diskussion neben wissenschaftlicher Expertise noch anderen Input verlangt, beispielsweise Erfahrungen aus der Praxis, die Artikulation der Interessen von Betroffenen oder Expertise zur politischen Implementierung wissenschaftlicher Empfehlungen. Wenn an der Universität eine öffentliche Veranstaltung zur Klimapolitik, zur Reform des Sexualstrafrechts, zu Maßnahmen der Pandemiebekämpfung oder zu den Grenzen der Redefreiheit stattfindet, werden regelmäßig und aus guten Gründen Rednerinnen und Redner aus dem nichtuniversitären Bereich eingeladen.

Es wäre nun unangemessen und unbillig, von Personen, die nicht wegen ihrer *wissenschaftlichen* Expertise eingeladen werden, genau dasselbe Maß an intellektueller Tugendhaftigkeit zu fordern, das für den wissenschaftlichen Diskurs essenziell ist. Ein herausfordernder Fall sind Redner aus dem *politischen* Raum; die jüngeren Kontroversen zur Einladungspolitik haben sich mehrheitlich an solchen Fällen entzündet. Die politische Kommunikation folgt unstrittig anderen Regeln als der wissenschaftliche Diskurs. Strategischer Sprachgebrauch spielt in der politischen Sphäre eine größere Rolle. Recht zu haben ist gut, die Parlamentsabstimmung zu gewinnen ist besser.

Wenn nun Politikerinnen oder Politiker auf einer Universitätsveranstaltung sprechen, die wiewohl kein wissenschaftliches, so doch ein aufklärerisches Ziel verfolgt, haben sie sich zu einem hinreichenden Grad auf die akademischen Diskursnormen einzulassen. Wir haben oben von *Minimalbedingungen* der intellektuellen Redlichkeit gesprochen, um anzudeuten, dass nicht für alle dieselben Standards gelten. Es gilt, die Standards angemessen auszutarieren: Die Messlatte sollte nicht so hoch liegen, dass überhaupt keine Politikerinnen oder politische Aktivisten an die Universität eingeladen werden können, aber nicht so niedrig, dass man notorischen Demagogen eine Bühne bereitet.

Zur Illustration möchten wir an drei einschlägigen Diskurstugenden ausbuchstabieren, welches jeweils deren strenge Auslegung für den wissenschaftlichen Diskurs ist und welches die abgeschwächte für Eingeladene aus dem nichtakademischen Raum.

a) *Beim Punkt bleiben – oder: die Tugend, angesichts unwiderlegter Einwände nicht das Thema zu wechseln.* In der politischen Arena ist es gang und gäbe, sich einer unbequemen Nachfrage durch einen mehr oder weniger geschickt verschleierten Themenwechsel zu entziehen. Besonders verbreitet ist sogenanntes Themenhopping im rechtspopulistischen Spektrum. Die Extremvariante des offenen Abbruchs von Gesprächssträngen wird im politischen Journalismus und zunehmend auch unter politischen Akteuren selbst kritisch beäugt. Auch in der politischen Arena bemühen sich viele um die Aufrechterhaltung eines Mindestmaßes an thematischer Fokussierung.

Dieser Mindeststandard liegt freilich in der Politik niedriger als im wissenschaftlichen Diskurs. In unserem eigenen Fach, der Philosophie, wird das geduldige, konsequente Verfolgen einzelner Argumentationsstränge auf die Spitze getrieben. Das ist sicher kein angemessener Maßstab für die Teilnahme an einem Austausch an der Universität. Wenn Politikerinnen oder politische Aktivisten an der Universität sprechen, gilt ein mittlerer Maßstab: Sie müssen die Bereitschaft mitbringen, sich inhaltlich mit Nachfragen und Einwänden auseinanderzusetzen. Nicht akzeptabel sind rhetorische Manöver zur Abwehr der Diskussion und das Filibustern zu Themen des eigenen Beliebens.

b) *Wohlwollend sein – oder: die Tugend, das Gesagte im besten Sinne zu interpretieren.* In den Geistes- und Textwissenschaften wird die hermeneutische Maxime kultiviert, fremde Äußerungen möglichst wohlwollend zu interpretieren. Diese Vorgehensweise dient einerseits dazu, das jeweils Gemeinte zu ermitteln. Beim Lesen von Aristoteles ist es geboten, aktiv die plausibelste Interpretation zu suchen, sonst wird man den Text schlicht nicht verstehen. Die Maxime des Wohlwollens kann außerdem dazu genutzt werden, die argumentative Stärke einer Position auch unabhängig von Performanzdefiziten ihrer Vertreter auszuloten. Viel interessanter als die Frage, wie man eine Position mit kleinstmöglichem Aufwand zurückweisen kann, ist die Frage, was nötig wäre, um die Position in ihrer bestmöglichen Interpretation als unhaltbar zu erweisen. Ein dritter Aspekt der Wohlwollensmaxime betrifft die Untugend, fremde Meinungen zu Bündeln zu schnüren. Diese ‚Clusterung' führt zu einer stärkeren Polarisierung, als sachlich geboten ist, und verschenkt Verständigungspotential. Produktiver ist es, auch scheinbar indiskutable Positionen auf ihre diskutablen Teile hin abzuklopfen.

Die Maxime des hermeneutischen Wohlwollens ist der Praxis diametral entgegengesetzt, der politischen Gegnerin das Wort im Munde herumzudrehen, um sie und ihre Absichten bloßzustellen. In den konfrontativen Diskursen auf Twitter lässt sich themenübergreifend besichtigen, wie zerstörerisch sich die Missachtung der Maxime des Wohlwollens auf die Diskussionskultur auswirkt. Hier hat die Wissenschaft besonders viel zu verlieren und die öffentliche Debattenkultur viel zu gewinnen. Um zu verhindern, dass die Hermeneutik des Verdachts und die Vergiftung des politischen Klimas auch auf erkenntnis-, klärungs- und aufklärungsorientierte Diskurse übergreifen, muss eine Mindestanforderung an die Teilnahme am akademischen Diskurs daher sein, die Maxime des Wohlwollens nicht eklatant zu verletzen. Nicht jede Diskursteilnehmerin muss aktiv die plausibelste Interpretation einer Äußerung suchen oder geduldig das Gemeinte ermitteln, wie es in der Wissenschaft üblich ist. Wer aber den Diskurspartnern wiederholt offensichtlich das Wort im Munde herumdreht, disqualifiziert sich für den akademischen Austausch.

c) *Gegengründe in Betracht ziehen – oder: die Tugend, sein eigener Kritiker zu sein.* In der Wissenschaft ist die Suche nach Belegen, die gegen die eigene Position sprechen, fester Teil des Tugendkanons. Wissentlich relevante Tatsachen zu ignorieren, ist schlechte Wissenschaft. Werden Gegenbelege sogar aktiv unterdrückt, befinden wir uns im Bereich wissenschaftlichen Fehlverhaltens. Auf dem durch *Peer Review* regulierten Markt der Ideen wird die Tugend, nichts Relevantes zu ignorieren, auch auf die Rezeption des Forschungs- und Diskussionsstandes ausgedehnt: Beiträge, die relevante publizierte Einwände nicht einbeziehen, finden schwer einen Platz.

Eine der am besten belegten kognitiven Verzerrungen, denen das menschliche Denken unterliegt, ist der sogenannte Bestätigungsfehler *(confirmation bias)*: Wir suchen unbewusst vor allem nach Belegen für Überzeugungen, die wir ohnehin schon haben. Informationen, die zu unseren bestehenden Überzeugungen passen, halten wir für relevanter und plausibler als solche, die Spannungen in unserem Überzeugungssystem auslösen. Wir erinnern uns leichter an sie und nehmen sie genauer zur Kenntnis. Wissenschaft zu betreiben ist nicht zuletzt der methodische Versuch, die Auswirkungen des Bestätigungsfehlers möglichst gering zu halten. Auf den Forschungsstand Bezug zu nehmen, Probleme am eigenen Ansatz offen zu legen und konkurrierende Ansätze zu diskutieren sind allesamt Normen, die sicherstellen sollen, dass Forschende nicht ausschließlich Belege berücksichtigen, die eine vorgefasste Position stützen. Wird doch einmal ein Einwand übersehen, macht es die permanente Auseinandersetzung mit den Fachkolleginnen wahrscheinlich, dass der übersehene Aspekt ans Licht kommt und in den Diskurs eingespeist wird.

Auch für Nichtwissenschaftler, die einen klärungsorientierten Diskurs führen, sollte die Auseinandersetzung mit Gegenbelegen und -argumenten eine Selbstverständlichkeit sein. Wer eine Einladung an die Universität annimmt, muss die Bereitschaft mitbringen, seinen Standpunkt einer Überprüfung zu unterziehen. Das muss nicht heißen, dass die Person selbst aktiv nach Belegen gegen ihre Position suchen muss. Die angemessen ermäßigte Anforderung lautet, dass sie dargebotene Belege nicht argumentfrei bestreitet oder ignoriert.

Soweit unsere exemplarische Diskussion dreier besonders einschlägiger Diskurstugenden. Die generelle Linie unserer Überlegungen sollte deutlich geworden sein und ließe sich noch an anderen Tugenden durchspielen: Es ist zweierlei, ob jemand die Tugenden des akademischen Diskurses nicht in allem, was er sagt, an den Tag legt – das wäre sehr viel verlangt – oder ob er sie aktiv torpediert. Die von uns vorgeschlagene Minimalanforderung für die Teilnahme am akademischen Diskurs ist es, Letzteres zu unterlassen.

Unsere Titelfrage, wen man nicht an Universitäten einladen sollte, hat also doch noch eine griffige Antwort gefunden: Als Sprecherin an der Universität disqualifiziert man sich dadurch, dass man die Mindestanforderungen für die Teilnahme am akademischen Diskurs nicht erfüllt. Wenn zu erwarten steht, dass jemand bei einem Auftritt an der Universität die Tugenden, die dem erkenntnis- und aufklärungsorientierten Ziel der Universität immanent sind, aktiv unterläuft, so sollte man diese Person definitiv nicht einladen.

Dieses tugendbezogene Kriterium ist wohlgemerkt nicht als Anleitung zur Erstellung einer schwarzen Liste gemeint, die Hochschulleitungen oder universitäre Gremien im Konfliktfall zücken könnten. Eine Handhabe für Einladungsverbote wäre fatal. Die Entscheidung im Einzelfall, *ob* eine Person das hier vorgeschlagene Kriterium eklatant verletzt, ist nirgends besser aufgehoben als bei den originären Trägern der Wissenschaftsfreiheit: den einzelnen Wissenschaftlerinnen.

Dabei bleibt eine epistemische Unsicherheit: Man kann vorher nicht wissen, wie eine Person sich in der Diskussion verhalten wird. Es gibt aber Indizien – etwa, dass sie sich bei ähnlichen Gelegenheiten hinreichend oft hinreichend gravierend danebenbenommen hat. Einen Fehler bei der Einladung macht man dann, wenn man vorliegende Indizien dafür übergeht, dass eine potentielle Sprecherin keine ausreichende Bereitschaft zur Orientierung an den akademischen Diskursnormen mitbringt. Für unvorhersehbare Ausfälle sind die Einladenden hingegen nicht zu kritisieren.

Allerdings liegt es durchaus in ihrer Verantwortung, den akademischen Diskursraum aktiv zu gestalten und Leitplanken für die Diskussion aufzustellen. Gerade bei politisch aufgeladenen Themen kommt es darauf an, einen Rahmen zu schaffen, der die Einhaltung der Diskursnormen begünstigt und ihre Durchsetzbarkeit sicherstellt. Beispielsweise sollten potentielle Sprecher bereits bei der Einladung deutlich darauf hingewiesen werden, dass aktives Unterlaufen der Diskursnormen nicht toleriert wird. Das Format der Veranstaltung sollte zur erwartbaren Kontroverse passen: Ist ein Einzelvortrag, ein Vortrag unter anderen, ein Podium, ein Streitgespräch, eine Seminardiskussion, ein heißer Stuhl geplant? Wer ist noch eingeladen? Wie werden Redezeiten verteilt? Für die Moderation einer konfliktträchtigen Veranstaltung muss eine Person gefunden werden, die in der Lage ist, die Normen des Diskurses in alle Richtungen zu kommunizieren und durchzusetzen.

Kurz: Wer zu einer konfliktträchtigen Veranstaltung an die Universität einlädt, sollte sich genügend Gedanken dazu und Mühe damit machen, den akademischen Diskursraum zu gestalten. Der Ruf danach, Personen mit missliebigen Standpunkten vom Diskurs fernzuhalten, schüttet hingegen das Kind mit dem Bade aus. Für Einladungen an Universitäten disqualifiziert man sich nicht durch bestimmte Meinungen, sondern durch bestimmte Untugenden. Die Universität schützt nicht Rechtgläubigkeit, sondern diejenige diskursive Praxis, die am meisten erkenntnisbefördernd ist.

Literatur

Douglas, H. (2004). The irreducible complexity of objectivity. *Synthese, 138*, 453–473.

Frankfurt, H. G. (2006). *Bullshit*. Frankfurt am Main: Suhrkamp.

Harper's Letter. (2020). a letter on justice and open debate. *Harper's Magazine*. https://harpers.org/a-letter-on-justice-and-open-debate/. Zugegriffen: 25. Aug. 2020.

Jacobson, D. (2000). Mill on liberty, speech, and the free society. *Philosophy and Public Affairs, 29*, 276–309.

Kermani, N. (2020). In aller Offenheit. *ZEIT Online* vom 9. September 2020. https://www.zeit.de/2020/38/lisa-eckhart-auslandung-literaturfestival-navid-kermani-freiheit-gesellschaft. Zugegriffen: 1. Okt. 2020.

Lenzen, D. (2019). Wer darf an der Uni auftreten? Sieben Thesen zur Freiheit der Wissenschaft. *Der Tagesspiegel* vom 28. Oktober 2019. https://www.tagesspiegel.de/wissen/wer-darf-an-der-uni-auftreten-sieben-thesen-zur-freiheit-der-wissenschaft/25163236.html. Zugegriffen: 25. Aug. 2020.

Longino, H. (1990). *Science as social knowledge: Values and objectivity in scientific inquiry*. Princeton: Princeton University Press.

Lotter, M.-S. (2018). Wer darf hier was sagen? *ZEIT Campus* vom 13.12.2018. https://www.zeit.de/2018/52/meinungsfreiheit-debattenkultur-rechtspopulismus-universitaet-siegen. Zugegriffen: 25. Aug. 2020.

Mill, J. S. (1859). *On liberty*. London: Longman, Roberts & Green.

Minorities and Philosophy UK & International. (2019). *Joint statement in response to the Aristotelian Society talk on 3rd June 2019*. https://www.mapforthegap.org.uk/post/statement-in-response-to-the-aristotelian-society-talk-on-3rd-june-2019. Zugegriffen: 25. Aug. 2020.

Quine, W. V. O. (1966). *The ways of paradox and other essays*. New York: Random.

Schauer, F. (2011). On the relation between chapters one and two of John Stuart Mill's on liberty. *Capital University Law Review, 39,* 571–592.

The manufacturer's authorised representative in the EU is Springer Nature Customer Service Centre GmbH, Europaplatz 3, 69115 Heidelberg, Germany. If you have any concerns regarding our products, please contact ProductSafety@springernature.com

Printed and bound by CPI Group (UK) Ltd, Croydon, CR0 4YY
25/03/2026
02078226-0009